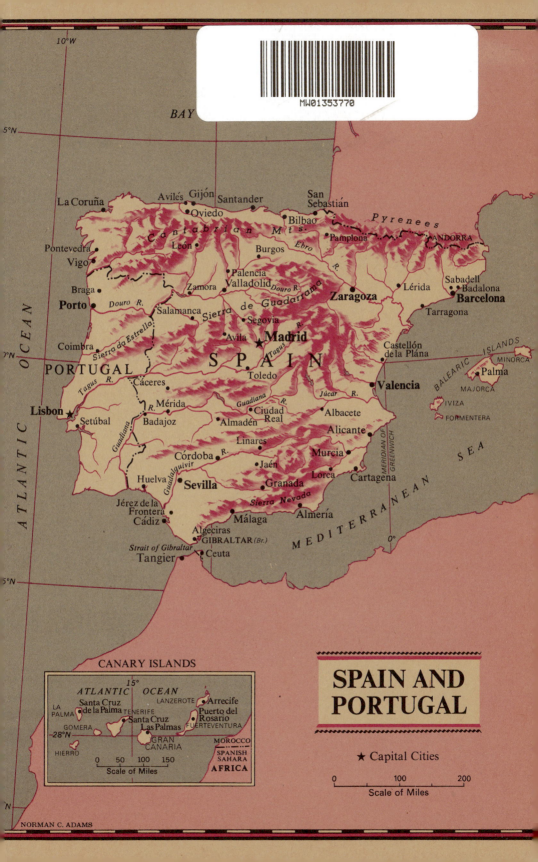

Español a lo vivo: Level II

Unit 10

Fútbol: el gran deporte • *127*

> Cultural Notes: 1. *Fútbol*, 2. Betting, 3. *Jai Alai* 129 • The imperfect subjunctive 131 • Imperfect subjunctive in the noun clause 133 • The present perfect subjunctive 135 • The pluperfect subjunctive 136 • The subjunctive in the "if" clause 137 • Discussion Topic: *Los deportes* 141

Unit 11

El embrujo gitano • *143*

> Cultural Note: Flamenco Song and Dance 145 • Use of the definite article 146 • The definite article with titles 147 • The definite article with all of a "set" or a "whole" 148 • **Todos** as equivalent of "all of us, you, them" 150 • The neuter article **lo**: nominalization with adjectives 151 • The neuter article **lo**: nominalization with prepositional phrases 152 • The neuter article **lo**: nominalization with an adjective clause 152 • Use of the indefinite article 153 • Discussion Topic: *El baile flamenco* 155

Unit 12

La etiqueta española • *157*

> Cultural Notes: 1. Business Hours, 2. Eating in Spain 159 • ¿**Cual?** versus ¿**qué?** 160 • Word order in exclamations 161 • Use of ¿**de quién?** 163 • Imperfect subjunctive in the adverbial clause 164 • Discussion Topic: *Una invitación a comer* 166

Unit 13

Paseos y pasatiempos • *169*

> Cultural Notes: 1. *La tertulia*, 2. *El paseo* 171 • Gender of nouns ending in -**ta** and -**ma** 172 • **El** with feminine nouns 173 • Position of the descriptive adjective 173 • Spanish equivalents of English nouns modifying other nouns 175 • Diminutive and intensifying suffixes 176 • Imperfect subjunctive in adjective clauses 178 • Discussion Topic: *El paseo* 179

Unit 14

La vida artística española • *183*

> Cultural Notes: 1. The Escorial, 2. Prado Museum, 3. The Zarzuela 184–86 • **Ser** and **estar** in combinations with **de** 186 • **Ser** and **estar** in combinations with a locative preposition or adverb 187 • **Ser** in combination with nouns and predicate nouns 187 • **Estar** in combination with a present participle 187 • **Ser** versus **estar** with the perfect participle 189 • **Ser** and **estar** in dealing with change 191 • Common verbs of perception 194 • Discussion Topic: *Las bellas artes* 195

Unit 15
La discoteca · *197*

Cultural Notes: 1. *Discoteca*, 2. Social and Dancing Clubs, 3. *Guateque* 198–99 · The reflexive construction 199–200 · **Se** as subject replacement—review 205 · Discussion Topic: *La discoteca* 207

Unit 16
Orgulloso como un español · *209*

Cultural Notes: 1. *Día de la Raza*, 2. *Dos de mayo*, 3. *Casa solariega*, 4. *Patria chica*, 5. Spanish Pride 210 · The personal **a** 212 · **A** as relator between two verbs 214 · **A** with verbs of motion 214 · Other uses of **a** 216 · **A** versus **de** 216 · **En** as relator to indicate location 217 · **Al** plus the infinitive 217 · Verbs that combine with **con** 218 · **En** with certain sets of verbs 218 · Verbs that combine with **de** 218 · Discussion Topic: *¿Tú eres orgulloso?* 220

Unit 17
La feria de Sevilla · *223*

Cultural Note: *Fiestas y ferias* 225 · Relating pronouns **que, quien** 226 · Conjunctions **y** and **o** 228 · Conjunctions **pero** and **sino** 229 · The subjunctive in subordinate clauses 231 · Summary of the uses of **por** 232 · Summary of the uses of **para** 233 · **Para** versus **por** 234 · **Hasta** versus **para** 234 · **A** versus **para** 234 · Discussion Topic: *El embrujo de una feria* 236

Unit 18
La fiesta nacional · *239*

Cultural Note: *La corrida de toros* 241 · Comparisons of equality 243 · Comparisons of inequality 244 · Comparisons with nouns 245 · Comparisons with a possessive construction 245 · The superlative ending **-ísimo** 245 · Neuter **lo** in comparison 246 · The comparison of identity 247 · Comparisons with possessives 247 · Irregular comparatives: adjectives 248 · Comparisons with the definite article 249 · Comparisons of inequality with **que** and **de** 250 · Discussion Topic: *La fiesta nacional* 252

Unit 19
Lectura: *¿Por qué habla tan alto el español?* LÉON FELIPE · *255*

Unit 20
Lectura: *Una oración* JORGE LUIS BORGES · *258*

Español a lo vivo

Level II

Second Edition

Terrence L. Hansen
Ernest J. Wilkins
Brigham Young University

Xerox College Publishing
Lexington, Massachusetts • Toronto

CONSULTING EDITORS

Charles N. Staubach, University of Arizona
Joseph Schraibman, Washington University

Frontispiece and photographs on pages 39, 58, 113, 126, 181, and 222 courtesy of Spanish National Tourist Office. All other photographs by Robert F. Rapelye.

XEROX ® is a trademark of Xerox Corporation.

Second Edition copyright © 1972 by Xerox Corporation.
First Edition copyright © 1966 by Xerox Corporation.
Preliminary Edition copyright © 1962 by Terrence L. Hansen and Ernest J. Wilkins.
All rights reserved. Permission in writing must be obtained from the publisher before any part of this publication may be reproduced or transmitted in any form or by any means, electronic or mechanical, including photocopy, recording, or any information storage or retrieval system.

ISB Number: 0-536-00726-8

Library of Congress Catalog Card Number: 77-180138

Printed in the United States of America.

Unit 5

Una fiesta para San Antonio • *59*

> Cultural Notes: 1. Saints' Names, 2. Patron Saint, 3. Religion, 4. Clothing 60 · Formation of the reflexive construction 61 · Verbs commonly used with the reflexive 62 · Verbs commonly used with or without the reflexive 63 · **Se** used as non-personal subject 64 · **Uno** used as subject 65 · Use of the third person plural 66 · "To become" 66 · **Haber** used as a main verb 67–69 · Uses of **tener** 69 · Expressions with **tener** 70 · Discussion Topic: *El día de tu santo* 71

Unit 6

Pundonor • *73*

> Cultural Notes: 1. *Pundonor*, 2. *Don Juan* 74 · Direct command forms with **Ud.** and **Uds.** 75 · Direct command forms with **tú** 76 · **Tú** versus **Ud.** command forms 77 · Command forms for verbs irregular in the first person 77 · Irregular **tú** command forms 79 · The possessive adjective 80 · Use of the definite article 82 · The possessives 83 · Neuter **lo** used with possessives 85 · Demonstratives 85 · Nominalization of demonstratives 86 · Use of **éste** and **aquél** as "the latter" and "the former" 87 · Neuter demonstratives 87 · Neuter demonstratives with a prepositional phrase: **esto de**, **eso de**, and **aquello de** 88 · Discussion Topic: *El pundonor* 89

Unit 7

El trabajo • *91*

> Cultural Note: Spain's New Prosperity 92 · The present subjunctive 93 · The subjunctive in the noun clause 94 · The indicative in the noun clause 96 · The present subjunctive for "let's" 98 · Position of object pronouns 98 · The subjunctive in indirect command 99 · Discussion Topic: *¿Trabajar o no?* 101

Unit 8

El piropo • *105*

> Cultural Notes: 1. *Piropo*, 2. *Disimular*, 3. *Women in Spain* 106 · The subjunctive in the adjective clause 107 · The present subjunctive in the noun clause—review 110 · Discussion Topic: *El piropo* 111

Unit 9

Nochebuena en casa de los abuelos • *115*

> Cultural Notes: 1. *Aguinaldo*, 2. *Nochebuena*, 3. *Reyes Magos*, 4. *Nochevieja*, 5. *Lotería nacional* 116 · The subjunctive in the adverbial clause 118 · Subjunctive versus indicative in the adverbial clause 120 · The infinitive after prepositions 123 · Discussion Topic: *La Nochebuena* 125

CONTENTS

Introduction   xi

Unit 1
El enchufe • *1*

Cultural Notes: 1. Spanish Family Names, 2. *Padrino*, 3. *Madrina*, 4. *El enchufe* 2 · Polite versus familiar forms 3 · The present tense 3 · The present indicative: irregular forms 3 · Future meaning with the present 5 · **Hace** and a time expression with the present 6 · The present progressive construction 8 · Discussion Topic: *Un empleo* 10

Unit 2
El Madrid de ayer y de hoy • *13*

Cultural Note: Francisco Franco 14 · The imperfect indicative 15 · The preterite 16 · The preterite indicative: irregular forms 17 · The preterite and the imperfect used together 19 · The preterite versus the imperfect 20 · **Hace** and a time expression with the preterite 21 · Discussion Topic: *Quince años de cambios* 23

Unit 3
Viva yo • *25*

Cultural Notes: 1. *Individualismo*, 2. *Hacer lo que le venga en gana*, 3. *Viva yo* 26 · The present perfect 27 · The pluperfect 30 · **Ser** versus **estar** 32 · **Ser** and **estar** with perfect participle 35 · Special use of **estar** 36 · Discussion Topic: *Viva yo* 38

Unit 4
El arte de comer bien • *41*

Cultural Notes: 1. *Paella Valenciana*, 2. Spanish Food 42 · Direct object pronouns 44 · Position of the direct object pronouns 44 · Indirect object pronouns 47 · Position of the indirect object pronouns 47 · The prepositional pronouns 48 · Use of the indirect object with **parecer** 48 · Use of the indirect object with **gustar** 51 · The direct and indirect object pronouns used together 52 · Use of **se** before **lo, la, los,** or **las** 53 · A special use of the indirect object 55 · Discussion Topic: *El comer bien* 56

v

Unit 21

Lectura: *Episodio del enemigo*   JORGE LUIS BORGES   •   *260*

Unit 22

Lectura: *Vuelva usted mañana*   MARIANO JOSÉ DE LARRA   •   *263*

Unit 23

Lectura: *El evangelio según Marcos* (Part One)
JORGE LUIS BORGES   •   *267*

Unit 24

Lectura: *El evangelio según Marcos* (Part Two)
JORGE LUIS BORGES   •   *271*

Appendix A

Common Salutations and Closes for Letters 277

Paella Valenciana 278

Appendix B

Regular Verbs 279

Appendix C

Irregular Verbs 283

Appendix D

Radical Changing Verbs (Classes I, II, III) 299

Spanish-English Vocabulary   303

Index   311

INTRODUCTION

Español a lo vivo, *Level II*, in this second edition, has been revised and changed to achieve an even greater continuity with its companion first-year volume, *Español a lo vivo*, *Level I*, Second Edition. The ideal of the authors has been to prepare a fully integrated, two-year continuum of materials especially designed to enable the serious student of Spanish to gain fluency and facility in the four basic skills of language learning: (1) understanding, (2) speaking, (3) reading, and (4) writing. *Level II* is a totally complete, self-contained review program that can be used after any first-year text.

With the intention of highlighting Peninsular Spanish, new dialogs that are both authentic and lively have been prepared. Each one is centered around a cultural phenomenon generally unique to Spain. A deliberate attempt has been made to present that which has seemed significant in Spain's cultural heritage and legacy. Cultural notes are presented to enlighten and expand the viewpoint and add depth to the understanding of a particular phenomenon.

Grammatical presentation and analyses utilize the latest trends in language teaching. Many of the exercises are of the transformational and utterance-response types. All exercises are especially designed to encourage and enable the student to speak and enjoy immediate satisfaction in "live language" situations.

Speaking. The acquisition of this skill continues to be paramount in the priorities. Consistent with the ideal of learning Spanish, a living language, the student is continually given opportunities to make practical and meaningful application of new structures and patterns. Each unit features speaking situations throughout its presentation. In addition, each unit always closes with the presentation of a topic for discussion. Appropriate questions and ideas are suggested to enable the student to speak with ease and accuracy. Rejoinders and proverbs add spice to the learning process.

Reading. Beginning with Unit 19 and continuing through Unit 24, an emphasis is placed on reading. Chief among the selections included are three of Jorge Luis Borges' latest stories. The authors express appreciation of his kindness in allowing them the privilege of publishing these stories in Spanish for the first time in the United States. Borges is, of course, one of the most gifted of all Spanish writers and because of this fact it was decided to include his stories in this volume. Exercises appropriate to the comprehension and appreciation of each story are presented. As a matter of fact, the latter units might easily supplant the need for a reader on any second-level continuum.

Writing. Abundant opportunities are provided for the student to gain writing experience and develop this skill. The workbook which accompanies this new edition provides writing exercises which reinforce the concepts of the corresponding units in the text. Assigned dialog resumés, compositions, and research tasks are combined to offer opportunity and challenge to the student.

Testing. A series of both oral and written tests provides an integrated testing program. Included are tests for use after each unit and after each series of four units. There are tests for both classroom and laboratory use. These testing materials provide an objective evaluation of progress in the skills of language learning. Significant too is the fact that the tests are designed to evaluate comprehension of the dialogs and cultural notes of the text as well as progress in the various skills. The testing program constitutes an important part of the Instructor's Manual.

Many pictures are used to emphasize modern-day Spanish things, people, and places.

Colleagues and critics have given valuable suggestions and their ideas have been incorporated into this new edition. We gratefully acknowledge our gratitude to Professor Charles N. Staubach for his extra effort as editor.

T.L.H.
E.J.W.

Spain is a country with many ports.

Busy downtown Madrid.

UNIT 1

Diálogo

El enchufe[1]

Pedro es de León. Benito es de Madrid. Después de muchos meses de ausencia Pedro vuelve a Madrid y se encuentra con Benito en la Avenida de José Antonio.

PEDRO — Benito, ¡qué sorpresa encontrarte hoy en Madrid!
BENITO — Pedro, ¿hace mucho que estás aquí?
PEDRO — Hace cuatro días y todavía no doy pie con bola[2] en esta gran ciudad.
BENITO — Bueno, es que Madrid no es nuestra capital de provincia. Es la capital de España. Aquí se siente la fiebre del progreso que domina a España.[3]
PEDRO — Sí, mucho progreso pero hasta ahora no encuentro trabajo.
BENITO — Pues, si no tienes enchufe no hay forma[4] de colocarte.[5]
PEDRO — ¿Enchufe? ¡Pero esas son cosas del pasado!
BENITO — Mira, Pedro, no te olvides[6] que a pesar del progreso, ésta es España y aquí el que tiene padrino se bautiza[7] y el que no, ¡mala suerte![8]
PEDRO — Así que la tradición del padrino no cambia, ¿eh?
BENITO — Muchas cosas están cambiando pero «la recomendación» sigue siendo parte de nuestra idiosincracia.

[1] **enchufe** connection, electrical outlet: hence (slang) "pull," an "in," or influence
[2] **no doy pie con bola** I can't get oriented (*lit.,* I can't hit the ball with my foot)
[3] **la fiebre ... que domina a España** the fever ... which is seizing Spain
[4] **no hay forma** there is no way
[5] **colocarte** to get a job
[6] **no te olvides** don't forget
[7] **el que tiene padrino se bautiza** one who has a godfather (connection) gets baptized (succeeds)
[8] **mala suerte** bad luck

PEDRO — En ese caso mañana regreso a León[9] porque yo no conozco a nadie en Madrid.
BENITO — Hombre, parece mentira, me conoces a mí y para algo somos los amigos. Mira, aquí está mi teléfono. Me llamas esta noche y nos ponemos de acuerdo para presentarte a mi jefe que está buscando un nuevo empleado.
PEDRO — Gracias, Benito, te lo agradezco mucho.
BENITO — Bueno, Pedro, encantado de verte, ya me marcho.[10] No quiero llegar tarde a la tertulia.
PEDRO — Adiós y muchas gracias.
BENITO — Hasta luego.

[9] **regreso a León**   I will return to León (I plan to)
[10] **ya me marcho**   I'm going now

Cultural Notes

1. SPANISH FAMILY NAMES   Spaniards commonly have two family names—the family name of the father followed by the maiden name of the mother, often joined by *y*, for example, *Tomás Buceta (y) Calderón*. This is often shortened to *Tomás Buceta* simply by omitting the mother's family name. When a woman marries, she retains her family name and takes on the family name of her husband, which is preceded by *de*, for example: *Pilar Herrero de Buceta*.

When writing to or when addressing a person with *Señor*, one customarily uses only the first surname, for example: *Señor Buceta*. When using *Señora*, one retains *de*, for example: *Señora de Buceta*. Both surnames are used if they are joined with a hyphen, for example: *Señora Buceta-Calderón*.

2. PADRINO   One who sponsors or assists another in a baptism, confirmation, wedding, or a duel. Ordinarily, when one has a child baptized, he calls upon his best friend (his *compadre*) to be the godfather. The *padrino* then becomes a protector who favors and helps his *ahijado*, or godson.

3. MADRINA   A woman who sponsors or assists another in a religious ceremony. The wife of the *padrino* is not necessarily the *madrina* unless she is specifically chosen as such.

4. EL ENCHUFE   An electrical outlet or connection; influence. An introduction (*una recomendación*) to the director of a firm or to an influential person on the staff carries more weight ordinarily than it does in the United States. Consequently it tends to be used much more frequently in Spain. This is perhaps another way of saying that the directors of firms in Spain tend to adopt a more paternalistic attitude toward employees and prospective employees.

DIALOG ADAPTATION

1. ¿Cuánto tiempo hace que está Pedro en Madrid?
2. ¿Por qué no encuentra Pedro trabajo?
3. ¿Quién es su padrino?
4. ¿Qué hace un padrino?
5. ¿Qué es un enchufe? ¿Es lo mismo que un padrino?
6. ¿Hace falta «la recomendación» en los Estados Unidos?
7. ¿Puede Ud. explicar el refrán, «el que tiene padrino se bautiza»?
8. ¿Piensa Ud. que la tradición de la recomendación va a cambiar pronto en España?
9. ¿Qué necesita uno para colocarse bien?
10. ¿Cuánto tiempo hace que Ud. estudia español?

Polite versus familiar forms

Either the **tú** form or the **usted** form may be used as the equivalent of "you" singular depending on the social situation. If the speaker is on a first name basis with a person and in an informal situation, he uses the intimate or familiar **tú** form. Otherwise he uses the more formal or polite **usted** form.

In class drills and in exercises students should always speak to each other using the familiar **tú** form and to the teacher using the polite form. The plural form of **tú** is always **ustedes** in Latin America and **vosotros** in Spain.

The present tense

The present tense relates what is *occurring now* or *occurs generally*.

Yo no tengo padrino.
Now:
Te lo agradezco mucho.
No encuentro trabajo.

Generally:
Pedro nunca estudia mucho.
Te lo agradezco cada vez.

The present indicative: irregular forms

1. Verbs with irregular forms in the first person singular:

First Person Singular	*Infinitive*	*English Equivalent*
quepo	**caber**	(*to fit into*)
caigo	**caer**	(*to fall*)

doy	dar	(*to give*)
hago	hacer	(*to do, make*)
pongo	poner	(*to put*)
sé	saber	(*to know*)
salgo	salir	(*to leave*)
traigo	traer	(*to bring*)
veo	ver	(*to see*)

2. **Estar** is irregular in the first person singular and in the use of accents on the second and third person singular and third person plural:

estoy (estás, etc.)	estar	(*to be*)

3. The following verbs are irregular in the first person singular and undergo additional changes when the stem vowel is stressed (e > ie, o > ue, e > i):

digo (dices, etc.)	decir	(*to say*)
quiero (quieres, etc.)	querer	(*to wish, want*)
puedo (puedes, etc.)	poder	(*to be able*)
tengo (tienes, etc.)	tener	(*to have*)
vengo (vienes, etc.)	venir	(*to come*)

4. Other verbs like **haber, ir, oír,** and **ser** are uniquely irregular. See Appendix.

Controlled Conversation

1. *Teacher to First Student:* Pregúntele a _____ si tiene enchufe.
   First Student: ¿Tienes enchufe?
   Second Student: Sí, yo tengo enchufe.

   si sabe jugar al fútbol.
   si cabe en un Volkswagen.
   si habla español en casa.
   si estudia francés.
   si va a la biblioteca esta noche.
   si gana mucho dinero.
   si trae un lápiz hoy.
   si pone atención al maestro.

2. Dígale a _____ que Ud. *no sale esta noche.*
   Yo no salgo esta noche.

   no trae dinero hoy.
   no va a la iglesia.

no sabe la lección.
no ve muy bien.
no quiere estudiar.
no sale el lunes.

PATTERNED RESPONSE

Teacher: Él le da cinco dólares. ¿Y usted?
Student: Yo le doy cinco dólares también.

Él lo hace mañana. ¿Y usted?
Ella sale el domingo. ¿Y usted?
Ellos lo ven todos los días. ¿Y usted?
Nosotros vamos a la universidad. ¿Y usted?
Tenemos que estudiar. ¿Y usted?
Ellos saben la lección. ¿Y usted?
Ella dice la verdad. ¿Y usted?
Él viene siempre temprano. ¿Y usted?

QUESTION–ANSWER

1. ¿A qué hora vienes a esta clase?   *Contesten.*
2. ¿Cuántos años tienes?
3. ¿Cuándo sales para Sudamérica?
4. ¿Ves a tus padres todos los días?
5. ¿Puedes venir a la fiesta?
6. ¿Oyes lo que dicen?
7. ¿A dónde vas esta noche?
8. ¿Siempre dices la verdad?
9. ¿Cabes allí?
10. ¿Sabes cuándo llegan?
11. ¿Qué traes en el bolsillo?
12. ¿Dónde pones tus libros?
13. ¿A quién se lo das?
14. ¿Cuándo lo haces?
15. ¿Quieres ir a la fiesta conmigo?

Future meaning with the present

The present is frequently used in Spanish to express what is planned for the near future. The context makes the meaning clear.

Mañana regreso a León. (*Tomorrow I will return to León.*)
Me llamas esta noche. (*You will call me tonight.*)
Estudio más tarde. (*I will study later.*)

The present is also used to ask for agreement to a proposal or suggestion. Note that in this case English uses the future.

¿Cantamos ahora? (*Shall we sing now?*)

PATTERNED RESPONSE

1. *Teacher:* ¿Cuándo va Ud. a estudiar?
   Student: Estudio mañana.

trabajar	terminar	viajar
decidir	escribir	bailar

2. *Teacher:* ¿Cantamos ahora?
   Student: No, cantamos después.

leemos	llamamos	entramos
comemos	salimos	vamos

3. *Teacher:* ¿Vas a hacerlo?
   Student: Sí, lo hago en seguida.

aprenderlo	escribirlo	comerlo
mandarlo	pagarlo	buscarlo

Hace and a time expression with the present

Hace cuatro días que estoy aquí.
(*I have been here for four days.*)

Hace un año que estudia español.
(*He has been studying Spanish for a year.*)

1. The Spanish pattern consists of (a) **hace**, (b) a measured period of time,* (c) **que**, and (d) the verb in the present. To indicate an action in progress from a point in the past, English uses the present perfect or the present perfect progressive, while Spanish uses the simple present.

---

* In the expression **Hace mucho que vivo aquí** note that although **mucho** does not express a specific period of time, the length of time is measured.

Vive allí desde hace mucho.
(*He has lived there for a long time.*)

2. When no measured period of time is mentioned, the following pattern is used with **desde hace**: (a) the present tense, (b) **desde hace**, (c) a nonspecific measure of time.

Estoy aquí desde las dos (el lunes).
(*I have been here since two o'clock* [*Monday*].)

3. To express a state of being or an action continuing from a specific point in past time Spanish uses the *present tense* + **desde** + *a time designation*. A point in the past time may be designated in several ways:

Time in past stated:
Está lloviendo desde **ayer**.
Grita desde las **tres de la mañana**.

An event in the past:
Está muy contento desde **el viaje a la luna**.

A verb phrase with **desde que**:
No hay paz desde que **llegó mi hermano**.

PATTERNED RESPONSE

1. *Teacher:* ¿Cuánto tiempo hace que él estudia español?
   Student: Hace un año que estudia español?

   trabaja aquí — dos años
   toca la guitarra — seis meses
   está en la capital — quince días
   está enfermo — una semana
   duerme — media hora
   lee el periódico — diez minutos

2. *Teacher:* ¿Hace mucho tiempo que Ud. habla español?
   Student: Sí, hace más de un año que hablo español.

   juega al golf — seis meses
   baila el tango — cinco años
   vive en esta casa — tres semanas
   está aquí — dos horas
   espera el autobús — veinte minutos
   necesita el dinero — dos días

3. *Teacher:* ¿Desde cuándo está Ud. aquí?
   Student: Estoy aquí desde el martes.

le conoce Ud. — febrero
trabaja Ud. — las dos
toca Ud. el piano — el año pasado
escribe Ud. el libro — enero
asiste Ud. a la universidad — dos años

The present progressive construction

Estoy practicando con un equipo.
Estoy estudiando español.

Spanish uses the present progressive to indicate what is actually going on at the very moment of speaking. Spanish and English alike use the progressive to indicate immediacy or presentness of action "at the very moment of speaking." Spanish tends not to use the progressive to denote acts spread against a larger background of time.

Estudia ingeniería en Francia.
(*He's studying engineering in France.*)

Está estudiando en su cuarto.
(*He's studying in his room* [*right now*].)

Estar may be replaced by verbs of motion such as **ir, andar, venir** or **seguir**. Note the cumulative force of **va aprendiendo** which indicates progress toward the goal sought. Compare this with **anda diciendo** which represents the opposite of progress.

Va aprendiendo a hablar bien.
(*He is beginning to learn to speak well.*)

Anda diciendo a todos que su hijo va a ser doctor.
(*He is going around telling everyone his son is going to become a doctor.*)

Viene cantando por la calle.
(*He is coming down the street singing.*)

¿Piensas seguir estudiando?
(*Do you intend to keep on studying?*)

TENSE SUBSTITUTION

Teacher: Leo un libro.
First Student: Leo un libro.
Second Student: Estoy leyendo un libro.

Escribo una carta.
Hablo español.
Estudio los verbos irregulares.
Toco el piano.
Mando el dinero.
Miro a la chica.

STRUCTURE SUBSTITUTION

1. *Teacher:* Canta día y noche.
   First Student: Canta día y noche.
   Second Student: Sigue cantando día y noche.

   Lee los mismos libros.
   Habla español con su madre.
   Toca la guitarra.
   Vive en esta casa.
   Está enfermo.
   Estudia francés.

2. *Teacher:* Trabaja hasta tarde.
   First Student: Trabaja hasta tarde.
   Second Student: Anda trabajando hasta tarde.

   Dice chistes.
   Recoge papeles.
   Piensa en varias cosas.
   Pide favores a sus amigos.
   Busca un cuchillo.
   Estudia cosas raras.

Controlled Conversation

Pregúntele a ―――――
   qué dicen sus padres.
   si viaja mañana.
   cuándo regresan los profesores.
   cuánto hace que juega al fútbol.
   desde cuándo está en esta ciudad.
   qué anda haciendo.
   qué está leyendo.
   cuánto tiempo hace que estudia aquí.
   qué está escribiendo.
   quién viene corriendo.

Translation

1. I am studying Spanish. (*Right now.*)
2. Tomorrow I'll return to León.
3. I will not go out with him.
4. I'll write you a letter from New York.
5. I'll tell him myself.
6. When will you leave?
7. He keeps on talking.
8. I've been here an hour.
9. Shall we go now?
10. How long have you been here?

Discussion Topic: Un empleo

1. ¿Cuánto tiempo hace que andas buscando trabajo?
2. ¿Qué clase de trabajo quieres?
3. ¿Te interesa trabajar de noche?
4. ¿Aquí se siente la fiebre del progreso?
5. ¿Conoces a muchas personas en esta ciudad?
6. ¿Tienes enchufe?
7. ¿Quién es tu padrino?
8. ¿Por qué no se cambia la tradición del padrino?
9. ¿Piensas ganar mucho dinero?
10. ¿Eres una persona muy trabajadora?

Useful Rejoinders

1. Ah, ¿sí?
2. ¡Muy interesante!
3. ¡No me digas!
4. ¿De veras?

Proverbs

1. Tío rico siempre tiene muchos sobrinos.
2. Si se te cierra una puerta, otra hallarás abierta.
3. Más enseña la necesidad que diez años de universidad.

Typical Spanish doorknocker.

The palace in Madrid.

UNIT 2

Diálogo

El Madrid de ayer y de hoy

Pierre es un joven francés que está de visita en Madrid otra vez después de unos cuantos años. Está hablando con Raúl, un auténtico madrileño que había conocido en París.

PIERRE — ¡Qué barbaridad![1] ¡Cómo ha cambiado Madrid! Parece que todo el mundo anda ocupado.[2] ¡Qué actividad!
RAÚL — Sí, la nueva prosperidad de España se nota hasta en las calles.
PIERRE — Ya lo creo. Estuve aquí en el 62 y ahora noto una gran diferencia.
RAÚL — ¿Qué cambios notaste cuando llegaste?
PIERRE — Bueno, ahora hay mucho más tráfico.
RAÚL — Sí. Antes teníamos menos coches y menos autobuses. También ahora casi todo el mundo tiene su televisor.
PIERRE — ¡Oh, sí! Cuando vine en el 62 solamente la gente rica lo tenía.
RAÚL — ¿Tú has visitado otras partes de España?
PIERRE — No, solamente Madrid. Aquí me encontré con un amigo que conocí[3] cuando era joven y él se ha encargado[4] de mostrarme todo. Recuerdo bien que hace quince años, la vida en Madrid era mucho más tranquila.
RAÚL — Tienes razón.[5] Ahora hay más de tres millones de habitantes en Madrid.

[1] **¡Qué barbaridad!** How unbelievable! (*lit.*, What a barbarity!)
[2] **anda ocupado** is busy (running around). Note that **anda** in addition to being used as an auxiliary with the present participle as in Lesson One (**anda diciendo**) may also be used with a past participle.
[3] **un amigo que conocí** a friend I met (came to know)
[4] **él se ha encargado** he has taken it upon himself
[5] **Tienes razón.** You are right.

PIERRE — Antes no hacía falta reserva[6] en los hoteles y restaurantes. Ahora no hay lugar en ningún sitio.
RAÚL — En aquella época no venían tantos turistas. Ahora estamos inundados por gente de todos los países; estudiantes, hombres de negocios, artistas de cine; familias enteras vienen por una temporada[7] a España o se quedan aquí algunos meses.
PIERRE — A propósito,[8] ¿a qué se debe toda esta prosperidad?[9]
RAÚL — Bueno, creo que se debe en gran parte a la cantidad enorme de capital extranjero que se ha invertido[10] en el país. Y es que también hemos gozado de[11] un largo período de paz.
PIERRE — ¡Ah, sí! Es cierto. Hace más de treinta años que Uds. viven sin conflicto armado.
RAÚL — Sí, después del Alzamiento Nacional[12] no hemos tenido guerra.
PIERRE — Tienen mucha suerte. La guerra es horrible. Les deseo muchos años de paz y prosperidad.
RAÚL — Gracias, eres muy amable.

[6] **no hacía falta reserva**   you didn't need reservations
[7] **temporada**   season
[8] **A propósito**   By the way
[9] **¿a qué se debe toda esta prosperidad?**   what's the cause of all this prosperity?
[10] **que se ha invertido**   which has been invested
[11] **hemos gozado de . . . paz**   we have enjoyed peace for a long time
[12] **Alzamiento Nacional**   National Uprising

Cultural Note

FRANCISCO FRANCO   In 1927 after a period of duty as the military commander of Spain's Moroccan protectorate, Francisco Franco was promoted to the rank of brigadier general. At thirty-three he was then one of the two youngest generals in Europe and the most famous of the younger officers in the Spanish army. He was known for his personal courage, professional discipline, and qualities of leadership.

In 1923 he married Carmen Polo, daughter of a wealthy Asturian businessman. She established a home environment typical of Spain's upper middle-class with strong allegiance to the Catholic Church.

General Franco was in Africa again in 1936 when the army generals from various parts of Spain launched the uprising which led to the Spanish Civil War. From Morocco, General Franco issued a manifesto calling upon all Spaniards to revolt:

"Spaniards! Whoever feels a holy love of Spain, whoever among the Army and the Navy has made profession of faith in the service of his country, whoever has sworn to defend her from her enemies, the Nation calls you to her defense. With each day the situation in Spain becomes more critical; in most of her fields and villages anarchy reigns; the authority of the government is employed to foment revolution. The pistol and the machine gun render all people equal. Revolutionary strikes paralyze the life of the Nation. The Constitution, suspended and weakened, suffers total eclipse . . . ."

On October 1, 1936, he was proclaimed *Caudillo* and head of the Nationalist State. The war did not end then. It required nearly two and one-half years to overcome the Popular Front Militia which included the Communists, the Republicans, the anarchists, the syndicalists, and many untrained and undisciplined volunteers. Few people then realized the duration of the regime then being erected by the *Alzamiento Nacional*. Franco's probable successor is Prince Juan Carlos.

DIALOG ADAPTATION

1. ¿Qué cambios notó Pierre cuando llegó a Madrid?
2. ¿Cómo era Madrid antes?
3. ¿En qué año estuvo en Madrid Pierre?
4. ¿A qué se debe la prosperidad actual de España?
5. ¿Qué es el Alzamiento Nacional?
6. ¿Cuándo comenzó la revolución de los Estados Unidos contra Inglaterra?
7. ¿Es Ud. patriótico?
8. ¿Qué es un caudillo?
9. ¿Nunca ha visitado Ud. España?
10. ¿Qué país ha visitado Ud.?

The imperfect indicative

The imperfect is used to indicate a continuing past action which was not completed at the time referred to in the sentence. The imperfect is also used for telling time in the past. Description as opposed to narration also calls for the imperfect. It does not take into consideration the beginning or the ending of the action or condition.

> Mi mamá iba todos los días.
> (*My mother used to go every day.*)
>
> Antes cantábamos siempre.
> (*We always used to sing.*)
>
> Yo hablaba español y ella hablaba inglés.
> (*I was speaking Spanish and she was speaking English.*)

Eran las dos de la mañana.
(*It was two o'clock in the morning.*)

La casa era blanca y tenía muchas ventanas.
(*The house was white and had many windows.*)

QUESTION–ANSWER

1. ¿Estaba Ud. ansioso de verlo?   *Contesten.*
2. ¿Le llamaba Ud. todas las noches?
3. ¿No conocían Uds. Madrid?
4. En esos días siempre cantaban Uds., ¿verdad?
5. ¿Iba todos los días al cine la mamá de Benito?

TENSE SUBSTITUTION

Teacher: A mí me gusta caminar.   *Cambien.*
Student: A mí me gustaba caminar.

Los pájaros cantan.
El sol brilla.
Pedro busca trabajo.
Hace falta enchufe.
Los españoles son orgullosos.
Son las dos de la mañana.
Escribo muchas cartas.
Yo vuelvo en el autobús.
Leo el periódico.
Yo camino por la calle.
Yo lo veo todos los días.
Él tiene los ojos azules.

The preterite

The preterite is used to record the beginning, the end, or the whole of an event in the past.

Estuve aquí en el sesenta y dos.   (*I was here in sixty-two.*)

Yo lo vi anoche.   (*I saw him last night.*)

Estudié una hora.   (*I studied one hour.*)

Comenzó a llover.   (*It began to rain.*)

The preterite indicative: irregular forms

-ar *Verbs*		-er *and* -ir *Verbs*	
estudiar		aprender, escribir	
-é	-amos	-í	-imos
-aste		-iste	
-ó	-aron	-ió	-ieron

Note that the preterite endings of regular **-er** verbs and those of regular **-ir** verbs are the same. Note also that in **-ar** and in **-ir** verbs the **nosotros** form is the same in the present and in the preterite. The context clarifies the meaning.

PATTERNED RESPONSE

Teacher: ¿Quién le escribió una carta?
Student: Yo le escribí una carta.

    vivió en Madrid tres años
    habló al turista ayer
    volvió la semana pasada
    estudió cuatro horas

Teacher: ¿Quién fue a España a estudiar?
Student: Nosotros fuimos a España a estudiar.

    trajo estos libros
    vino a verlos
    no quiso venir
    tuvo que salir

The preterite indicative: irregular forms

First Person Singular	*Infinitive*	*English Equivalent*
cupe	caber	(*to fit into*)
conduje	conducir	(*to drive, conduct*)
di	dar	(*to give*)
dije	decir	(*to say*)
hice	hacer	(*to do*)

fui	ir, ser	(*to go, to be*)
pude	poder	(*to be able to*)
puse	poner	(*to put*)
quise	querer	(*to want*)
supe	saber	(*to know*)
tuve	tener	(*to have*)
traje	traer	(*to bring*)
vine	venir	(*to come*)

Note that **dar**, **ser**, and **ir** have the following forms in the preterite:

dar		**ser** and **ir**	
di	dimos	fui	fuimos
diste	disteis	fuiste	fuisteis
dio	dieron	fue	fueron

The three verbs (and their compounds) whose preterite stems end in **-j** (**decir, conducir, traer**) have **-eron** and not **-ieron** in the third person plural: **dijeron, condujeron, trajeron.**

All other verbs listed above have the following endings:

-e	-imos
-iste	-isteis
-o	-ieron

QUESTION–ANSWER

1. ¿Cuántos libros me diste?   *Contesten.*
2. ¿Pudiste llegar a tiempo?
3. ¿Dónde pusiste el dinero?
4. ¿Cuándo lo hiciste?
5. ¿Lo supiste anoche?
6. ¿A qué hora saliste ayer?
7. ¿Cupiste allí?
8. ¿Le dijiste que viniera?
9. ¿A dónde fuiste el año pasado?
10. ¿No quisiste ir con ellos?
11. ¿Tuviste que hacerlo?
12. ¿Trajiste algo para comer?

13. ¿Viniste a clase ayer?
14. ¿Cuándo comenzó a llover?

The preterite and the imperfect used together

When the preterite and imperfect are used together, the preterite records the events that took place and the imperfect gives the events in progress already.

    Cuando llegó a Madrid estaba contento.
    (*When he arrived in Madrid he was happy.*)

    Habló con un amigo que quería ayudarle.
    (*He spoke with a friend who wanted to help him.*)

TENSE SUBSTITUTION

1. *Teacher:* Ellos dicen que están bien. *Cambien.*
   Student: Ellos dijeron que estaban bien.

    Ella sabe que trabajamos mucho.
    Ellos ven que no sabemos hacerlo.
    Él oye que no vamos.
    Yo digo que no necesito dinero.
    Habla con un señor que sabe.
    Dice que viene más tarde.
    Salgo del trabajo y estoy contento.
    Le escribe porque quiere escribirle.

2. *Teacher:* ¿Quiere poner la silla afuera?
   Student: Ya la puse afuera.

    decir la verdad
    dar la propina
    saber el secreto
    traer el dinero
    hacer la tarea

3. *Teacher:* ¿No podías caber?
   Student: No, no cupe.

    venir
    tener paciencia
    quererla
    ir

The preterite versus the imperfect

The preterite implies that the denoted action is isolated in time and is complete in itself, while the imperfect sees an act as *in progress*, without reference to a beginning or an end. The preterite narrates the *event*; the imperfect fills in the *setting* or *circumstances*.

The setting may be description:

El hombre era alto y robusto.

or it may be secondary action, or background:

La criada preparaba el almuerzo cuando el amo volvió a casa.

Past Time	Future time
Preterite⟶ Imperfect⌇⌇⌇⌇⌇⌇⌇⌇⟶	

Fuimos al cine anoche. (*the context* — **al cine** — *shows where action stopped*)
Íbamos al cine temprano. (*continuing or habitual action*)
Vivía en México en 1960. (*I was living there.*)
Viví en México 10 años. (*I lived there; then I moved.*)
Ayer trabajé poco. (*I did it yesterday.*)
Antes, trabajaba mucho. (*I used to.*)
Yo fui a la plaza el domingo. (*I went last Sunday.*)
Yo iba a la plaza los domingos. (*I used to go every Sunday.*)

Compare the following pairs; then decide whether the preterite or the imperfect should be used. Use the interpretive comments only as a guide.

1. I ate very much. (*then I quit*)
   I ate very much. (*I used to*)

2. He refused to learn (any) more.
   He wanted to learn more.

3. El Cid was a great man. (*no longer living*)
   El Cid was a great man. (*in his day so considered*)

4. Did you have a good time? (*customarily*)
   Did you have a good time? (*that night*)

5. I had to go. (*and did*)
   I had to go. (*was obligated*)

6. He didn't want to eat. (*was not so inclined*)
   He didn't want to eat. (*and didn't*)

After you have written the Spanish equivalents of the foregoing sentences, the instructor will direct you in a translation drill. Do not refer to what you have written.

Teacher: I spoke Spanish (when I was a child).
Student: Yo hablaba español.

PATTERNED RESPONSE

1. *Teacher:* ¿Qué hora era cuando Ud. fue a la plaza?
   Student: Eran las siete cuando fui a la plaza.

   fue al cine (7:30)
   le dio el libro (8:30)
   llegó a casa (9:00)
   salió de casa (9:30)
   tocó la guitarra (10:00)

2. *Teacher:* Al llegar el capitán ¿habían comido Uds.?
   Student: No, comíamos cuando llegó.

   Al entrar la profesora ¿habían escrito el ejercicio?
   Al volver su papá ¿habían venido Uds.?
   Al salir su novia ¿habían terminado Uds.?
   Al despertarse él ¿habían llegado Uds.?
   Al comenzar ella ¿habían pagado Uds.?

3. *Teacher:* ¿Hablaba Ud. español cuando era niño(a)?
   Student: No, yo no hablaba español cuando era niño(a).
   (Sí, yo hablaba español cuando era niño[a].)

   francés   ruso
   inglés   alemán (*German*)
   portugués

Hace and a time expression with the preterite

Hace muchos años que lo escribió.
(*He wrote it many years ago.*)

Lo hice hace una semana.
(*I did it a week ago.*)

Hace is used with another verb in the preterite tense to translate "ago." Note that when the **hace** phrase comes first, **que** must be used before the other verb phrase.

PATTERNED RESPONSE

1. *Teacher:* ¿Cuándo lo *hizo* Ud.?
   Student: Hace media hora que lo hice.

   comió (quince minutos)
   leyó (una semana)
   estudió (dos horas)
   vio (cuatro días)
   aprendió (mucho tiempo)

2. *Teacher:* ¿Hace mucho que *llegó* Ud.?
   Student: Llegué hace diez minutos.

   bailó (veinte minutos)
   tocó (una hora)
   jugó (un año)
   terminó (media hora)
   escribió (tres meses)

Controlled Conversation

Pregúntele a _____ qué hora era cuando se levantó esta mañana.
si hablaba español cuando estaba en casa.
por qué llegó tarde a la clase.
si se mató el joven en el choque de ayer.
si cantaban los pájaros cuando llegó a la universidad.
por qué no estudió anoche.
dónde vivía antes.
si tenía sueño cuando se acostó anoche.
si lo compró hace un año.
desde cuándo está aquí.

Translation

1. What time was it when you came to class?
2. Were you studying last night?
3. Why didn't you come?
4. I did it an hour ago.
5. I was living there in 1960.

Discussion Topic: Quince años de cambios

1. ¿Cuántos años tenías hace quince años?
2. ¿Quién era presidente?
3. ¿Eran ricos tus padres?
4. ¿Cómo era tu pueblo en esos días?
5. ¿Cuáles eran los aparatos eléctricos que había en tu casa?
6. Y hoy, ¿cuáles son?
7. ¿Cuántos habitantes había en tu pueblo hace quince años?
8. ¿Y hoy?
9. ¿Compraste un auto? ¿Por qué?
10. ¿Cuánto tiempo hace que (no) tienes auto?

Useful Rejoinders

1. ¡Claro!
2. ¡Hombre!
3. ¡Cómo no!
4. Muy amable.

Proverbs

1. La fortuna nos da del bien y del mal.
2. Desnudo nací, desnudo me hallo; ni pierdo ni gano.
3. Goza de tu poco mientras busca más el loco.

Sidewalk newsstand in Madrid.

UNIT 3

Diálogo

Viva yo

JAMES — He oído que los españoles son muy egoístas.[1] ¿Es verdad?

PEDRO — No sé. Siempre hemos aprendido en la escuela que lo que distingue al español es su individualismo.

JAMES — ¿Qué quiere decir eso?[2]

PEDRO — De costumbre, ha sido más fácil explicarlo con un dicho[3] que es famoso en España, «Yo hago lo que me da la gana.[4]»

JAMES — Así que todos hacen lo que ellos quieren . . . ¿eh?

PEDRO — Exactamente. Ganivet, un escritor español, ha dicho que «para acomodar el derecho judicial al carácter español hay que dar a cada uno la simple inscripción, ‹Este español está autorizado para hacer lo que le venga en gana›».

JAMES — Una teoría interesante. ¿Hay muchos que la han probado?

PEDRO — Todos. Por eso es tan difícil para nosotros colaborar en grupos o en organizaciones. ¿No ha oído usted de la expresión? «¡Viva yo!»

JAMES — No. No creo.

PEDRO — Pues es otra manifestación del individualismo. Por ejemplo, usted ve un español que conduce su cochecito a una velocidad exagerada[5] monopolizando toda la calle—y comprende usted que ese conductor[6] del cochecito está haciendo su «¡Viva yo!»

JAMES — Yo he visto esa clase de persona en los EE.UU. también, pero ahí lo multan.[7]

---

[1] **egoísta** selfish
[2] **¿Qué quiere decir eso?** What does that mean?
[3] **dicho** idiomatic expression
[4] **lo que me da la gana** what I want to do
[5] **velocidad exagerada** excessive speed
[6] **conductor** driver
[7] **lo multan** they fine him

PEDRO — En España no tanto. Es más — usted paga siete dólares para ver un partido de fútbol y cuando llega encuentra en su lugar un señor que no quiere desocupar el asiento. «¡Viva yo!» piensa usted y luego se hace usted dueño[8] del asiento[9] de otro desafortunado.[10]

JAMES — ¡Eso sí que es individualismo!

PEDRO — No es nada. Esta mañana he leído de otro ejemplo típico en un libro de Díaz-Plaja*. El jefe de un grupo de reclutas[11] los había mandado salir del cuarto a *todos*. Uno de los reclutas se queda esperando y el jefe le pregunta, «¿Por qué no ha salido usted?» — «Ah, decía el recluta, ¿Yo también?» El porqué él no estaba incluido en ese «todos» solo se explica en España.

JAMES — Pues muchas gracias por la explicación y ¡viva yo!

[8] **dueño**   owner, possessor
[9] **asiento**   seat, place
[10] **desafortunado**   unfortunate person
[11] **reclutas**   recruits

Cultural Notes

1. INDIVIDUALISMO   Individualism as a national trait in Spain is essentially the desire on the part of an individual for maximum freedom and autonomy. Although the Spaniard is generally reluctant to cooperate in organizations, he feels loyalty to his own native region which in many cases seeks an autonomy of its own from the national government. An example of separatism is the province of Catalonia. The Catalans have from time to time sought independence from Spain. This latter phenomenon has been called separatism which is basically another form of individualism.

2. HACER LO QUE LE VENGA EN GANA   "To do whatever may please him." The use of the subjunctive *venga* (in response to the indefinite antecedent *lo*) serves to stress the fact that one wants to be free to do exactly as his whims may dictate.

3. VIVA YO   "Hurrah for me." This idea in Spanish literature has a long tradition going back to earliest times. «*Ándeme yo caliente y ríase la gente,*» was the version styled by Góngora. It means, "as long as I am warm, comfortable, or well served, let the rest of the world go hang."

DIALOG ADAPTATION

1. ¿Qué es el individualismo?
2. ¿Hace Ud. lo que le da la gana?

---

* Fernando Díaz-Plaja is a popular contemporary Spanish author.

3. ¿Qué quiere decir «¿Viva yo?»
4. ¿Nunca ha hecho Ud. su viva yo?
5. ¿Ha visto Ud. algún ejemplo del individualismo?
6. ¿Había oído hablar del individualismo español?
7. ¿Por qué es difícil para el español colaborar en grupos?
8. ¿Nunca ha conducido un cochecito a velocidad exagerada?
9. ¿Es Ud. individualista?
10. ¿Por qué no estaba incluido el recluta en ese «todos»?

The present perfect

Haber: *Present Tense*   *Perfect Participle*

he	hemos
has	
ha	han

hablado
aprendido
vivido

The present perfect tense is formed by combining a form of **haber** in the present tense with a perfect participle.

He hablado con el profesor.
(*I have talked to the teacher.*)

He aprendido la lección.
(*I have learned the lesson.*)

He vivido aquí diez años.
(*I have lived here for ten years.*)

As in English, the present perfect is used to describe an action in the past that is connected with the present by implication or by such words as "today" or "this year."

Hoy no **ha hablado** mucho.
(*Today he has not spoken much.*)

Lo **han nombrado** secretario de la embajada.
(*They have named him secretary of the embassy.*)

The present perfect in Spanish is often used with a preterite meaning that is the equivalent of the simple past in English, particularly when the past action is quite recent.

Ellos no me **han dicho** nada.
(*They did not tell me anything.*)

¿Te **ha gustado**?   Lo **he probado**.
(*Did you like it?*)   (*I tasted it.*)

The perfect participle of each of the following common verbs is irregular:

 escribir — escrito   **ver — visto**
 abrir — abierto   **poner — puesto**
 cubrir — cubierto   **suponer — supuesto**
 morir — muerto   **hacer — hecho**
 volver — vuelto   **decir — dicho**
 romper — roto

QUESTION–ANSWER

1. ¿No lo han visto Uds.? *Contesten.*
2. ¿Tú lo has puesto allí?
3. ¿No han dicho nada Uds.?
4. ¿Dónde has estado?
5. ¿Has vuelto a las clases?

TENSE SUBSTITUTION

1. *Teacher:* Pablo nunca me dice nada.
 Student: Pablo nunca me dice nada.
 Student: Pablo nunca me ha dicho nada.

    Nunca estudiamos español.
    Él nunca vive muy bien.
    Nunca se habla de la guerra fría.
    Ella nunca lo prueba.
    Nunca lo nombran presidente de la clase.
    Nunca se les ofrece un nuevo orden.
    Nunca le gusta mucho.
    Ellos nunca trabajan en la tienda.

2. *Teacher:* ¿Dejó Ud. de fumar el año pasado?
 Student: ¿Dejó Ud. de fumar el año pasado?
 Student: ¿Ha dejado Ud. de fumar recientemente?

    ¿Le ayudó su padre?
    ¿Vio Ud. esta situación?
    ¿Se fijó en esa chica?
    ¿Aplicó Ud. la regla?
    ¿La vio Ud.?

PATTERNED RESPONSE

1. *Teacher:* ¿Ya lo hizo Ud.?
   Student: Sí, ya lo he hecho.

   escribió   puso   rompió   dijo
   abrió   trajo   vio   terminó

2. *Teacher:* ¿Pidió Ud. el libro?
   Student: No, no lo he pedido todavía.

   ¿Compró Ud. la carne?
   ¿Leyó Ud. el libro?
   ¿Pagó Ud. la cuenta?
   ¿Estudió Ud. la lección?
   ¿Vendió Ud. el coche?

3. *Teacher:* Leías mucho antes?
   Student: Nunca he leído mucho.

   ¿Estudia Ud. mucho?
   ¿Va Ud. al cine a menudo?
   ¿Camina Ud. mucho?
   ¿Prefiere Ud. el campo?
   ¿Trabaja Ud. mucho?
   ¿Duerme Ud. mucho?
   ¿Corre Ud. mucho?
   ¿Está Ud. contento(a)?
   ¿Tiene Ud. que estudiar?
   ¿Descansa Ud. mucho?
   ¿Canta Ud. mucho?
   ¿Fuma Ud. mucho?
   ¿Toca Ud. la guitarra?

4. *Teacher:* ¿Ya comiste?
   Student: No, todavía no he comido.

   ¿Ya saliste?
   ¿Ya terminaste?
   ¿Ya comenzaste?
   ¿Ya jugaste?

5. *Teacher:* ¿Ya lo hiciste?
   Student: No, no lo he hecho todavía.

   ¿Ya lo escribiste?
   ¿Ya lo abriste?

¿Ya lo pusiste?
¿Ya lo cubriste?
¿Ya lo comiste?
¿Ya la cerraste?
¿Ya lo hiciste?
¿Ya lo tocaste?

TENSE SUBSTITUTION

1. *Teacher:* Yo rompí el vidrio. *Cambien.*
   Student: Yo he roto el vidrio.

   Ud. dijo que no.
   Él volvió esta mañana.
   Ella murió esta tarde.
   Nosotros abrimos la puerta.
   Tú pusiste mucho esfuerzo.
   Ella no hizo nada.
   Ya cubrieron el coche.

2. *Teacher:* ¿Escribió la carta?
   Student: Sí, ya está escrita.

   ¿Abriste la caja?
   ¿Cubriste el coche?
   ¿Murió el perro?
   ¿Puso la camisa?
   ¿Hizo el deber?

The pluperfect

Haber: *Imperfect Tense* *Perfect Participle*

había	habíamos
habías	
había	habían

hablado
aprendido
vivido

The pluperfect or past perfect tense is formed with the imperfect tense of the auxiliary verb and the perfect participle. It is used as in English except that the auxiliary and participle are never "split" by another word.

¿La **ha visto** Ud?
(*Have you seen her?*)

Ya **había trabajado** en una embajada.
(*He had already worked in an embassy.*)

Todavía no **había comido**.
(*He had not yet eaten.*)

QUESTION–ANSWER

1. ¿Ud. había amenazado con irse?   *Contesten.*
2. ¿Ya había trabajado Ud. en una embajada?
3. ¿Ya habías venido?
4. ¿No habían llegado Uds.?
5. ¿Uds. se habían dormido en la clase?

TENSE SUBSTITUTION

1. *Teacher:* Ya lo terminé anoche.
   Student: Ya lo terminé anoche.
   Student: Ya lo había terminado anoche.

Ya lo acabé.	Ya lo recibí.	Ya lo toqué.
Ya lo aprendí.	Ya lo comí.	Ya lo pedí.
Ya lo estudié.	Ya lo tiré.	Ya lo cerré.
Ya lo tomé.		

2. *Teacher:* No lo escribí ayer.
   Student: No lo escribí ayer.
   Student: No lo había escrito ayer.

abrí	puse	dije
cubrí	hice	vi
rompí		

PATTERNED RESPONSE

1. *Teacher:* ¿Cuándo iba a hacerlo?
   Student: Ya lo había hecho.

comprarlo	abrirlo	decirlo
estudiarlo	cubrirlo	atarlo
llamarlo	tirarlo	

2. *Teacher:* ¿Por qué no lo vendió hoy?
   Student: Porque ya lo había vendido ayer.

  terminó   midió   preguntó
  miró   quitó   tiró
  visitó   confesó

Ser versus *estar*

The verb "to be" in English may be translated by forms of **ser** or **estar**, according to the circumstances. To make the correct choice one must keep in mind the specific cues which signal the use of each.

Uses of **ser**:

A. To tell what or who the subject is.

 Él **es** dentista.
 Ud. **es** un buen médico.
 Es católico.
 ¿Quién **es**? **Soy** yo.

B. To express time.

 Es la una.
 Son las tres y media.

C. With **de** to indicate geographic origin, ownership, or the material of which something is composed.

 Ella **es** de la Argentina.
 La casa **es** del señor González.
 La mesa **es** de madera.

D. To indicate the place where an event takes place.

 El baile **es** aquí.
 La reunión **es** en el centro.
 La fiesta **es** allá enfrente.

E. To indicate the time or the order of events.

 Las elecciones **serán** mañana.
 La fiesta **será** después.

Uses of **estar**:

A. To tell where the subject is.

 Los muchachos **están** en la clase.
 María no **está** aquí.

B. To tell how the subject is.

>El chico **está** cansado.
>Su mamá **está** bien.
>El libro **está** roto.

C. To form the progressive tense.

>**Estoy** haciendo mi trabajo.
>**Estamos** aprendiendo español.

D. To imply change or to express a comparison with some idea previously held.

>El vaso **está** sucio.
>Nuestro amigo **está** muerto.
>Mi tío **está** gordo.

E. With **de** only when the prepositional phrase is adverbial.

>**Está** de pie.
>**Está** de vacaciones.
>**Está** ahí de embajador.

QUESTION–ANSWER

1. ¿Es Ud. dentista?   *Contesten.*
2. ¿Quién es ese muchacho rubio?
3. ¿Qué hora es?
4. ¿De quién es ese libro?
5. ¿Es católico él?
6. ¿Es de madera o de ladrillo su casa?
7. ¿De dónde es Ud.?
8. ¿Dónde es el baile?
9. ¿Cuándo serán las elecciones?
10. ¿De dónde es ella?
11. ¿Están aquí todos los estudiantes?
12. ¿Qué está haciendo Ud.?
13. ¿Está Roberto?
14. ¿Quién está cansado?
15. ¿Está sucio el vaso?
16. ¿Dónde está su amigo?
17. ¿Está de vacaciones Pedro?

18. ¿Quién está de pie?
19. ¿Está muerto ese perro?
20. ¿Está su tío de embajador en Chile?

PATTERNED RESPONSE

1. Teacher: ¿Es profesor él?
   Student: Sí, es profesor y está de vacaciones.

   ¿Es estudiante Ud.?
   ¿Son españoles ellos?
   ¿Es mexicano él?
   ¿Es argentina ella?
   ¿Es Ud. americano?

2. Teacher: ¿Es médico él?
   Student: Sí, es médico y está contento.

   ¿Es inteligente ella?
   ¿Es capitalista él?
   ¿Son perezozos ellos?
   ¿Son estudiantes Uds.?
   ¿Es joven ella?

3. Teacher: ¿No es de España Roberto?
   Student: Sí, es de España pero está aquí ahora.

   ¿No es de México Ud.?
   ¿No es de Centro América Ud.?
   ¿No es del Paraguay Carlos?
   ¿No es de Madrid Pablo?
   ¿No es de la Argentina Ud.?

QUESTION–ANSWER

Practice the following pairs of questions and answers, paying particular attention to the contrasted usage of **ser** *and* **estar**.

1. ¿Está mi hermano?   No, no está.
   ¿Quién es su hermano?   Es Juan López.
2. ¿Está mi compañera?   No, no está.
   ¿Quién es su compañera?   Es María García.
3. ¿Está mi papá?   No, no está.
   ¿Quién es su papá?   Es el señor Gómez.

4. ¿Está mi amigo?   No, no está.
   ¿Quién es su amigo?   Es Juan Aranda.
5. ¿Está mi tía?   No, no está.
   ¿Quién es su tía?   Es la señora de Blanco.

Answer with the proper form of **ser** *or* **estar** *as required.*

Teacher: ¿El doctor Suárez? ¿En su consultorio?
Student: Sí, el doctor Suárez está en su consultorio.

1. ¿Los dos jóvenes? ¿españoles?
2. ¿Elena? ¿estudiando la lección?
3. ¿María? ¿de la Argentina?
4. ¿El señor López? ¿profesor?
5. ¿Ella? ¿joven?
6. ¿Los muchachos? ¿En casa?
7. ¿Las señoritas? ¿cansadas?
8. ¿La mesa? ¿de madera?
9. ¿La casa? ¿del señor González?
10. ¿La reunión? ¿aquí?
11. ¿El vaso? ¿sucio?
12. ¿El médico? ¿contento?
13. ¿Las elecciones? ¿hoy?
14. ¿Ellos? ¿perezosos?
15. ¿La señora López? ¿inteligente?

Ser and *estar* with perfect participle

El banco **está cerrado**.
El hombre **fue asesinado**.
Estoy invitado a la fiesta.
Él **fue invitado** por María.

Ser + PERFECT PARTICIPLE (*Describes an action*)	**Estar** + PERFECT PARTICIPLE (*Resultant condition*)
El vaso fue roto.	El vaso estaba roto.

A. To denote an action, use **ser** and the perfect participle.

B. To indicate a resultant condition after the action has ended, use a form of **estar** and the perfect participle.

C. The perfect participle is an adjective and must agree in number and gender with the subject—a noun.

Las señorit**as** están cansad**as**.

PATTERNED RESPONSE

1. *Teacher:* ¿Importaron ese disco de México?
   Student: Sí, fue importado de México.

   ¿Escribieron este libro en 1962?
   ¿Aceptaron esta donación?
   ¿Asesinaron a este señor?
   ¿Operaron a esta señora?
   ¿Lavaron estos platos?

2. *Teacher:* ¿Abrieron la puerta?
   Student: Sí, la puerta está abierta.

   ¿Invitaron a Pedro a la fiesta?
   ¿Escribieron la carta?
   ¿Terminaron el trabajo?
   ¿Echaron la leche?
   ¿Trasladaron a Pedro?

QUESTION–ANSWER

1. ¿Está Ud. enojado conmigo? *Contesten.*

   ¿Le parece que María está triste?
   ¿Por qué estás tan alegre hoy?
   Ud. está desanimado, ¿no?

2. María es muy joven, ¿verdad? *Contesten.*

   ¿Es viejo su papá?
   Hoy es un día muy bonito, ¿no?
   ¿Tu novia es rubia o morena?
   ¡Qué amable el profesor! ¿Verdad?

Special use of *estar*

Estar plus an adjective is used to emphasize that the entity is different from the normal or expected. The speaker, according to his own logic and previous experiences, more or less subconsciously decides if the entity described has undergone change.

La botella **está sucia**.
(*Logically, according to his experience, he expected it to be clean.*)

Ese señor **está pobre**.
(*He was rich before.*)

¡Qué **alto estás**, hijo mío!
(*Taller than expected.*)

¡Este helado **está riquísimo**!
(*Much better than I thought.*)

Estoy muy gordo.
(*I was thin before.*)

Controlled Conversation

Pregúntele a ⎯⎯⎯⎯ si le ha gustado el libro.
por qué no ha estudiado.
quién ha abierto la puerta.
qué ha dicho el profesor.
dónde ha puesto los libros.
a qué hora había visto al profesor.
si ya había comprado el libro.
si se había dormido en clase.
si ya había trabajado en una embajada.
si había prometido decir la verdad.

Translation

1. I have not seen him today.
2. They had not arrived yesterday.
3. We have already eaten.
4. Did you like it?
5. Why didn't you study?
6. I have been studying like mad.
7. He had already gone.
8. I don't know who has done it.
9. He hasn't written the letter.
10. I had already broken it.

Discussion Topic: Viva yo

1. ¿Conoces un egoísta?
2. ¿Eres egoísta?
3. ¿Haces lo que te da la gana? ¿Cuándo?
4. ¿Quién hace lo que le da la gana?
5. ¿Crees en la filosofía de «viva yo?»
6. ¿Cuándo has hecho tu «viva yo?»
7. ¿Somos todos individualistas?
8. ¿Son individualistas los profesores?
9. ¿Y los estudiantes?
10. Relata una experiencia del individualismo.

Useful Rejoinders

1. ¿En serio?
2. No sé nada de eso.
3. ¡Qué fantástico!
4. Parece mentira.

Proverbs

1. Bien predica quien bien vive y yo no sé otras teologías.
2. Palabra suelta no tiene vuelta.
3. Respeta la autoridad si quieres tranquilidad.

Articles for the tourists.

Fruit and vegetable stand in Malaga.

UNIT 4

Diálogo

El arte de comer bien

Gerta es una alemana que vive ahora en Madrid. Está hablando con su amiga Josefina que es de Valencia.

GERTA — ¿A tí, Josefina, te parece que los españoles, comparándose con los demás europeos, comen mucho o poco?

JOSEFINA — No sé qué decirte. Hay algunos que sí y otros que no. El español medio[1] desayuna poco pero almuerza fuerte[2] y también de costumbre cena con dos platos fuertes.[3]

GERTA — A mí no me gusta comer tanto. Yo he pedido la opinión de muchos españoles sobre este punto y casi todos creen que comen poco.

JOSEFINA — Sí, me hace recordar la famosa conversación que todos conocemos en España.

    PEDRO — No como apenas nada.[4]
    JUAN — Pero si he visto lo que has pedido . . . sopa . . .
    PEDRO — . . . unos sorbos . . .[5]
    JUAN — Pescado
    PEDRO — Dos salmonetes chiquitos[6]
    JUAN — Carne
    PEDRO — Un filetito de nada[7]
    JUAN — Ensalada
    PEDRO — Eso no cuenta
    JUAN — Queso

[1] **el español medio**   the average Spaniard
[2] **almuerza fuerte**   eats a big lunch
[3] **plato fuerte**   main course
[4] **apenas nada**   hardly anything (almost nothing)
[5] **unos sorbos**   a few sips
[6] **dos salmonetes chiquitos**   two tiny surmullets
[7] **filetito de nada**   a mere nothing of a steak

PEDRO — ¡Algo hay que tomar de postre!⁸
GERTA — En Alemania se dice que los españoles se distinguen por lo que comen y la hora en que comen. Eso de cenar a las once de la noche es muy español.
JOSEFINA — Sí, es cierto pero eso importa poco. Lo que más interesa es la variedad y la riqueza de la comida.
GERTA — Yo he comido muy bien en España y me parece que los españoles han desarrollado⁹ a un punto muy elevado el arte de comer.
JOSEFINA — ¿Ah, sí? ¿Cuál es tu plato favorito?
GERTA — Pues a mi modo de ver no ha nada como el cochinillo asado.¹⁰
JOSEFINA — ¿No probaste nunca la paella valenciana?¹¹
GERTA — Sí. ¡Es para chuparse los dedos!¹² ¿No tienes la receta?
JOSEFINA — Estoy segura que mamá la tiene.
GERTA — ¿Puedes dármela?
JOSEFINA — Sí, te la doy mañana.

⁸ **algo hay que tomar de postre**   one has to have something for dessert
⁹ **han desarrollado**   have developed
¹⁰ **cochinillo asado**   roast suckling pig
¹¹ **paella valenciana**   Valencian seafood and rice (See recipe)
¹² **Es para chuparse los dedos**   It's finger-licking good

Cultural Notes

1. PAELLA VALENCIANA   (See Appendix for translation)

   1 pollo de medio kilo,¹ en 8 pedazos
   200 g.² de filete de cerdo, en cubitos
   100 g. de ternera, en cubitos
   50 g. de pescado blanco
   8 almejas bien lavadas
   8 caracoles blancos
   50 g. de anguila fresca, en rodajas finas

   50 g. de habichuelas verdes
   2 corazones de alcachofas
   300 g. de arroz
   1 1/2 dl.³ de aceite de oliva
   1 cucharada grande de salsa de tomate
   1 diente de ajo
   2 tazas de caldo de pollo o agua

¹ **kilo**   2.2 lbs. (*1,000 grams*)
² **g.: gramo**   gram (*15 grams = 1/2 oz.*)
³ **decilitro**   deciliter (*1 deciliter = 3 oz.*)

Sazonar con sal la carne y el pollo. Se calienta el aceite en la paellera o en una sartén grande. Una vez que esté el aceite caliente se fríe la carne y el pollo hasta que estén dorados.

Se añade el pescado y se fríe un poco. Se añade el ajo y tomate, el líquido y las verduras, y se deja cocinar por 2 minutos. Se le añade el arroz. Se le añade sal otra vez y se pone azafrán. Revolver con una cuchara de madera para que el azafrán le dé color al arroz. Déjese cocinar a fuego fuerte durante 5 minutos. Después póngase sobre un fuego suave hasta que el arroz esté seco y los granos separados.

Sírvase en la misma paellera con trozos de limón. Para 4 personas.

2. SPANISH FOOD Although it is not as varied or as daintily prepared as French or Italian cuisine, Spanish food is substantial. Seafood—shrimp, prawns, crayfish, and crabs—is plentiful throughout the country. In the North, fresh tuna steaks are cooked in a heavy tomato and onion sauce. The dishes are not as highly seasoned as Mexican food, but garlic and peppers are lavishly used. *Gazpacho*, a cold soup served with croutons, used to be eaten by poor Andalusian peasants, but has become popular all over Spain and even in America. It consists of a base of oil and vinegar to which finely strained tomatoes, garlic, bread crumbs, chopped cucumber and onions are added. Madrid specializes in roast suckling pig, roast lamb, and *paella*.

Spaniards consume a great deal of beer, but sherry, for those who can afford it, is the favorite drink. Another popular drink is *horchata*, a cold drink consisting of crushed almonds, water, and sugar.

DIALOG ADAPTATION

1. ¿A Ud. le parece que los americanos comen mucho?
2. ¿Comen mucho en el desayuno?
3. ¿Qué come Ud. en el desayuno?
4. ¿Come Ud. mucho o poco en el almuerzo?
5. ¿Cena Ud. con dos platos fuertes?
6. ¿A Ud. le gusta comer mucho?
7. ¿Cúal es su plato favorito?
8. ¿Creen los españoles que comen mucho?
9. ¿Cómo se distinguen los españoles en cuanto a la comida?
10. ¿Qué es el arte de comer bien?

Direct object pronouns

Direct object pronouns receive direct action of the verb. They correspond to the subject pronouns as follows:

Subject Pronouns	*Direct Object Pronouns*
yo	me (*me*)
tú	te (*you, fam.*)
él, Ud.	lo (*it, you, him*)
la, Ud.	la (*it, you, her*)
nosotros	nos (*us*)
ellos, Uds.	los (*them, masc. pl.*)
ellas, Uds.	las (*them, fem. pl.*)

Position of the direct object pronouns

A. When objects of finite (person and number) forms, they precede the verb and no other words may intervene.

> Yo **la vi.**
> Ellos **lo comieron.**

B. When objects of infinitives or present participles, they follow, attached to the verb.

> Estoy contento de **saberlo.**
> Me gusta **verlas** aquí.
> El público termina **aplaudiéndolos.**
> **Dejándome** solo se fue de la ciudad.

C. But when the infinitive or present participle is preceded by an auxiliary, the pronouns may follow attached or may precede the auxiliary verb.

> Voy a **comerla.** *or* **La** voy a comer.
> Estoy **comiéndola.** *or* **La** estoy comiendo.

D. They always follow and are attached to the affirmative commands.

> **Mírela.**
> **Cómanlas.**

E. They always precede the negative commands.

> No **lo** mire Ud.
> No **lo** comas.

Position of the direct object pronouns

STRUCTURE SUBSTITUTION

1. *Teacher:* ¿Comió Ud. la ensalada?
   Student: Sí, la comí.

   ¿Comió Ud. el pan?
   ¿Comió Ud. el postre?
   ¿Comió Ud. la paella?
   ¿Comió Ud. el cochinillo?
   ¿Comió Ud. el pescado?
   ¿Comió Ud. la carne?

2. *Teacher:* ¿Tiene Ud. los boletos?
   Student: Sí, los tengo.

   ¿Tiene él los boletos?
   ¿Tienen ellos los boletos?
   ¿Tienen Uds. los boletos?
   ¿Tiene Ud. los boletos?
   ¿Tienen los boletos los estudiantes?
   ¿Tiene los boletos la señorita?

3. *Teacher:* ¿Él estudia la lección?
   Student: Sí, y yo voy a estudiarla también.

   ¿Ella termina la novela?
   ¿Él compra ese diario?
   ¿Ella lee ese libro?
   ¿Él come esas manzanas?
   ¿Él usa esos pantalones?

PATTERNED RESPONSE

1. *Teacher:* ¿Vas a mirar el reloj?
   Student: Sí, voy a mirarlo.

   ¿Piensas hacer el trabajo?
   ¿Sabes tocar la guitarra?
   ¿Vas a buscar el libro?
   ¿Van a visitar al Presidente?
   ¿Quieres ver el reloj?

2. *Teacher:* ¿Leyó Ud. el periódico?
   Student: No, no lo leí.

   ¿Entiende ella la lección?
   ¿Recibiste las cartas?

¿Recuerdas el día?
¿Vieron Uds. la película?
¿Hallaron Uds. los cuartos?

3. *Teacher:* ¿Estudian Uds. la lección de geografía?
   Student: Sí, la estudiamos.

   ¿Estudia ella el libro?
   ¿Estudian ellos la historia de Francia?
   ¿Estudia Ud. la lección?
   ¿Estudian Uds. las lecciones?
   ¿Estudia él la vida de San Martín?

4. *Teacher:* Escriba Ud. la carta.
   Student: Estoy escribiéndola.

   Coma la ensalada.
   Aprenda la lección.
   Estudie Ud. el libro.
   Haga Ud. el ejercicio.

5. *Teacher:* Quiero tocar el piano.
   Student: Pues, tóquelo.

   Quiero tomar el remedio.
   Quiero aprender la lección.
   Quiero leer el libro.
   Quiero mirar la revista.
   Quiero pedir la comida.

6. *Teacher:* ¿Puedo leer la revista?
   Student: Sí, la puede leer.

   ¿Puedo escribir la carta?
   ¿Puedo comer el postre?
   ¿Puedo explicar el problema?
   ¿Puedo estudiar la lección?
   ¿Puedo hacer las camas?
   ¿Puedo traer la mesa?

7. *Teacher:* Voy a comer la ensalada ahora.
   Student: No, no la comas.

   Voy a hacer el trabajo.
   Voy a traer el boleto.
   Voy a explicar la lección.
   Voy a mirar el libro.
   Voy a estudiar la lección.

Indirect object pronouns

Indirect object pronouns are used to indicate the person or persons involved indirectly in an action, that is, the person to whom something is said or to whom or for whom something is done. They correspond to the subject pronouns as follows:

Subject Pronouns	*Indirect Object Pronouns*
yo	me (*to me*)
tú	te (*to you*)
a él, a Ud., a ella	le (*to him, to her, to it, to you*)
nosotros	nos (*to us*)
a ellos, a Uds.	les (*to them, to you, pl.*)

Position of the indirect object pronouns

Indirect object pronouns follow the same rules as the direct object pronouns.

A. When objects of finite (person, number) forms, they precede the verb.

> **Me hablaron** ayer del trabajo.
> **Se lo dimos** la semana pasada.

B. When objects of infinitives or present participles, they follow, attached to the verb.

> Quiero **avisarles**.
> Están **contándonoslo** ahora.

C. But when the infinitive or present participle is preceded by an auxiliary, the pronouns may follow attached or may precede the auxiliary verb.

> **Les** voy a dar el dinero. *or* Voy a dar**les** el dinero.
> **Les** estoy hablando ahora. *or* Estoy hablándo**les** ahora.

D. They always follow and are attached to the affirmative commands.

> Cuénta**me**.
> Avíse**le**.

E. They always precede the negative commands.

> No **me** diga eso.
> No **le** hables.

F. The forms correspond in each case to the subject pronoun form, as indicated.

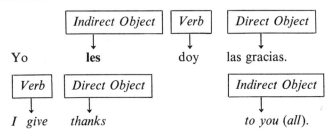

The prepositional pronouns

After Preposition

mí	nosotros
ti	
él, ella, Ud.	ellos, ellas, Uds.

After **con: conmigo**
              contigo

Note that except for the special forms **conmigo, contigo** and **mí, ti**, the pronouns used after most prepositions are identical with the subject pronouns.

Contigo no **se** puede.
A **mí me** emociona *La cumparsita.*
¿Y a **ti** como **te** va?
Sí, los hay para **mí**.
Entre **él** y **yo** . . .

Use of the indirect object with *parecer*

VERB–STRUCTURE DRILL

A. The present indicative of **parecer** (*to seem, appear*).

me parece	nos parece
te parece	
le parece	les parece

Use of the indirect object with *parecer*

1. A mí me parece interesante el libro. *Repitan.*
   A él _____.
   A ellos _____.
   A nosotros _____.
   A Uds. _____.
   A Ud. _____.

2. ¿A Ud. le parece interesante el libro? *Contesten.*
   ¿A Uds. les parece bueno?
   ¿A él le parece difícil?
   ¿A Braulio le parece interesante?
   ¿A ellos les parece malo?

B. The preterite indicative of **parecer**.

me pareció	nos pareció
te pareció	
le pareció	les pareció

1. A mí me pareció corta la película. *Repitan.*
   A él _____.
   A ellos _____.
   A nosotros _____.
   A Ángela _____.
   A ella _____.

2. ¿A Ud. le pareció corta la reunión? *Contesten.*
   ¿A quién le pareció corta la reunión?
   ¿A Uds. les pareció corta la reunión?
   ¿Qué les pareció la reunión?
   ¿Qué te pareció la reunion?

STRUCTURE SUBSTITUTION

1. *Teacher:* Yo te doy las gracias.
   Student: Yo te doy las gracias.
   Teacher: A él.
   Student: Yo le doy las gracias.

          a ellos   a ti
          a ella   a Ud.
          a Uds.

2. *Teacher:* ¿Y a ti como te va?
   Student: ¿Y a ti como te va?
   Teacher: A Ud.
   Student: Y a Ud. ¿cómo le va?

       a Uds.   a ti
       a él   a Ud.
       a ellos

3. *Teacher:* Es el señor que me hablaba tan mal.
   Student: Es el señor que me hablaba tan mal.
   Teacher: A nosotros.
   Student: Es el señor que nos hablaba tan mal.

       a mí   a Uds.
       a ti   a Ud.
       a ellos   a nosotros

PATTERNED RESPONSE

1. *Teacher:* ¿Lo hizo Ud. para Roberto?
   Student: Sí, lo hice para él.

   ¿Lo hizo Ud. para Elena?
   ¿Lo hizo Ud. para Jorge y Juan?
   ¿Lo hizo Ud. para mí?

2. *Teacher:* ¿Quiere Ud. ir con Luis y Enrique?
   Student: Sí, quiero ir con ellos.

   ¿Quiere Ud. ir con nosotros?
   ¿Quiere Ud. ir con Ana y Carmen?
   ¿Quiere Ud. ir conmigo?
   ¿Quiere Ud. ir con Antonio?

3. *Teacher:* ¿Piensa Ud. salir sin Josefina?
   Student: No, no pienso salir sin ella.

   ¿Piensa Ud. salir sin Luis?
   ¿Piensa Ud. salir sin José y Juan?
   ¿Piensa Ud. salir sin nosotros?
   ¿Piensa Ud. salir sin Gerta y Josefina?

Use of the indirect object with *gustar*

VERB–STRUCTURE DRILL

The present indicative of **gustar** (*to be pleasing to, like*).

me gusta	nos gusta
te gusta	
le gusta	les gusta

1. A mí me gusta la chaqueta.   *Repitan.*
   A él _____.
   A ella _____.
   A nosotros _____.
   A ellos _____.
   A ellas _____.
   Al Sr. Gómez _____.

2. ¿Le gusta a Ud. la chaqueta?   *Contesten.*
   ¿Le gusta a él la música clásica?
   ¿Les gusta a ellos la chaqueta?
   ¿Les gusta a Uds. la historia?
   ¿Le gusta al Sr. Gómez *La cumparsita*?

Other interesting and rather common uses of **gustar** include:

Me gustan.   (*I like them.*)
¿Te gusto?   (*Do you like me?*)
Sí, me gustas.   (*Yes, I like you.*)
Nosotros no les gustamos a ellos.   (*They do not like us.*)
¿No te gustamos?   (*Don't you like us?*)

PATTERNED RESPONSE

1. *Teacher:* ¿A Ud. le gustan las lecciones de español?
   Student: Sí, a mí me gustan las lecciones de español.

   a él — los programas de televisión
   a Uds. — las corridas de toros (*bullfights*)
   a Ud. — los deportes (*sports*)
   a nosotros — los periódicos

2. *Teacher:* ¿Le gusta a Ud. estudiar?
   Student: Sí, a mí me gusta estudiar.

a él — trabajar
a Ud. — leer
a ellos — escribir
a Uds. — aprender
al castellano viejo — hablar
a ella — cantar

Note that **a Ud.**, **a él**, etc., may precede or follow the verb in a question.

VERB–STRUCTURE DRILL

me gustó	nos gustó
te gustó	
le gustó	les gustó

1. A mí me gustó el cuento.   *Repitan.*
   A nosotros _____.
   A ellos _____.
   A Gerardo _____.
   A ella _____.
   A ti _____.

2. ¿A Ud. le gustó el cuento?   *Contesten.*
   ¿A Uds. les gustó el concierto?
   ¿A ellos les gustó la clase?
   ¿Al Sr. Gómez le gustó la música?
   ¿A ella le gustó la obra?

The direct and indirect object pronouns used together

Indirect	
me	nos
te	
le	les

Direct	
me	nos
te	
lo, la	los, las

Mi papá **me** enseño.   (*My father taught me.*)
Mi papá **me lo** enseñó.   (*My father taught it to me.*)

The direct and indirect object pronouns may either precede or follow the infinitive and the present participle as explained earlier. They always follow the affirmative command forms of the verb.

Mi papá quiere enseñár**melo**.
No **me lo** quiere enseñar.
Mi papá está enseñándo**melo**.
Te lo estoy explicando.
Enséña**melo**, papá.

In all other cases the object pronouns precede the verb.

Mi papá **me lo** enseña. (*Verb Conjugated in Indicative Mood*)
No **me lo** enseñes. (*Negative Command, Familiar*)
No **me lo** enseñe Ud. (*Negative Command, Polite*)

Use of *se* before *lo, la, los,* or *las*

Indirect	*Direct*
me	**me**
te	**te**
nos	**nos**
le -----se--------	**lo, la**
les -----se--------	**los, las**

Se replaces the indirect object pronouns **le** or **les** before **lo, la, los,** or **las**.

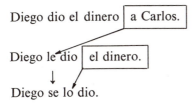

Diego dio el dinero | a Carlos. |

Diego le dio | el dinero. |

Diego se lo dio.

STRUCTURE SUBSTITUTION

Teacher: Carmen me dio la receta. *Cambien.*
Student: Carmen me la dio.

Carmen te dio la receta.
Carmen le dio la receta.
Carmen nos dio la receta.
Carmen les dio la receta.
Carmen te dio la receta.
Carmen le dio los libros.
Carmen te dio los libros.
Carmen me dio los libros.
Carmen nos dio los libros.
Carmen les dio los libros.

QUESTION-ANSWER

1. ¿Quién se lo dio? *Contesten.*
2. ¿Cuándo se lo dio?
3. ¿Por qué no me lo dio a mí?
4. ¿Nos los mandarán mañana?
5. ¿Te la escribió tu novio(a)?

PATTERNED RESPONSE

1. *Teacher:* ¿No va a invitarme?
   Student: Sí, voy a invitarle ahora.

   ¿Vas a hablarle?
   ¿Va a llamarles?
   ¿Van a pagarnos?
   ¿Va a decirnos?
   ¿Piensas escribirme?

2. *Teacher:* ¿Quién iba a hacérmelo?
   Student: Él iba a hacérselo.

   ¿Quién iba a leérmelo?
   ¿Quién iba a pagármelo?
   ¿Quién iba a dármelo?
   ¿Quién iba a ponérmelo?
   ¿Quién iba a vendérmelo?
   ¿Quién iba a mandármelo?
   ¿Quién iba a decírmelo?

3. *Teacher:* ¿Me lo dice Ud.?
   Student: Sí, se lo digo.

   ¿Me los da Ud.?
   ¿Me las manda Ud.?
   ¿Me lo pagó?
   ¿Me las compró?
   ¿Me la canta?
   ¿Me lo ha escrito?
   ¿Me lo dio?

QUESTION–ANSWER

Use the direct and indirect object pronouns in your answers.

1. ¿Le das el dinero a tu hijo? *Contesten.*
2. ¿Iba Ud. a escribirles el informe?
3. ¿Quién ha mandado los regalos a los muchachos?
4. ¿Cuándo le prestó Ud. la bicicleta a Juan?
5. ¿Quién había explicado la lección a los estudiantes?
6. ¿Vas a devolverle las cartas a tu novia?

A special use of the indirect object

The indirect object in Spanish is used to indicate the person who either loses or benefits from a given action.

Le quité el libro.
I took the book away from him.

Le compramos la casa.
We bought the house for him.

PATTERNED RESPONSE

1. *Teacher:* ¿Quién le robó la bicicleta?
   Student: Me la robó un joven.

   rompió el reloj   vendió el coche
   mandó las cartas   compró el traje
   dio el dinero   quitó los paquetes

2. *Teacher:* ¿Qué les ha ganado Ud.?
   Student: Les he ganado la apuesta.

   conseguido — una casa
   comprado — un caballo
   robado — el dinero
   quitado — los documentos
   pagado — el trabajo

Controlled Conversation

Pregúntele a _____ si lo ha leído hoy.
si quiere verla hoy.
si le gusta salir con sus amigos.

si su novio(a) le escribe siempre.
si se lo prestó a él.
si va a decírselo ahora.
si piensa escribirle.
si me lo vende.
si iba a mandármelo ayer.
si a él le emociona esa canción.
si a ella le quitaron los documentos.

Translation

1. Give it to me.
2. Don't send them to him.
3. Well, play it.
4. Did he like it?
5. What do you think of it?
6. I am certain he did it.
7. When are you going to pay him for it?
8. Play it for me.
9. Please introduce me to her.
10. Please introduce her to me.

Discussion Topic: El comer bien

1. De desayuno, ¿qué comes?
2. ¿Almuerzas fuerte? ¿Por qué?
3. ¿Qué comes en la cena?
4. ¿Comes mucho o poco? ¿Por qué?
5. ¿Cuál es tu plato favorito? ¿Por qué?
6. ¿Cuáles son las horas de comer en los EE.UU.?
7. ¿Te parece que las señoritas comen muy poco ahora?
8. A tu modo de ver, ¿come mucho el americano medio?
9. Es muy común ahora la comida dietética. ¿Por qué?
10. ¿Tú estas a dieta?

Useful Rejoinders

1. ¿No te parece?
2. ¿A ti te gusta?
3. Bueno, a mi parecer . . .
4. Pues, lo que pasó fue . . .

Discussion Topic: *El comer bien*

Proverbs

1. Secreto dicho a mujer secreto deja de ser.
2. Tus secretos no dirás, si quieres vivir en paz.
3. Sin mujeres y sin comeres, no hay placeres.

Fiestas regionales in Salamanca.

UNIT 5

Diálogo

Una fiesta para San Antonio

Judy es una norteamericana de Pittsburg. Asiste a[1] la universidad de Madrid. Su compañera de cuarto es Lola,[2] una señorita de Granada.

JUDY — ¿Por qué te levantaste tan temprano hoy? Anoche te acostaste como a la una.
LOLA — Ya lo sé. Pero es que hoy es el santo de mi tío[3] y tengo que ayudar a tía Margarita a preparar la fiesta de esta noche.
JUDY — Es una fiesta de cumpleaños.[4] ¿No?
LOLA — Bueno, eso ya lo festejaron[5] la semana pasada. Hoy celebramos el día de San Antonio que es su santo.
JUDY — ¡Qué suerte! Entonces todo el mundo tiene dos fiestas, una para el cumpleaños y otra para el día del santo.
LOLA — Muchas veces es así.
JUDY — ¿Y él se llama Antonio porque su cumpleaños cae cerca del día de San Antonio?
LOLA — Exacto. Y mis padres me pusieron «Dolores» en honor de la Virgen de los Dolores. Pero basta de historias.[6] Vístete pronto y ven conmigo. Te vas a divertir mucho en casa de tía Margarita.
JUDY — ¿Va a haber mucha gente?
LOLA — No, va a ser una cena más bien íntima. A propósito, mi tía invitó a Roberto Montenegro.

---

[1] **asistir a**   to attend
[2] **Lola**   nickname for Dolores
[3] **hoy es el santo de mi tío**   today is my uncle's saint's day
[4] **cumpleaños**   birthday
[5] **festejaron**   they celebrated
[6] **basta de historias**   enough stories (chitchat)

JUDY — No me digas. Tu tía Margarita es única.[7]
LOLA — Ya lo creo. Deja chico a Cupido.[8] Tal vez algún día llegue a ser yo la señora de Montenegro.
JUDY — Tengo muchas ganas de conocerlo. Si es tan guapo como dices...
LOLA — Todavía más. Pero tarda mucho en declararse.[9] Voy a prenderle otra vela[10] a San Antonio. Mi tío dice que es el Santo más milagroso[11] que hay.
JUDY — Lo dice porque lleva su nombre. ¿No?
LOLA — Sí, pero ya gasté un dineral[12] en velas y no pasó nada.
JUDY — ¡Paciencia, mujer! Además hay que ayudarlo un poco. ¿Por qué no te pones ese vestido rojo que te queda tan bien?
LOLA — Me tendré que poner ése porque es el único que está planchado.
JUDY — Date prisa.[13] A este paso[14] el pobre tío Antonio se queda sin fiesta.

[7] **tía Margarita es única**   Aunt Margaret is unique (one in a million)
[8] **Deja chico a Cupido.**   She shows up Cupid (leaves him small).
[9] **tarda mucho en declararase**   he's slow to speak up (to propose marriage)
[10] **prenderle una vela**   light a candle to (in the Catholic church)
[11] **Santo milagroso**   miracle-working saint
[12] **gasté un dineral**   I spent a mint
[13] **Date prisa.**   Hurry up.
[14] **A este paso**   At this rate

Cultural Notes

1. SAINTS' NAMES   In Spain it is common practice to name a child in honor of a saint or favorite relative who was named after a saint. The Catholic saints honored in Spain are numerous, and, in fact, there is a saint's day publicly celebrated every few days. On the radio one may hear the history of the saint's life and learn of his or her contribution. Mementos and images of saints are carried in one's wallet or around the neck. They are also very commonly seen in taxis and buses.

Spanish youngsters are more fortunate than their American counterparts in that they often have two parties—one on their saint's day (*el día del santo*) and one on their birthday.

2. PATRON SAINT   A patron saint is a saint who, by his intercession with God, protects those who pray for help. He is always considered a mediator dependent on Jesus Christ. For Roman Catholics, the patron saint of the United States is Our Lady of the Immaculate Conception, the Virgin Mary; of Canada, St. Joseph. The patron saint of Spain is St. James.

3. RELIGION   About 95% of the people in Spain belong to the Roman Catholic Church. This is the state church, and it receives financial aid from the government. Recently the Law of Religious Toleration was passed which

permits other religious denominations to hold public meetings. Many are now actively engaged in proselyting activities, and names of commonly known non-Catholic churches are beginning to be seen on buildings purchased or constructed for religious worship.

4. CLOTHING Clothing in the cities and towns resembles that worn in North America. Most people go hatless, although in cold weather many men wear a beret known as a *boina*. Some Spanish women wear a square veil of black lace called a *mantilla* on their head when they go to church. In the South it is also customary to see a *peineta*, a wide ornamental shell-comb worn with the *mantilla*. Women often carry lace or paper fans in warm weather. On fiesta days and holidays people often wear the traditional gay-colored costumes worn in Spain hundreds of years ago.

DIALOG ADAPTATION

1. ¿A qué universidad asiste Judy?
2. ¿A qué universidad asiste Ud.?
3. ¿De dónde es Lola?
4. ¿Sabe Ud. dónde queda Toledo?
5. ¿A qué hora se acostó Ud. anoche?
6. ¿A qué hora se levantó Ud. esta mañana?
7. ¿Cuándo es su cumpleaños?
8. ¿Cuándo nació Ud.?
9. ¿Tienen los jóvenes de España dos cumpleaños? Explíquelo.
10. ¿Qué va a hacer Lola para apurar a Roberto Montenegro?

Formation of the reflexive construction

me	nos
te	
se	se

Note that **se** is used for the singular as well as the plural in the second and third persons.

>Lavo el coche.
>(*I wash the car.*)

>**Me** lavo.
>(*I wash myself.*)

The reflexive is used to indicate that the subject acts upon itself and that no one else is responsible for the action.

Verbs commonly used with the reflexive

Infinitive

sentarse	(*to sit down*)
levantarse	(*to get up*)
acostarse	(*to go to bed*)
casarse	(*to get married*)
vestirse	(*to get dressed*)
lavarse	(*to get washed*)
afeitarse	(*to shave*)
divertirse	(*to have a good time*)

A. Notice that the English equivalent does not necessarily use the reflexive.

B. When the Spanish verbs just given have the translation indicated, they must always be used with the reflexive. For example, the English expression. "I sit down" is not reflexive in English. The equivalent in Spanish must always be used with the reflexive pronoun.

Yo me siento. (*I sit down.*)

TRANSLATION DRILL

Give the English equivalent. Note that any verb which may take a non-reflexive direct object may also take the reflexive.

1. Póngale el vestido al niño.
   Póngase el vestido.
2. Lo levanté a las seis (al niño).
   Me levanté a las seis.
3. Lo bañaron (al niño).
   Se bañaron.
4. Ella lo cortó (el pan).
   Ella se cortó.
5. Ya lo lavaron (el coche).
   Ya se lavaron.
6. Judy lo vistió (al niño).
   Judy se vistió.

CHOICE QUESTION–ANSWER

1. ¿Se levanta usted tarde o temprano?   *Contesten.*
2. ¿Se sienta usted en ese banco o en la silla?
3. ¿Ya se acostaron ustedes?
4. ¿Ustedes se divirtieron mucho anoche?

QUESTION–ANSWER

1. ¿Lo llama Ud. todos los días?
   ¿Se llama Ud. Ricardo?
2. ¿Levantan el coche para repararlo?
   ¿Se levanta Ud. temprano?
3. ¿Acostó Ud. al niño?
   ¿Se acostó Ud. temprano?
4. ¿Casaron ellos a su hija?
   ¿Se casó Ud. con Elena?
5. ¿Vistió ella al niño?
   ¿Se vistió rápido él?
6. ¿Lavó Ud. la ropa?
   ¿Se lavó Ud. las manos?

Verbs commonly used with or without the reflexive

Without Reflexive		*With Reflexive*	
ir	(*to go*)	irse	(*to go away*)
dormir	(*to sleep*)	dormirse	(*to go to sleep*)
comer	(*to eat*)	comerse	(*to devour*)
quitar	(*to take away*)	quitarse	(*to take off*)
poner	(*to put*)	ponerse	(*to put on*)
llevar	(*to carry*)	llevarse	(*to carry away*)

Notice how the translation changes depending on the use or non-use of the reflexive.

QUESTION–ANSWER

Compare the following pairs and then answer the questions.

1. ¿Durmió Ud. bien?
   ¿Se durmió Ud. en la clase?
2. ¿Comió usted a las seis?
   ¿Se lo comió todo?
3. ¿Va Ud. a Buenos Aires?
   ¿Se va Ud. a Buenos Aires?
4. ¿Quitaron las sillas?
   ¿Se quitó Ud. el sombrero?
5. ¿Lo puso Ud. aquí?
   ¿Se puso Ud. el sombrero?
6. ¿Lo llevaron a la iglesia?
   ¿Se llevaron al niño?

TRANSLATION DRILL

1. *Teacher:* They sat down.
   Student: Se sentaron.

   He fell asleep in the class.
   His name is Peter.
   They had a good time.

She put on her shoes.
John married Helen.
He dressed quickly.
They got up.
He ate it all up.
She went to bed early.

Se used as non-personal subject

The reflexive, as used in the following patterns, is the equivalent of the passive voice in English. Who is doing the action is not indicated definitely. In such cases **se** replaces the subject, and the verb is always in the third person.

Aquí se **habla** español.
(*Spanish is spoken here.*)

Aquí **se vende** queso.
(*Cheese is sold here.*)

Eso tiene que **hacerse** así.
(*That has to be done this way.*)

Se construyeron mil casas nuevas.
(*A thousand new houses were constructed.*)

Allí **se venden** carros usados.
(*Used cars are sold there.*)

As in the case of all object pronouns, the reflexive pronouns may be attached to the end of the infinitive or they may precede the auxiliary verb.

Eso **se** tiene que hacer así.
Eso tiene que hacerse así.
Se están construyendo muchas casas.

QUESTION–ANSWER

Compare and then answer the following pairs of questions.

1. ¿Cómo se hace este ejercicio?
   ¿Cómo tiene que hacerse este ejercicio?

2. ¿Esto se escribe con tinta?
   ¿Esto debe escribirse con tinta?

3. ¿Cuándo se hace la reunión?
   ¿Cuándo debe hacerse la reunión?

4. ¿Cuándo se hizo la fiesta?
   ¿Cuándo debía hacerse la fiesta?
5. ¿A qué hora se termina la clase?
   ¿A qué hora debe terminarse la clase?

Uno used as subject

Uno is used as the subject of the verb to express the same meaning implied by the indefinite **se**.

    Uno aprende mucho en la clase de español.
    (*One learns a great deal in the Spanish class.*)

    Se aprende mucho en la clase de español.
    (*A great deal is learned in the Spanish class.*)

QUESTION–ANSWER DRILL

Compare and then answer the following pairs of questions.

1. ¿Aprende uno mucho en la clase de español?
   ¿Se aprende mucho en la clase de español?
2. ¿Qué debe uno hacer para aprender más?
   ¿Qué se debe hacer para aprender más?
3. ¿Cómo puede uno viajar a Europa?
   ¿Cómo se puede viajar a Europa?
4. ¿Puede uno saber siempre la verdad?
   ¿Puede saberse siempre la verdad?

QUESTION–ANSWER

1. ¿Se come bien aquí? *Contesten.*
2. ¿Cómo se explica eso?
3. ¿Se puede entrar?
4. ¿Se aprende mucho aquí?
5. ¿Aquí se trabaja los sábados?
6. ¿Se usa mucho esta máquina?
7. ¿Por qué se estudia tanto aquí?
8. ¿Se vende pan en la panadería?
9. ¿Se habla siempre español en la clase?
10. ¿Qué se hace los domingos?

Use of the third person plural

The meaning conveyed by the indefinite **se** and **uno** may also be expressed by the third person plural of the verb.

    Dicen que pronto **habrá** guerra.
    (*They say there will be a war soon.*)

    Aprenden mucho aquí.
    (*They learn a great deal here.*)

QUESTION–ANSWER

1. ¿Comen bien aquí? *Contesten.*
2. ¿Qué piensan de él?
3. ¿Aquí trabajan los sábados?
4. ¿Dicen que pronto habrá guerra?
5. ¿Hablan español en la Argentina?
6. ¿Venden pan en la panadería?
7. ¿Qué dicen del profesor?

"To become"

Infinitive	English Equivalents
hacerse	(*to become* — *a result of one's own efforts*)
ponerse	(*to become* — *physical or emotional condition*)
llegar a ser	(*to become* — *culmination of a series of events*)
volverse	(*to become* — *suddenly or violently*)
convertirse en	(*to become* — *physical or chemical change*)

Se hizo rico.
Llegó a ser presidente.
Se puso pálido.
Se volvió loco.
El agua **se convierte** en hielo.

QUESTION–ANSWER

1. ¿Quién se volvió loco? *Contesten.*
2. ¿Por qué se puso pálida María?
3. ¿Cuándo llegó a ser gobernador?

4. ¿Sabe Ud. que él se hizo rico?
5. ¿Por qué se volvió loca ella?

Translation

1. She turned pale when she heard the news.
2. He became the richest man in town.
3. Did you know that she went mad?
4. The water turned to ice.
5. He became a dentist.
6. My father became governor of the island.

Haber used as a main verb

A. **Haber** in the present tense has the form **hay** and may be translated "there is," "there are." In other tenses the third person singular form conveys the corresponding meaning. **Hay** as an equivalent of "there is" or "there are" is used to indicate:

1. What takes place . . .
Habrá baile manana.
Hubo un accidente ayer.
No hay clase hoy.

2. What exists . . .
Hay una cola muy larga.
Hay un caballo en el jardín.

3. How much or how many . . .
Hay mucha gente aquí.
Había cuarenta estudiantes en la clase.

In the Spanish-American countries one may occasionally hear the third-person plural forms when plural nouns are referred to.

Habían varias personas en la fiesta.
No habrán clases mañana.

When the word "there" is an adverb of place (Spanish equivalent **allí** or **ahí**), **estar** is used for "is," "are."

Ahí está. (*There it is.*)
Ahí está el caballo. (*There is the horse.*)
Ahí están tus zapatos. (*There are your shoes.*)

QUESTION–ANSWER

1. ¿Hay veinte estudiantes aquí? *Contesten.*
2. ¿Hay una cola muy larga?
3. ¿Había muchas personas en el centro?
4. ¿Hubo un accidente en la calle?
5. ¿Habrá baile esta noche?
6. ¿Va a haber baile esta noche?
7. ¿Ha habido mucho que hacer?
8. ¿Puede haber secretos entre mujeres?
9. ¿Cuándo va a haber otro juego?
10. ¿No ha habido clase hoy?

B. **Haber que** with an infinitive is used to indicate obligation or necessity.

Hay que estudiar. (*One must study.*)

QUESTION–ANSWER

1. ¿Hay que hacerlo ahora? *Contesten.*
2. ¿Hay que mostrárselo?
3. ¿Habrá que comerlas?
4. ¿Habrá que pagarlo?
5. ¿Había que ir tan temprano?
6. ¿Qué hay que hacer?

C. **Haber de** with an infinitive is used to express what one is supposed to do or is planning on doing.

Ud. ha de leerlo. (*You are to read it.*)

QUESTION–ANSWER

1. ¿He de leerlo para mañana? *Contesten.*
2. ¿Hemos de ir temprano?
3. ¿Ha de comprarlos Juan?
4. ¿Habrán de saberlo nuestros amigos?
5. ¿Había de venderlo yo?

D. **Hay** is used also to denote distance.

De aquí a Londres hay cien millas.
(*It's a hundred miles from here to London.*)

QUESTION–ANSWER

1. ¿Cuánto hay de aquí a Nueva York?   *Contesten.*
2. ¿Hay diez millas de aquí al centro?
3. ¿Hay mucho de aquí a la Capital?
4. ¿Cuántas millas hay de aquí a tu casa?

Translation

1. There is my father.
2. There are twenty students here.
3. There is a lot of wind today.
4. There was a big accident here yesterday.
5. There will be no dance tonight.
6. There are many books in the library.
7. There are my shoes.
8. There are many teachers here.
9. There is no class today.
10. There is a hose in my house.
11. There is the one I want.
12. Here are some spoons.

Uses of *tener*

The verb **tener** translates "to have" in the sense of "to possess." It is never used as an auxiliary verb.

QUESTION–ANSWER

1. ¿Cuántos amigos tiene Ud.?   *Contesten.*
2. ¿No ha tenido Ud. tiempo para estudiar?
3. ¿Tiene Ud. cambio?
4. ¿Quién tiene las entradas?
5. ¿Tienen Uds. un televisor?

Expressions with *tener*

tener		
	calor	(*to be warm*)
	frío	(*to be cold*)
	hambre	(*to be hungry*)
	sed	(*to be thirsty*)
	miedo	(*to be afraid*)
	sueño	(*to be sleepy*)
	cuidado	(*to be careful*)
	razón	(*to be right*)
no tener razon		(*to be wrong*)
tener que (+ infinitive)		(*to have to*)
tener ganas de		(*to be anxious to*)
tener __ anos		(*to be __ years old*)

Notice that all these expressions are physical or psychological states in English. Spanish considers them in terms of entities possessed and therefore uses **tener**.

QUESTION–ANSWER

1. ¿Cuántos años tiene Ud.? *Contesten.*
2. ¿Quién tiene frío?
3. ¿Por qué no tiene Ud. sueño?
4. ¿Tienes hambre?
5. ¿Tiene Ud. ganas de ir a un casino?
6. ¿Tiene Ud. que trabajar esta tarde?
7. ¿Tienen Uds. que levantarse a las seis?
8. ¿Quién tiene que pagarlo?
9. ¿Por qué tienes que volver temprano?
10. ¿Cuándo tiene que salir?

Controlled Conversation

Pregúntele a ———— cuántos años tiene.
si va a haber un baile esta noche.
por qué se durmió en la clase.
si se lava los dientes antes de desayunar.
si se afeita todos los días.
por qué tiene tanta hambre.
si tiene cambio para pagar.
si tiene ganas de ir al cine.
si se arrepiente de lo que hizo.
si se acordó de traer el cheque.

Translation

1. I'm thirsty. Let's go get a drink.
2. They say she is going to Europe. Is that true?
3. We talk a lot but don't do anything.
4. You'll do nothing of the sort.
5. Will there be class tomorrow?
6. If I'm right, you're wrong.
7. How far is it from here to the mountains?
8. What did you lose?
9. We have to study too much.
10. What am I expected (supposed) to do?
11. I'm very sleepy.
12. Do you have to work tonight?
13. One must eat to live.
14. Is there a long line?

Discussion Topic: El día de tu santo

1. ¿Cuándo es tu cumpleaños?
2. ¿Cuál es tu nombre?
3. ¿Es tu nombre el de un santo?
4. ¿Tienes un santo?
5. ¿Celebras el día de tu santo con una fiesta?
6. ¿Eres católico?
7. ¿Son católicos todos los españoles?
8. ¿Has buscado en el almanaque la lista de los santos?
9. ¿Qué es un santo?
10. Relata la vida de un santo milagroso.

Useful Rejoinders

1. ¡Qué cosa más increíble!
2. Por supuesto.
3. Tienes razón.
4. Te aseguro que fue así.

Proverbs

1. Quien se casa por amores ha de vivir con dolores.
2. El río pasado, el santo olvidado.
3. Donde hay amor hay dolor.

A Spanish family takes a stroll.

UNIT 6

Diálogo

Pundonor[1]

Una joven de 17 años habla con su papá acerca de la tradición del pundonor en España.

CRISTINA — En mi clase de literatura estábamos hablando del famoso pundonor español del siglo de oro.[2]

SR. DONOSO — ¿Y qué te parece?

CRISTINA — Dime la verdad, papá. ¿Existieron señores tan caballerosos como dicen?

SR. DONOSO — Créeme, hija. No sólo existieron sino que todavía existen hoy día.

CRISTINA — No me digas que hay duelos a pistola o que uno saca la espada[3] cuando alguien le pisa un pie.[4] ¡Qué ridículo!

SR. DONOSO — El español de hoy no usa espada pero sigue protegiendo su honor.[5] En España si uno es hombre tiene que tomar acción contra el insulto o desprecio.[6]

CRISTINA — Bueno, pero, ¿quién te insulta a ti, papá?

SR. DONOSO — Todos los españoles aspiramos a la dignidad del hombre. Como padre de familia yo guardo anhelosamente[7] a mi mujer, a mis hijos, y a mi persona contra la mala fama.[8] ¿No te das cuenta[9] cómo nos preocupamos[10] por ti y tus amistades?

[1] **pundonor**   point of honor, dignity
[2] **siglo de oro**   Golden Age. Period in Spanish literature from 1650 to 1750.
[3] **la espada**   the sword
[4] **le pisa un pie**   one steps on his toe
[5] **sigue protegiendo su honor**   continues protecting his honor
[6] **desprecio**   lack of respect, disdain
[7] **guardo anhelosamente**   I protect vigorously
[8] **mala fama**   bad reputation
[9] **¿No te das cuenta?**   Don't you realize?
[10] **nos preocupamos**   we worry

CRISTINA — Eso es más bien preocupación por «el que dirán».[11]
SR. DONOSO — Llámalo por ese nombre si prefieres.
CRISTINA — Dicen en la clase de literatura que Don Quijote es el ejemplo por excelencia del pundonor.
SR. DONOSO — Sí, es cierto. Salió a defender la honra en todas partes y a "desfacer tuertos"[12] como decía él.
CRISTINA — Hablamos hoy también del escudero[13] en el Lazarillo de Tormes[14] que quiere conservar su dignidad. No ha comido pero sale con el mondadientes[15] en la boca para fingir[16] que había comido.
SR. DONOSO — ¡Qué ridículo! ¿No? Eso sí que es pundonor. No sé porque tu maestra no te ha hecho ver la evidencia de eso en la vida de hoy.
CRISTINA — Yo tampoco. Pues, cuéntame, que mis amigas tendrán ganas de saberlo también.

[11] **el que dirán** what they (people) will say
[12] **desfacer tuertos** undo the wrongs
[13] **escudero** squire
[14] **Lazarillo de Tormes** famous 16th century novel which satirizes the manners and customs of Spain
[15] **mondadientes** toothpick
[16] **fingir** to feign, pretend

Cultural Notes

1. PUNDONOR Personal, national, and family honor are extremely important in Spain. Dignity and fear of God were the distinguishing characteristics of the 16th century when Catholic Spain was the defender of the faith. A noble was born with honor which he was obliged to maintain at all costs. A man's honor could be lost by slander, a blow, failure to observe protocol on his behalf, or a mere accusation of an act which could cast any doubt on his reputation. A woman's reputation was to be kept spotless and any reflection cast upon her virtue could call for bloody vengeance. A man of *pundonor* was always obliged to take action against an insult, no matter how slight. The Spanish concept of "honor" emphasizes the aspect of reputation, or "face" as oriental cultures have it, and it is as important as the inner quality of honorability. It is a status-oriented behavior pattern associated with the Spanish tradition of nobility.

These traits are still in evidence among 20th century Spaniards. A contemporary paratrooper was accused of being afraid to jump. His honor was so vital to him that he shouted "Me a coward?" and then jumped without using a parachute.

2. DON JUAN This was the romantic hero of a legend that probaly originated in Spain. Each young gentleman presumes to have inherited a bit of the hero's characteristics. In Tirso de Molina's play (1630), Don Juan is a handsome, dashing, reckless member of the noble Tenorio family. He tries to carry off the daughter of the governor of Seville. The governor challenges him to a duel, and Don Juan kills the governor. Don Juan visits the tomb and jokingly invites the statue of his victim to dinner. To his horror, the "stone guest" appears at the feast. The statue returns the invitation, and Don Juan feels compelled to accept. In the graveyard, the statue takes his hand and thus drags him into the flames of hell.

DIALOG ADAPTATION

1. ¿Qué quiere decir pundonor?
2. ¿En qué se distinguía la España del siglo de oro?
3. ¿Cuáles son las cosas que pueden ofender el honor de un español hoy día?
4. ¿Sabe Ud. lo que es «el que dirán»?
5. ¿No se preocupan sus padres de Ud.?
6. ¿Se interesó Don Quijote en el pundonor?
7. ¿Qué hacía el escudero en el Lazarillo de Tormes para conservar su dignidad?
8. ¿Qué historieta contemporánea de pundonor puede Ud. contar?
9. ¿Qué quiere decir «desfacer tuertos»?
10. ¿No hay pundonor en los Estados Unidos?
11. ¿Tú eres un Don Juan?

Direct command forms with *Ud.* and *Uds.* (regular verbs)

Affirmative	*Negative*
Hable Ud. con ella.	**No hable Ud.** con ella.
Aprenda Ud. esa lección.	**No aprenda Ud.** esa lección.
Escriba Ud. los ejercicios.	**No escriba Ud.** los ejercicios.
Hablen Uds. con ella.	**No hablen Uds.** con ella.
Aprendan Uds. esa canción.	**No aprendan Uds.** esa canción.
Escriban Uds. los ejercicios.	**No escriban Uds.** los ejercicios.

The subjunctive is used in the negative as well as the affirmative command forms for **Ud.** and **Uds.**

PATTERNED RESPONSE

1. *Teacher:* El señor Cortesi quiere pasar.
   Student: Pase Ud., señor Cortesi.

cantar	comer
escuchar	correr
entrar	hablar

2. *Teacher:* La señora Donoso no quiere bailar.
   Student: Pues, no baile Ud. señora.

leer	hablar
bajar	correr
escribir	entrar

3. *Teacher:* Ellos no van a entrar.
   Student: Sí, entren Uds., por favor.

aprender	correr
escribir	escuchar
hablar	leer

Direct command forms with *tú*

Affirmative

Habla con ella.
Aprende esa lección.
Escribe los ejercicios.

Negative

No **hables** con ella.
No **aprendas** esa lección.
No **escribas** los ejercicios.

PATTERNED RESPONSE

1. *Teacher:* Este niño no quiere aprender.
   Student: Por favor, niño, aprende.

hablar	correr
escribir	entrar
pasar	comer

2. *Teacher:* Este niño quiere cantar ahora.
   Student: No, no cantes ahora.

entrar	escribir
comer	cantar
correr	hablar

Tú versus *Ud.* command forms

	Affirmative	Negative
Tú	habla	no hables
Ud.	hable	no hable

Note that the subjunctive is used for all commands except **tú** in the affirmative.

The subject pronoun **tú** is not used following a command. The use of **Ud.** and **Uds.** following a command makes it less abrupt.

Siéntate.   **Pasa.**
Siéntese.   **Pasen.**
Siéntese Ud. (*less abrupt*)   **Pasen Uds.** (*less abrupt*)

Command forms for verbs irregular in the first person

	Infinitive	First Person Singular Present Indicative	Command Forms Ud.	Command Forms Uds.
Verbs Irregular in the First Person Singular	conocer	conozco	**conozca**	**conozcan**
	tener	tengo	**tenga**	**tengan**
	venir	vengo	**venga**	**vengan**
	poner	pongo	**ponga**	**pongan**
	salir	salgo	**salga**	**salgan**
	caer	caigo	**caiga**	**caigan**
	traer	traigo	**traiga**	**traigan**
	hacer	hago	**haga**	**hagan**
	decir	digo	**diga**	**digan**
	oír	oigo	**oiga**	**oigan**
	ver	veo	**vea**	**vean**

The **Ud.** form is regularly based on the first person singular of the present tense. Exceptions to this rule are verbs whose first person present indicative does not end in **-o** as in

    estoy — esté   soy — sea
    doy — dé   voy — vaya
    sé — sepa   he — haya

PATTERNED RESPONSE

1. *Teacher:* ¿Puedo hablarle en español?
   Student: Sí, hábleme Ud. en español.
   (No, no me hable en español.)

pasar	leer un pasaje
escribirle en francés	repartir los lápices
comerlo aquí	salir a la calle
abrir el libro	oír la música

2. *Teacher:* ¿Salimos ahora?
   Student: No, no salgan Uds., por favor.
   (Sí, salgan, por favor.)

leemos	bajamos	cantamos
volvemos	empezamos	continuamos
vamos	pasamos	seguimos
subimos		

3. *Teacher:* Hay que tener paciencia. ¿No?
   Student: Sí, tenga Ud. paciencia.
   (Sí, ten paciencia).

   Hay que poner atención. ¿No?
   Hay que defender la honra. ¿No?
   Hay que salir temprano. ¿No?
   Hay que hacer cola. ¿No?
   Hay que sacar la espada. ¿No?
   Hay que decir la verdad. ¿No?
   Hay que venir esta noche. ¿No?

CHOICE QUESTION–ANSWER

1. ¿Comemos en casa o vamos a un restorán?   *Contesten.*
   Vayan a un restorán.

   ¿Escribimos una carta o escuchamos discos?
   ¿Esperamos un rato o llamamos por teléfono?
   ¿Abro la ventana o salimos afuera?
   ¿Estudiamos español o vamos al cine?
   ¿Guardamos el dinero o compramos un coche?

2. ¿Preparo la comida o escucho el programa?
   Prepare la comida.

   ¿Llevo este traje o compro otro?
   ¿Estudio la lección o canto la canción?

¿Vuelvo hoy o espero hasta mañana?
¿Traigo a Elena o vengo solo?
¿Salgo a la calle o juego aquí?

Irregular *tú* command forms

Infinitive	Command
venir	**ven**
tener	**ten**
poner	**pon**
salir	**sal**
hacer	**haz**
decir	**di**
ser	**sé**
ir	**ve**

For most verbs, regular and irregular, the affirmative command form for **tú** is the same as the indicative without the person number marker -s.

hablas — habla

In the negative, note the use of the subjunctive.

tú hablas — no hables

PATTERNED RESPONSE

1. *Teacher:* No quiero escuchar la lección.
   Student: Sí, niño, escúchala.

entrar	aprenderlo
venir esta noche	hacerlo
prestar atención	decirlo
sentarme (siéntate)	salir
levantarme (levántate)	leerlo
ponerlo	ir

2. *Teacher:* Quiero comerlo.
   Student: No, niño, no lo comas todavía.

traerlo	hablarle	levantarme	abrirlo
decirlo	sentarme	hacerlo	cantarlo

STRUCTURE SUBSTITUTION

1. *Teacher:* Cierra la ventana.
   First Student: Cierra la ventana.
   Second Student: No cierres la ventana.

   Protesta ahora.
   Habla despacio.
   Vuelve a las diez.
   Sal temprano.
   Ve al otro cuarto.
   Estudia la lección.
   Hazlo ahora.

2. *Teacher:* No te levantes temprano.
   First Student: No te levantes temprano.
   Second Student: Levántate temprano.

   No te vayas al restorán.
   No te laves las manos.
   No te pongas el sombrero.
   No te apures ahora.
   No te sientes allí.
   No te acuestes ahora.

The possessive adjective

Possession of a Singular	*Possession of a Plural*	*English Equivalent*
mi hermano	**mis** hermanos	(*my*)
mi hermana	**mis** hermanas	
tu hermano	**tus** hermanos	(*your, sing.*)
tu hermana	**tus** hermanas	
su hermano	**sus** hermanos	(*your, sing.;*
su hermana	**sus** hermanas	*his, her, its*)
nuestro hermano	**nuestros** hermanos	(*our*)
nuestra hermana	**nuestras** hermanas	
su hermano	**sus** hermanos	(*your, pl.; their*)
su hermana	**sus** hermanas	

Note that they agree in number with the thing possessed and not the possessor. The first person plural forms agree in number and gender with the thing possessed.

ITEM SUBSTITUTION

1. Mi tío está allí (*over there*). *Repitan.*

    ___ tía _____.
    ___ tíos _____.
    ___ hermanos _____.
    ___ hermanas _____.

2. Sus amigos están aquí (*here*). *Repitan.*

    ___ primo _____.
    ___ primas _____.
    ___ hijo _____.
    ___ hijas _____.

STRUCTURE SUBSTITUTION

Teacher: Mi profesor
First Student: Mi profesor
Second Student: Mis profesores

                      su lápiz   su zapato
                      nuestro libro   su mano
                      tu papel   su amigo
                      mi primo   nuestra casa

PATTERNED RESPONSE

1. *Teacher:* ¿Quiere Ud. mucho a su mamá?
   Student: Sí, quiero mucho a mi mamá.

        a su papá   a su abuelo
        a su abuela   a su tía (*aunt*)

2. *Teacher:* ¿Quieren Uds. mucho a su hijo?
   Student: Sí, nosotros queremos mucho a nuestro hijo.

        a su tío   a sus primos   a su amiga
        a sus hijos   a sus primas

ITEM SUBSTITUTION

The following exercises require two changes for every cue. Match the verb and the possessive to the subject pronoun.

1. Nosotros queremos a nuestra hermana.   *Repitan.*
   Uds. _____ su _____.
   Yo _____.
   Él _____.

2. Yo quiero a mi hermano.
   Ellos _____ su _____.
   Ella _____.
   Nosotros _____.

3. Ud. quiere a sus hermanos.
   Nosotros __ nuestros ____.
   Ellos _____.
   Ella _____.

QUESTION–ANSWER

1. ¿Dónde está su hermano?   *Contesten.*
2. ¿Dónde está su casa?
3. ¿Dónde están sus amigos?
4. ¿Dónde está su primo?
5. ¿Dónde están sus hijas?
6. ¿Dónde está nuestra habitación?
7. ¿Dónde está nuestro profesor?
8. ¿Dónde está nuestro coche?
9. ¿Dónde están nuestras amigas?
10. ¿Dónde está nuestra amiga?

Use of the definite article

Voy a lavarme **las** manos.
Me manché **el** vestido.
Se cortó **el** dedo.
Tienes **la** cara sucia.
Me pongo **los** zapatos.

Possessor Not Obvious ⟶ *Possessive Adjective + Noun*
Possessor Obvious ⟶ *Article + Noun*

When it is obvious who the possessor is, Spanish generally uses the article rather than a possessive adjective. The context indicates the possessor.

TRANSLATION DRILL

1. *Teacher:* The child is washing his hands.
   Student: El niño está lavándose *las* manos.

   We are washing our hands.
   She is washing her hands.
   I am washing my hands.
   They are washing their hands.

2. *Teacher:* His shoes are dirty.
   Student: Él tiene *los* zapatos sucios.

   Her hands are dirty.
   His suit is dirty.
   Your room is dirty.
   My face is dirty.

3. *Teacher:* My head aches.
   Student: Me duele *la* cabeza.

   My feet ache.
   My tooth aches.
   My hands ache.
   My finger aches.
   We want to thank you.

The possessives

Su casa es amarilla. **La nuestra** es blanca.
(*Your house is yellow. Ours is white.*)

Este es mi libro. **El tuyo** está ahí.
(*This is my book. Yours is over there.*)

Esta camisa es **mía**.
(*This shirt is mine.*)

Masculine	Feminine	English Equivalent
el mío	**la mía**	(*mine*)
los míos	**las mías**	

el nuestro	la nuestra	(*ours*)
los nuestros	las nuestras	
		(*yours*)
el suyo	la suya	(*his*)
los suyos	las suyas	(*hers*)
		(*theirs*)
el tuyo	la tuya	(*yours* [**tú** *form*])
los tuyos	las tuyas	

A. Since **el suyo** may be ambiguous, **el de Ud.**, **el de ella**, **la de ellos**, etc., may be used for clarity, stress, emphasis, or contrast.

B. Notice that the article is always used with the possessive adjective except after the verb **ser**.

¿Es **suya** la carta?

ITEM SUBSTITUTION

1. Tu *coche* está aquí pero el nuestro no. *Repitan.*

    mamá, libros, prima, hermanos, caballo

2. Si no tienes *peine* te presto el mío.

    camisa, zapatos, traje, corbata, chaqueta

3. Tengo mis *papeles*, pero ¿dónde están los tuyos?

    platos, cuaderno, cartera, reloj, blusa

PATTERNED RESPONSE

1. *Teacher:* ¿Es suya esta carta?
   Student: No, la mía está ahí.

    ¿Son suyos estos lápices?
    ¿Es suyo este coche?
    ¿Es suya esta casa?
    ¿Son suyos estos libros?
    ¿Es suya esta bicicleta?

2. *Teacher:* ¿Son tuyos estos discos?
   Student: Sí, son míos.

    ¿Son tuyas estas cosas?
    ¿Es tuyo este perro?

¿Es tuya esta lapicera?
¿Son tuyos estos libros?
¿Son tuyos estos platos?

Neuter *lo* used with possessives

Lo used with a possessive is the equivalent of the possessive with **de**.

Lo de Ud. — Lo suyo.
Lo de nosotros — Lo nuestro.
Lo de ti — Lo tuyo.
Lo de ellos — Lo suyo.

The English equivalent means *part, affair, matter,* or *that which.*

Lo de Ud. (*Your part, affair, business. That which is yours.*)

QUESTION–ANSWER

1. Lo tuyo es mío, ¿no? *Contesten.*
2. Lo nuestro es más importante, ¿verdad?
3. ¿Por qué se quedó él con lo suyo?
4. Lo mío es sencillo, ¿y lo suyo?

Demonstratives

There are three demonstrative adjectives.

este   *this (near the speaker)*
ese   *that (near the person spoken to)*
aquel *that (over there; away from both)*

The demonstrative adjectives precede the nouns they modify and agree with them in number and gender.

	Masculine	*Feminine*
Singular	este ese aquel	esta esa aquella
Plural	estos esos aquellos	estas esas aquellas

Este libro es mío.
Ese libro es tuyo.
Aquel libro es suyo.

Contempt or disrespect is expressed by placing the demonstrative adjective after the noun.

¿Quién conoce al hombre **ese**?

CHOICE QUESTION–ANSWER

1. ¿Cuándo vienes, esta tarde o esta noche?   *Contesten.*
2. ¿Vive Ud. en esta casa o en esa casa?
3. ¿Le gusta este abrigo o ese abrigo?
4. ¿Quiere comer estos tacos o esas enchiladas?
5. ¿Leyó Ud. este libro o ese libro?

QUESTION–ANSWER

1. ¿Quién conoce al hombre ese?   *Contesten.*
2. ¿Por qué me mira la chica esa?
3. ¿Tú vives en la casucha aquella?
4. ¿Tú hablas a la chicuela esa?
5. ¿Lee Ud. el libro ese?

Nominalization of demonstratives

The demonstratives are nominalized when the noun is omitted. These forms carry an accent on the stressed syllable: **éste, ése, aquél**.

Yo vivo en esta casa.   Yo vivo en **ésta**.
Ya pintaron esa silla.   Ya pintaron **ésa**.
Es de aquel libro.   Es de **aquél**.

The English equivalent adds the word "one."

Yo vivo en **ésta**.   (*I live in this one.*)

PATTERNED RESPONSE

1. *Teacher:*   ¿De quién es ese reloj?
   Student: Éste es mío.

   esa corbata   ese suéter
   ese libro   esa blusa

2. *Teacher:* ¿De quién son esos zapatos?
   Student: Éstos son de Roberto.

   esas cosas   estas aspirinas
   estos libros   aquellos caballos

Use of *éste* and *aquél* as "the latter" and "the former"

éste the latter (*the one just mentioned*)
aquél the former

In Spanish, when both **éste** and **aquél** are used, **éste** comes first and refers to the closest antecedent. **Aquél** refers to the farthest antecedent.

QUESTION–ANSWER

1. *Teacher:* ¿Cuál es la diferencia entre los ricos y los pobres?
   Student: Éstos no tienen dinero, y aquéllos sí lo tienen.
2. *Teacher:* ¿Dónde nacieron Shakespeare y Cervantes?
   Student: Éste nació en España y aquél nació en Inglaterra.
3. *Teacher:* ¿Cuál es el gran problema de las esposas y los maridos?
   Student: Éstos ganan el dinero y aquéllas lo gastan.
4. *Teacher:* ¿Por qué son famosos Don Juan y Don Quijote?
   Student: Éste es protagonista de una novela española, y aquél es protagonista de un drama español.
5. *Teacher:* ¿Conoce Ud. a Colón y a Cortés?
   Student: Sí, éste conquistó a los indios y aquél descubrió el nuevo mundo.

Neuter demonstratives

The demonstrative forms **esto, eso,** and **aquello** also refer to ideas or objects not named. They do not have written accents.

QUESTION–ANSWER

1. ¿Ha leído Ud. esto?   *Contesten.*
2. ¿Qué le parece eso?
3. ¿Qué le parece aquello?
4. ¿Es esto lo que Ud. quiere?
5. ¿Qué es eso?

Neuter demonstratives with a prepositional phrase: *esto de, eso de,* and *aquello de*

esto de, eso de, aquello de   *this/that* $\begin{cases} \text{idea of} \\ \text{business of} \\ \text{matter of} \\ \text{question of} \end{cases}$

QUESTION–ANSWER

1. ¿Qué le parece esto de estudiar día y noche?   *Contesten.*
2. ¿Le interesa eso de los impuestos?
3. Esto del accidente es horrible, ¿verdad?
4. ¿Quién le dijo eso del libro al profesor?
5. ¿Es importante o no aquello del descubrimiento?

Controlled Conversation

Dígale a ———— que escriba la carta en español.   (*Use the familiar form.*)
                que tenga cuidado.
                que diga la verdad.
                que no limpie los zapatos.
                que vuelva temprano.

Pregúntele a ———— si esos zapatos son suyos.
                de quién son aquellas aspirinas.
                si esa blusa es suya.
                si le interesa eso de las elecciones.

Translation

1. Don't do it.
2. Go to bed early tonight.
3. My car is here. Where's hers?
4. What's mine is my own.
5. My car is old. How about yours?
6. Let's talk about *pundonor*.
7. Hurry or you will be late.

8. Someone stole my bicycle.
9. Come in and sit down.
10. He's washing his hands.

Discussion Topic: El pundonor

1. Explica lo que es el pundonor.
2. ¿Tienes deseos de proteger tu buena reputación?
3. ¿Qué haces para proteger tu buena reputación?
4. ¿Ha sido violado tu honor?
5. ¿Qué acción tomas contra el insulto?
6. ¿Qué haces cuando alguien viola el honor de tu familia?
7. ¿Guardas tu novia(o) contra la mala fama?
8. ¿Matarás a tu novia(o) si te es infiel?
9. ¿Qué haces para conservar tu propia dignidad?
10. ¿Te preocupas por tus amistades?

Useful Rejoinders

1. Si recuerdo bien.
2. Hay que considerar.
3. Cada uno según su gusto.
4. ¿Qué crees tú?

Proverbs

1. Mejor es evitar que remediar.
2. Marido celoso no come ni duerme con reposo.
3. Mujer celosa, leona furiosa.

The Costa del Sol.

UNIT 7

Diálogo

El trabajo

Don Fernando, un filósofo nacido y criado en Barcelona, y su amigo, Don Alonso, médico de Madrid, están comentando sobre un asunto de importancia universal.

Don Fernando — Desde Adán el hombre sabe que el trabajo es la lógica consecuencia de su existencia. Si uno es hombre tiene que trabajar.

Don Alonso — No, señor, el hombre por regla general[1] cree que el trabajo es una condena que recibe sin merecerla.

Don Fernando — Pues, en mi tierra no es así. En Barcelona nos gusta el trabajo.

Don Alonso — Bueno, Don Fernando, es posible que aun en Barcelona haya algunos que no les guste.

Don Fernando — Sin embargo, dudo que haya gente más trabajadora[2] que los catalanes. Barcelona es la sede[3] de la industria pesada[4] española y hay más trabajo allá.

Don Alonso — Vamos al grano.[5] En toda España durante mucho tiempo había una aversión general a trabajar con las manos.

Don Fernando — Sí, yo admito que entre la gente bien[6] existen esas ideas.

Don Alonso — Lo interesante es que hay entre nosotros una rica tradición de historietas y chistes[7] sobre los que han declarado odio eterno al trabajo.

Don Fernando — Sí, todo el mundo cuenta chistes de la pereza. Alguien ha dicho que el trabajo es malo. La prueba es que cansa.

---

[1] **por regla general** as a general rule
[2] **trabajadora** industrious
[3] **sede** headquarters
[4] **industria pesada** heavy industry
[5] **Vamos al grano.** Let's get to the point.
[6] **gente bien** wealthy people
[7] **historietas y chistes** anecdotes and funny stories, jokes

Don Alonso — Ud. se acuerda de esa anécdota del holgazón[8] tumbado en un banco que por lo visto no tiene ni para comer ni para vestirse. Pasa un señor fabricante[9] que siente compasión y quiere ayudarle. — Amigo, levántese. ¿Quiere Ud. trabajar? El otro, sin levantarse, se restriega[10] los ojos y dice. . . — Traba . . . ¿qué? No conocía el verbo.

Don Fernando — A mí me gusta esa historieta del tipo que se apoya en la puerta de una casa y cuando abren pregunta si es allí donde dan un premio al más perezoso. Le contestan que sí y cuando le invitan a pasar, responde indignado «¡De ninguna manera! ¡Que me entren!»[11]

Don Alonso — ¡Formidable! ¿No? Es más. Hoy está de moda[12] odiar el trabajo. Todos hablan del gusto de levantarse tarde y elogian las delicias de la siesta aun cuando no tienen tiempo de gozarla.

Don Fernando — Pues, yo no tengo tiempo para la siesta.

Don Alonso — Ud. va a trabajar. ¿No?

Don Fernando — No, francamente yo prefiero conversar.

[8] **holgazón**   loafer, idler, tramp
[9] **fabricante**   manufacturer, factory owner
[10] **se restriega**   rubs
[11] **¡Qué me entren!**   Carry me in!
[12] **está de moda**   it is popular

Cultural Note

Spain's New Prosperity   In the reconstruction period following World War II, it became customary to refer to the German miracle of recovery and growth. It is now quite evident that Spain also experienced an era of unprecedented economic growth and development during the fifties and the sixties.

There has been no major disruption of peace since the devastation of the Spanish Civil War of 1936–39. Beginning with the liberalization of economic restraints and government controls and continuing with the fortuitous injection of large sums of capital investments from abroad, Spain's industrial growth has been spectacular. Spain now rivals such countries as France and Italy as a great tourist attraction in Europe. During the year 1970 over 19 million tourists discovered Spain with its vast beaches, traditional fiestas, and colorful customs and left her over a billion dollars richer.

The establishment of American airbases and the ten-year treaty of military and financial assistance also brought new life to the Spanish economy. With this interchange of ideas and goods Spain has experienced a liberalization of far-reaching proportions in its social, economic, and religious traditions.

The women of Spain once characterized by the austerity of mourning seclusion are now in the vanguard of the new styles and customs. More women are attending schools of higher learning and taking jobs in the professional fields. As earlier indicated Protestant churches have recently been granted permission to proselyte publicly. Many trade barriers and restrictions have been removed.

DIALOG ADAPTATION

1. Desde Adán ha trabajado el hombre. ¿Por qué?
2. ¿A Ud. le gusta trabajar? ¿Por qué?
3. ¿Qué le parece el trabajo a la gente de Barcelona?
4. ¿Qué quiere decir «una aversión general a trabajar con las manos»?
5. ¿Qué opina la gente bien acerca del trabajo?
6. ¿Es Ud. perezoso(a)?
7. Cuente Ud., por favor, un chiste acerca de la pereza.
8. ¿Quién no tiene tiempo para la siesta?
9. ¿En qué consiste una siesta?
10. ¿Prefiere Ud. trabajar o conversar? ¿Por qué?

The present subjunctive

Infinitive	Present Indicative Stem	Subjunctive Endings	Present Subjunctive
hablar	habl-	-e	**hable**
aprender	aprend-	-a	**aprenda**
escribir	escrib-	-a	**escriba**

The same stem is used to form the present subjunctive and the present indicative. Note that **-ar** verbs take the **-e** ending whereas the **-er** and **-ir** verbs both take **-a**.

hablar		aprender		vivir	
hable	hablemos	aprenda	aprendamos	viva	vivamos
hables		aprendas		vivas	
hable	hablen	aprenda	aprendan	viva	vivan

The subjunctive in the noun clause

Nosotros queremos que **vengan** sus amigos.
Él desea que yo **aprenda** rápido.
Te pedimos que **hagas** lo posible.
Es posible que nos **visite** en casa.
Es necesario que Uds. **trabajen**.

An Influence Brought to Bear	What Is Influenced
Prefiero	que lo **hagas** ahora.
Quiero	que **vengan** sus amigos.
Dígales	que no **hablen** tanto.

When an influence is brought to bear on what happens in the noun clause, the verb in the noun clause is in the subjunctive.

QUESTION-ANSWER

1. ¿Quiere Ud. que yo hable español? *Contesten.*
2. ¿Quiere Ud. que yo hable más despacio?
3. ¿Quiere Ud. que vengan muchas personas?
4. ¿Quiere Ud. que su novia aprenda español?
5. ¿Quiere Ud. que yo haga las preguntas?
6. ¿Quiere Ud. que ella venga el lunes?
7. ¿Quiere Ud. que los chicos vayan al centro?
8. ¿Quiere Ud. que lo haga ahora?
9. ¿Desea el profesor que lo aprendamos ahora?

PATTERNED RESPONSE

Teacher: Creo que su hijo trabaja.
Student: Sí, yo prefiero que trabaje.

    que su mamá viene.
    que su esposa estudia.
    que su hermano no sabe.
    que su papá no sale.
    que su novia aprende.

The subjunctive in the noun clause

Expression of Approval, Non-Approval, Possibility	What is Approved, Not Approved, Possible, Certain
Sentimos	que no **haya** venido.
Es posible	que ella no **vaya**.
Es probable	que no **sepa**.
No creo	que **lleguen** hoy.

When the main idea indicates a feeling or a possibility, the verb in the noun clause is in the subjunctive.

¿Es necesario que **venga** el médico?
¿Es posible que yo **vaya** al centro?
¿Es bueno que uno **coma** mucho?

QUESTION–ANSWER

1. ¿Es posible que no vengan? *Contesten.*
2. ¿Es probable que él venga?
3. ¿Es necesario que ellos hablen español?
4. ¿Es bueno que ellos sepan las reglas?
5. ¿Es imposible que él aprenda?

The subjunctive is *never* used after an impersonal expression of certainty such as the following.

Es verdad.   (*It is true.*)
Es cierto.   (*It is certain.*)
Es evidente. (*It is evident.*)

ITEM SUBSTITUTION

Use the subjunctive or the indicative, as required.

Es cierto que él viene.   *Repitan.*
Es posible ──────.
Es verdad ──────.
Es necesario ──────.
────── vaya con ellos.
Es verdad ──────.
Es bueno ──────.
Es evidente ──────.

The indicative in the noun clause

Yo sé que el curandero **viene**.
Creo que **tienes** razón.
El oculista dice que no **tengo** nada.
Es cierto que lo **curo**.

Introduction of information		The information
Yo sé	que	él **es** médico.
Es cierto	que	**tomo** las pastillas.
Dice	que	no **viene**.
Dígale	que	no **voy**.

When the noun clause is introduced as merely giving information, its verb is in the indicative.

ITEM SUBSTITUTION

Dígale que el curandero no viene.   *Repitan.*
Es verdad _____.
_____ él no es médico.
Me parece _____.
_____ tienes razón.
Es evidente _____.
_____ no tomó las pastillas.
Yo sé _____.
_____ él no estudió anoche.
El profesor sabe _____.

QUESTION–ANSWER

1. ¿Es cierto que él lo curó?   *Contesten.*
2. ¿Sabía Ud. que él era médico?
3. ¿Dice el oculista que está bien?
4. ¿Es verdad que Ud. no estudió anoche?
5. ¿Dice el profesor que no viene?

STRUCTURE SUBSTITUTION

1. *Teacher:* Yo sé que vivirán muy contentos.
   Student: Espero que vivan muy contentos.

2. *Teacher:* El me dice que lo hará mañana.
   Student: Dígale que él ——————.

3. *Teacher:* Dígale que estoy en casa.
   Student: Dígale que él —————— a las ocho.

4. *Teacher:* Dice que ella le dirá la verdad.
   Student: Pídale que ——————.

TRANSLATION DRILL

Teacher: Quiero que Uds. estudien más.
Student: I want you to study more.

   Es necesario que yo vaya.
   Dígale que hable más despacio.
   Espero que Ud. me escriba.
   Ellos prohiben que salgamos.
   Es posible que él venga.
   Deseamos hacer una fiesta.

PATTERNED RESPONSE

1. *Teacher:* ¿Estudia la lección ese muchacho?
   Student: No estoy seguro, pero espero que la estudie.

   ¿María viene con nosotros?
   ¿Le gusta esa blusa a Josefina?
   ¿Jorge va a la fiesta contigo?
   ¿Siempre escucha los programas Mario?

2. *Teacher:* Roberto quiere saber si puede salir ahora.
   Student: Sí, dígale que salga.

   Alberto quiere saber si puede abrir la ventana.
   María quiere saber si puede ir al cine.
   Jorge quiere saber si puede escribir la carta.
   Eduardo quiere saber si puede volver mañana.
   Pedro quiere saber si puede traer a su novia.

3. *Teacher:* Mamá dice que va a vender la casa.
   Student: Yo no quiero que la venda.

   Mamá dice que va a levantarse temprano.
   Mamá dice que se va a levantar.

Mamá dice que va a cerrar la puerta.
Mamá dice que lo va a poner ahí.
Mamá dice que van a tocar un vals.

4. *Teacher:* Vamos a venir a las nueve.
   Student: Prefiero que vengan a las diez.

Vamos a salir a las nueve.
Vamos a irnos a las nueve.
Vamos a empezar a las nueve.
Vamos a volver a las nueve.
Vamos a terminar a las nueve.

The present subjunctive for "let's"

There are two structure patterns in Spanish that are equivalent to "let's."

Vamos a comer. (*Let's eat.*)
Comamos. (*Let's eat.*)

To form the first pattern, use **vamos a** + the infinitive.

Vamos a estudiar. (*Let's study.*)
Vamos a correr. (*Let's run.*)

To form the second pattern, use the present subjunctive of the first person plural.

Hablemos con franqueza.   (*Let's speak frankly.*)
Aprendamos la lección.   (*Let's learn the lesson.*)
Supongamos que no esté en casa. (*Let's suppose he is not home.*)

Position of object pronouns

	Affirmative: "let's"	*Negative: "let's not"*
Object Pronouns	escribámos**lo**	no **lo** escribamos
	estudiémos**la**	no **la** estudiemos
Reflexive **nos**	levantémo**nos**	no **nos** levantemos
	sentémo**nos**	no **nos** sentemos

As with the direct commands, the object pronouns follow the verb in the affirmative construction and precede the verb in the negative. When the reflexive **nos** follows the verb, the final -s of the verb is dropped.

STRUCTURE SUBSTITUTION

1. *Teacher:* Vamos a comer.
   Student: Vamos a comer.
   Student: Comamos.

   Vamos a hablar español.
   Vamos a leer un poco más.
   Vamos a trabajar con diligencia.
   Vamos a suponer que usted es médico.
   Vamos a volver ahora.
   Vamos a comenzar la clase.
   Vamos a seguir adelante. (sigamos)
   Vamos a tomar un jugo de naranja.
   Vamos a escuchar lo que dicen.

PATTERNED RESPONSE

1. *Teacher:* ¿Estudiamos la lección?
   Student: No, no la estudiemos.
   Sí, estudiémosla.

   ¿Escribimos la composición?
   ¿Ponemos las luces?
   ¿Apagamos la televisión?
   ¿Tocamos el piano?

2. *Teacher:* ¿Nos levantamos ahora?
   Student: No, levantémonos más tarde.

   ¿Nos vamos ahora?
   ¿Nos lavamos ahora?
   ¿Nos sentamos ahora?
   ¿Nos acostamos ahora?

The subjunctive in indirect command

An indirect command (**que** + the subjunctive) is spoken to a second person and requests fulfillment by a third.

Que me entren. (*Carry me in.*)

UNIT 7

The same construction (**que** + the subjunctive) may be used directly, although such usage is less characteristic.

Que duerma usted con los ángeles.
Que regresen pronto.
Que **trabaje usted** mucho.

CHOICE QUESTION–ANSWER

Teacher: ¿Salgo yo o sale ella?   *Contesten.*
Student: Que salga ella.

¿Pago yo o paga ella?   ¿Subo yo o sube ella?
¿Canto yo o canta ella?   ¿Como yo o come ella?
¿Leo yo o lee ella?   ¿Toco yo o toca ella?
¿Espero yo o espera ella?   ¿Juego yo o juega ella?
¿Pido yo o pide ella?

STRUCTURE SUBSTITUTION

Teacher: ¿No lo traigo yo?
Student: No, que lo traigan ellos.

¿No lo escribo yo?   ¿No lo lavo yo?
¿No lo devuelvo yo?   ¿No lo pido yo?
¿No lo compro yo?   ¿No lo vendo yo?

PATTERNED RESPONSE

1. *Teacher:* ¿Quién va a hacerlo, Pepe o María?
   Student: Que lo haga Pepe.

   ¿Quién va a decirlo, Nacho o Anita?
   ¿Quién va a ponerlo, Alfredo o Cristina?
   ¿Quién va a comprarlo, Esteban o Teresa?
   ¿Quién va a aprenderlo, Ángela o Roberto?

2. *Teacher:* Lávense Uds.
   Student: Nosotros no; que se laven los otros.

   Despiértense Uds.   Cállense Uds.
   Duérmanse Uds.   Márchense Uds.

Controlled Conversation

Pregúntele a ——— qué le parece el trabajo.
                si le gusta trabajar.
                si el trabajo es la lógica consecuencia de su existencia.
                si es posible que haya algunos a quienes no les guste trabajar.
                si es perezoso.
                si sabe trabajar con las manos.
                si le gusta la costumbre de la siesta.
                cuál es la hora de la siesta.
                si prefiere conversar.

Translation

1. He wants to work all day long.
2. I don't want him to work all day long.
3. Let's all have a good time.
4. I don't think he is here.
5. We're sorry you are ill.
6. It is true that he never studies.
7. We want to eat now.
8. They don't want us to eat now.
9. Who wants to work?
10. Who wants me to work?

Discussion Topic: ¿Trabajar o no?

1. Cuenta un chiste acerca de la pereza.
2. En tu tierra ¿tienes que trabajar?
3. ¿Qué te parece el trabajo?
4. ¿Qué clase de trabajo tienes?
5. ¿En qué campo de especialización te estás preparando?
6. ¿Crees que el trabajo es una condena? ¿Por qué?
7. ¿Te gusta trabajar con las manos?
8. ¿Está de moda hoy día odiar el trabajo?
9. ¿Por qué te gusta la siesta?
10. ¿Prefieres trabajar o conversar?

Useful Rejoinders

1. ¿De qué sirve hablar tanto?
2. ¿Qué crees que es más importante?
3. En cuanto a mí.
4. A decir verdad.

Proverbs

1. El mucho callar es dañoso y el mucho hablar no es provechoso.
2. No te apures para que dures.
3. Si quieres dichoso verte, confórmate con tu suerte.

Lacemaker in Granada.

Schoolgirls selling Red Cross buttons.

UNIT 8

Diálogo

El piropo[1]

Luisa es una joven de Bilbao. Está con su prima María en Madrid. Las dos tienen 19 abriles. Están de compras en la ciudad. Se bajan del autobús y un muchacho que está en la esquina[2] les dice algo mientras pasan.

LUISA — ¿Qué te ha dicho ese muchacho?
MARÍA — Lo de siempre:[3] ¡Ay! Tienes los ojos más grandes que los pies.
LUISA — Algo es algo. No es una exclamación ardorosa pero a lo menos el joven se interesó.
MARÍA — No sé como es en Bilbao. Aquí los piropos varían mucho. A veces te lanzan[4] una observación tan fea que insulta a cualquiera.
LUISA — En Bilbao como en todas partes los hay buenos y malos.[5]
MARÍA — Hace falta una ley que prohiba los piropos malos. Dicen que en Colombia han puesto una ley así.
LUISA — Ojalá no lo hagan aquí.[6] A mí me gustan.
MARÍA — Está bien, pero diles a los chicos que inventen piropos que no sean tan ofensivos.
LUISA — Sí, a veces son bastante groseros,[7] pero tienes que admitir que el comentario poético elogiando[8] tu belleza es interesante.
MARÍA — ¿Estás loca, Luisa? ¿No te das cuenta que son mentiras?

[1] **piropo**   a compliment (*see Cultural Notes*)
[2] **esta en una esquina**   is standing on a corner
[3] **lo de siempre**   the same thing as always
[4] **te lanzan**   they throw (speak) at you
[5] **los hay buenos y malos**   there are some good ones and some bad ones
[6] **Ojalá que no lo hagan aquí.**   I hope they don't do it here.
[7] **groseros**   coarse, vulgar
[8] **elogiando**   praising

LUISA — ¡Mentiras encantadoras!
MARÍA — Conozco un psicólogo que ha escrito un artículo sobre la hombría[9] de los españoles y dice que los hombres sienten obligación de mostrar su masculinidad. Por eso cuando pasa una mujer que es bonita tienen que reaccionar con el piropo. No les hagas caso.
LUISA — Está bien. ¡Que no los tomes en serio! Si una sabe disimular,[10] es divertido.
MARÍA — Bueno hija, la que no sepa disimular tiene que aprender mucho.
LUISA — El otro día me dijo un joven buen mozo[11]
— Si yo fuera intendente[12] la nombraría a Ud. monumento nacional.
MARÍA — Eso sí que es divertido. Lo que yo he notado es que los hombres muestran su cultura[13] y educación por lo que dicen. Y si es un joven o un señor bien educado muchas veces no te dice nada.
LUISA — ¡Pero esas miradas[14] elocuentes te dicen un mundo de cositas cariñosas![15]

[9] **hombría**   manliness, the nature of being a man
[10] **disimular**   to pretend one does not see or feel something (*see Cultural Notes*)
[11] **un joven buen mozo**   a good-looking young man
[12] **intendente**   mayor
[13] **muestran su cultura**   show their manners
[14] **miradas**   looks, glances
[15] **cariñosas**   endearing

Cultural Notes

1. PIROPO   A complimentary observation made by a man to an attractive woman as she passes by. Some *piropos* are imaginative, poetic, and beautiful; others are less so and may be dull, insulting, or even vulgar depending on the circumstances. Díaz-Plaja claims that although *piropos* vary a great deal, there are two characteristics common to all of them: firstly, they express an opinion about the woman's qualities, and secondly, they state one's own desires with respect to her.

2. DISIMULAR   To act as though one does not see or feel something. In Spain it is expected that a well-mannered young lady will pay no attention to what a man may say as she passes by. She is expected to act aloof and uninterested even though she may feel otherwise.

3. WOMEN IN SPAIN   Salesgirls, waitresses, seamstresses, and typists have all been a part of Spain's life for years, but in recent times the career girl is taking an ever more prominent place. Many daughters of well-to-do families consider it desirable to graduate from a university. Many work in laboratories, libraries, research institutes, and business. Some have become successful as doctors, lawyers, journalists, writers, painters, and musicians. They

are in diplomacy, business management, and even in the *Cortes*, the Spanish Parliament. Working women now seem to be a regular feature of Spanish life.

DIALOG ADAPTATION

1. ¿Cuántos abriles tienen Luisa y María?
2. ¿Cuántos tiene Ud.?
3. ¿Le gustan los piropos? ¿Por qué?
4. ¿Lanzan piropos los jóvenes de aquí?
5. ¿Se debe prohibir los piropos malos?
6. ¿Qué hacen los jóvenes españoles cuando pasa una mujer bonita?
7. ¿Qué hace Ud.?
8. ¿Deben tomar en serio los piropos las jóvenes?
9. ¿Qué sucede si una joven no sabe disimular?
10. ¿Cómo muestra su cultura un joven bien educado?

The subjunctive in the adjective clause

An adjective clause is one that modifies a noun or a pronoun.

	Noun or Pronoun	*Adjective Clause*
Tengo un	hermano	que **es** buen mozo.
Aquí hay	alguien	que **es** inteligente.

The verb of the adjective clause is in the indicative if the modified noun or pronoun refers to a specific person or thing. The criterion for this is what is in the mind of the speaker.

Conozco un muchacho que ⎢**es**⎢ periodista. (*Indicative*)

In the mind of the speaker there is a specific person known to him. Therefore, the verb of the adjective clause is in the indicative mood.

Busco un muchacho que ⎢**sepa**⎢ español. (*Subjunctive*)

In the mind of the speaker there is no specific person but rather a hypothetical one who might fit the requirement "who speaks Spanish." Therefore, the verb of the adjective clause is in the subjunctive mood.

Se dará el premio ⎢**al**⎢ que salte primero.

The use of the definite article with a noun does not necessarily indicate a specific person or object.

UNIT 8

QUESTION–ANSWER

Compare the use of the subjunctive and indicative in the following questions and answers. Practice until you are able to answer the questions correctly with the text closed.

1. ¿Busca Ud. un muchacho que invente piropos?   *Contesten.*
    Sí, busco un muchacho que invente piropos.
2. ¿Conoce Ud. a alguien que hable inglés?
    Sí, yo conozco a una muchacha que habla inglés.
3. ¿Quieren uno que sea capaz de ocupar el puesto?
    Sí, quieren uno que sea capaz de ocupar el puesto.
4. ¿Se dará el premio al que salte primero?
    Sí, se dará el premio al que salte primero.
5. ¿Es un hombre que trabaja mucho?
    Sí, es un hombre que trabaja mucho.
6. ¿No hay nadie aquí que sepa disimular?
    No, no hay nadie que sepa disimular.
7. ¿No hay nadie aquí que pueda reemplazarlo?
    Sí, aquí hay un profesor que puede reemplazarlo.
8. ¿Hay una ley que prohiba piropos malos?
    No, no hay una ley que prohiba piropos malos.
9. ¿Le hace falta un coche que sea económico?
    No, yo tengo un coche que es económico.
10. ¿Tiene Ud. un tocadiscos que toque bien?
    Sí, tengo un tocadiscos que toca bien.

TENSE SUBSTITUTION

Teacher: Busco a la adivina que conoce el futuro.
Student: _____ una adivina _____.

1. ¿Dónde encuentro al hombre que tiene gallos?
    _____ a un hombre _____.
2. ¿Conoce Ud. a la señorita que baila bien?
    _____ a una señorita _____.
3. Vamos a invitar a los muchachos que tocan la guitarra.
    _____ a unos muchachos _____.

The subjunctive in the adjective clause

4. Hay algo que Ud. puede hacer.
   No hay nada _____.
5. Hay alguien que sabe disimular.
   No hay nadie _____.
6. Voy al cine donde pasan películas mexicanas.
   ____ a un cine _____.
7. Van al pueblo donde hay corridas de toros.
   ____ a un pueblo _____.
8. Me hace falta el diccionario que es nuevo.
   _____ un diccionario _____.
9. Aquí hay un joven que limpia los zapatos.
   ¿Hay aquí _____?

PATTERNED RESPONSE

1. *Teacher:* ¿Qué quería?
   Student: Quería un libro que fuera interesante.

   ¿Qué buscaba?
   ¿Qué le hacía falta?
   ¿Qué prefería?
   ¿Qué esperaba?

2. *Teacher:* ¿Conoce usted a alguien que estudie mucho?
   Student: No, no conozco a nadie que estudie mucho.
   Student: Sí, conozco a alguien que estudia mucho.

Answer all the following questions first in the negative, then in the affirmative.

   ¿Conoce usted a alguien que venda gallos?
   ¿Conoce usted a alguien que quiera comprar un coche?
   ¿Conoce usted a alguien que tenga mucho dinero?
   ¿Conoce usted a alguien que trabaje mucho?
   ¿Conoce usted a alguien que sea torero?

3. *Teacher:* ¿Hay un libro que le guste?
   Student: No, no hay ni un libro que me guste.
   Student: Sí, hay un libro que me gusta.

   ¿Hay un restorán donde sirvan comida mexicana?
   ¿Hay un país donde haya corridas de toros?
   ¿Hay un estudiante que hable bien?
   ¿Hay un gallo que pelee bien?

4. *Teacher:* ¿No hay nadie aquí que hable español?
   Student: No, aquí no hay nadie que hable español.
   Student: Sí, ahí va un señor que habla español.

   ¿No hay nadie aquí que sepa disimular?
   ¿No hay nadie aquí que pueda hacerlo?
   ¿No hay nadie aquí que me lo diga?
   ¿No hay nadie aquí que invente piropos?
   ¿No hay nadie aquí que me acompañe?

The present subjunctive in the noun clause—review

PATTERNED RESPONSE

1. *Teacher:* Juan no los conoce.
   Student: ¿Quiere Ud. que los conozca?

   Luisa no sale hoy.
   Ellos no traen el dinero.
   María no sabe del accidente.
   Ellos no piden permiso.
   Ese joven no lanza piropos.
   Juan no hace sus deberes.
   Luisa no pone atención.

2. *Teacher:* Luisa viene a menudo. ¿Es necesario eso?
   Student: Sí, es necesario que venga a menudo.

   Se cae María. ¿No teme Ud. eso?
   Juan pide dinero. ¿Es bueno eso?
   Tomás trae queso. ¿Prefiere Ud. eso?
   María no trae dinero. ¿Le molesta eso?
   Juan hace todo el trabajo. ¿Insiste Ud. en eso?
   Luisa sale en seguida. ¿Es urgente eso?
   Tomás sabe el secreto. ¿No es malo eso?

3. *Teacher:* Ya se levantan los chicos. ¿Le gusta eso?
   Student: No, no me gusta que se levanten.

   El niño se viste solo. ¿Es posible eso?
   Ellas se sientan en la calle. ¿Cree Ud. eso?
   El perro sale de la casa. ¿No importa eso?
   Pablo busca empleo. ¿Es inútil eso?
   Siempre me levanto a las cinco. ¿Está bien eso?
   Siempre nos acostamos tarde. ¿Conviene eso?

Controlled Conversation

Pregúntele a ――― si conoce a una mujer que sea médica.
 si busca una mujer que pueda hacer el trabajo.
 si conoce al muchacho que lanza piropos.
 si conoce un teatro donde den obras españolas.
 si quiere uno que sea capaz de hacerlo.
 si hay algún edificio que tenga un salón grande.
 si hay alguien que sepa disimular.
 si le hace falta un coche que sea económico.
 si tiene un televisor que trabaje bien.
 si teme que el bebé se caiga.

Translation

1. I'm looking for a girl who wants to work.
2. Do you know anybody who makes up compliments?
3. My mother knows a man who plays the piano very well.
4. There's no one here who can replace her.
5. We need a woman who knows her job well.
6. I know some girls who know how to act aloof very well.
7. Is there anything I can do?
8. I'll invite those boys who play the guitar.
9. Is there anyone here who can accompany me?
10. He's afraid we'll fall off.

Discussion Topic: El piropo

1. ¿Cuántas novias tienes?
2. ¿Tú eres piropeador?
3. ¿Te gusta la costumbre de los piropos?
4. ¿Lanzas exclamaciones ardorosas ante las señoritas desconocidas?
5. ¿Es muy hombre el que lo hace?
6. ¿Es importante manifestar la masculinidad?
7. ¿Cómo se pone en duda la virilidad?
8. ¿Son ofensivos tus piropos?
9. ¿Son mentiras tus piropos?
10. ¿Qué haces cuando pasa una chica bonita?

Useful Rejoinders

1. Me da igual.
2. Es cierto.
3. Hay que tomar en cuenta que . . .
4. ¿Qué pasó?

Proverbs

1. La gran dama debe tener tres *ezas*: belleza, nobleza y riqueza.
2. Hay más refranes que panes.
3. Sin mujeres y sin vientos, tendríamos menos tormentos.

Interior of El Greco's house in Toledo.

Lottery tickets are sold everywhere.

UNIT 9

Diálogo

Nochebuena[1] en Casa de los Abuelos

Hay un coro de tres nietos que vienen a hacer la visita de Nochebuena en casa de los abuelos. Los chicos entonan un canto popular en la puerta.

CORO — ¡Esta noche es Nochebuena
   y mañana Navidad!
ABUELO — ¡Qué alegría de veros! Tomad estas pesetillas.[2]
CHICOS — Gracias, abuelito. Gracias por el aguinaldo,[3] y ¡felices pascuas![4]
ABUELO — ¡Feliz Navidad!
MARÍA ASUNCIÓN — Hemos cogido el metro,[5] ¡y venía más gente!
JOSÉ — Íbamos en el vagón apretaditos.[6]
ABUELO — ¿Y no vino Isabel?
M. ASUNCIÓN — Cuando termine la fiesta en Serrano viene con su novio.
JUAN — ¿Dónde está la abuelita? Le trajimos coñac, anís, y dulces que han comprado mis padres para la gran cena.
JOSÉ — ¿Cuándo vamos a comer, abuelito?
ABUELO — No falta mucho. No podemos comenzar hasta que lleguen todos los tíos y nietos.[7] La abuelita está preparando tu plato favorito, Juan..., pavo[8] con naranja.
JUAN — ¡Ay qué rico! ¿Y la sopa de almendras?[9]

[1] **Nochebuena** Christmas Eve
[2] **pesetillas** diminutive form of *peseta*, Spanish monetary unit
[3] **aguinaldo** Christmas gift (*see Cultural Note*)
[4] **felices pascuas** Merry Christmas
[5] **metro** subway
[6] **apretaditos** very crowded, packed
[7] **nietos** grandchildren
[8] **pavo** turkey
[9] **almendra** almond

Abuelo — También.

M. Asunción — ¿Y las uvas?[10] Dice papá que este año vamos a tomar las uvas en casa viendo la TV.

Abuelo — Tienes razón. A menos que estéis allí al mediodía, es imposible encontrar sitio en la Puerta del Sol. Además, ¡hay tantos borrachos por ahí!

M. Asunción — Dice papá que se oyen las campanadas[11] muy bien en la TV y que es mucho más cómodo estar aquí.

Abuelo — De acuerdo.

M. Asunción — Abuelo, ¿por qué no has puesto el nacimiento[12] como todos los años?

Abuelo — Cosas de tu abuela. Se empeñó en[13] comprar un árbol de Navidad y adornarlo. Cree que es más moderno.

M. Asunción — El árbol es muy bonito, abuelo.

Juan — Mi padre nos ha puesto el nacimiento con corcho y papel y todo. Ayer compramos más figuritas en la Plaza de Santa Cruz. Tienes que verlo, abuelito.

Abuelo — Cuando tenga un momento libre iré a verlo.

José — ¡Qué ricos estos polvorones![14]

M. Asunción — ¡Goloso![15]

José — ¿Yo? ¿Quién es la que se comió todos los turrones[16] en casa?

M. Asunción — Anda bueno. ¿Qué sería la Navidad sin dulces y la gran cena?

Abuelo — Vamos a la sala a tocar la zambomba[17] y la pandereta.[18]

Carmen — Abuelito, tienes que decirle a papá que nos permita quedarnos sin dormir hasta la madrugada.

Abuelo — Vamos a ver, hijita. Una vez al año no hace daño.

[10] **uvas**   grapes (*see Cultural Note*)
[11] **las campanadas**   stroke (sound) of the bells
[12] **naeimiento**   Nativity scene
[13] **se empeñó en**   she insisted on
[14] **polvorones**   rich, crumbly, small cakes
[15] **goloso**   glutton, sweet-toothed
[16] **turrones**   nougat candy
[17] **zambomba**   rustic musical instrument
[18] **pandereta**   tambourine

Cultural Notes

1. Aguinaldo   A Christmas gift. It is the custom that doormen, mailmen, milkmen, newspapermen, etc., visit their clients at their homes a few days before Christmas to present their best wishes and to receive the

traditional *aguinaldo*, or tip, for their services. Depending on the service, this *aguinaldo* may be substantial, such as for the gardener, the nightwatchman, or the maid.

2. NOCHEBUENA   The night of December 24, or Christmas Eve, is one of the occasions during the year when Spanish families get together to eat the traditional dinner which includes almond soup, turkey, and nougat candy. This candy is made from almonds (or other nuts), eggs, honey, and sometimes sugar. It is believed that it was first made by the Arabs long before sugar was shipped to Venice and used for making confections, about the middle of the 14th century.

3. REYES MAGOS   Spanish children do not receive gifts on Christmas Day; nor is there a Santa Claus. Instead there are the *Reyes Magos*, the Wise Men, who during the night of January 5 leave small gifts inside the children's shoes which are placed on the balconies. This is reminiscent of the gifts of the Three Kings to the Christ Child.

4. NOCHEVIEJA   Another important night celebrated throughout the entire country is *Nochevieja,* or New Year's Eve. On this night all the family gathers to celebrate the beginning of the new year. In Madrid thousands of people joyfully congregate in the *Puerta del Sol* Square to await the new year and to watch the countdown on the official clock located there. This particular clock serves as the official timepiece for all of Spain. At precisely twelve minutes before midnight the minute-interval chime of the clock begins to sound. This same sound is transmitted by both radio and television. As if in a ritual, all those assembled in the *Puerta del Sol* and in thousands of homes eat one grape with each stroke of the clock until twelve have been consumed and the new year has arrived. A tumultuous *¡Feliz Año Nuevo!* is heard as the last grape is eaten.

5. LOTERÍA NACIONAL   One of the exciting events associated with Christmas is the *Lotería Nacional.* Many thousands of persons participate in this custom which originated in the 18th century. The drawing is on December 22 and the person who gets first prize (*premio gordo*) receives about $200,000. The State also receives a certain amount, and the remaining money is divided among the other winners in the drawing.

DIALOG ADAPTATION

1. ¿Cuándo se celebra la Nochebuena?
2. ¿Qué hacen los tres nietos para celebrar la Nochebuena?
3. ¿Le da a Ud. un aguinaldo su abuelo?
4. ¿Qué hace Ud. para celebrar la Nochebuena?
5. ¿Qué van a hacer los tres nietos con las uvas?
6. ¿Por qué no van a la Puerta del Sol?

7. ¿Cuál es el propósito del nacimiento?
8. ¿Cuáles son los dulces que comen?
9. ¿A qué hora van a acostarse?
10. ¿Qué le parece la Nochebuena en casa de los abuelos?

The subjunctive in the adverbial clause

No quiero hacerlo **a menos que Ud. lo haga también.**
Lo aprenderé **antes de que venga Juan.**

Adverbial Conjunctions

a menos que (*unless*)
antes (de) que (*before*)
para que (*in order that*)
sin que (*without*)
con tal (de) que (*provided*)

Certain adverbial clauses are in the subjunctive and are introduced by the conjunctions just given.

TENSE SUBSTITUTION

1. Él lo hace y nadie lo sabe.
   _____ sin que _____.
2. Ellas se visten bien y ellos las elogian.
   _____ para que _____.
3. Los niños vienen y el abuelo les regala algo.
   _____ con tal de que _____.
4. Yo le regaño y él me pide perdón.
   _____ a menos que __.
5. Los padres traen los regalos y los niños se despiertan.
   _____ antes de que _____.

PATTERNED RESPONSE

1. *Teacher:* ¿Quiere Ud. servir la comida?
   Student: No quiero a menos que Ud. la sirva también.

   enseñar la lección
   repartir los libros
   preparar la ensalada
   cantar el himno

2. *Teacher:* ¿Va Ud. a levantarse temprano?
   Student: No quiero a menos que Ud. se levante temprano también.

   asistir a la fiesta   ir al extranjero
   venir mañana   leer esa novela

3. *Teacher:* ¿Aprenderá Ud. el diálogo de memoria?
   Student: Sí, quiero aprenderlo antes de que Carlos lo aprenda.

   ¿Hará Ud. las preguntas?
   ¿Estudiará Ud. las lecciones?
   ¿Leerá Ud. la revista?
   ¿Escribirá Ud. una carta?

4. *Teacher:* ¿Se acostará Ud. temprano?
   Student: Sí, quiero acostarme antes de que Ud. se acueste.

   ¿Se vestirá Ud. pronto?
   ¿Se despertará Ud. temprano?
   ¿Se afeitará Ud. ahora?
   ¿Se va Ud. ya?

5. *Teacher:* ¿Va Ud. a estudiar?
   Student: Sí, voy a estudiar para que Ud. estudie también.

   comer   pagar (para que Ud. pague)
   trabajar   quedarse (*to remain*)
   caminar   cantar

6. *Teacher:* ¿Va Ud. a repartir boletos?
   Student: Sí, pero no sin que Ud. los reparta también.

   levantarse
   asistir a la reunión
   ofrecer una donación (sin que Ud. ofrezca)
   servir la comida (sin que Ud. la sirva)
   dar un discurso
   sentarse (sin que Ud. se siente)

7. *Teacher:* ¿Irá al centro?
   Student: Sí, iré con tal que Ud. vaya también.

   ¿Planchará Ud. las camisas?
   ¿Le escribirá Ud.?
   ¿Aprenderá Ud. el diálogo?
   ¿Se pondrá Ud. el sombrero?
   ¿Aceptará Ud. la invitación?

8. *Teacher:* ¿Va Ud. a mandarle al médico el dinero?
   Student: Sí, antes que me lo pida.

   ¿Va Ud. a mandarles el dinero?
   ¿Va Ud. a mandarnos el dinero?
   ¿Va Ud. a mandarme el dinero?
   ¿Va Ud. a mandarle a mi mamá el dinero?
   ¿Va Ud. a mandarles a los jóvenes el dinero?

9. *Teacher:* ¿Cuándo vas a hacerlo?
   Student: Mañana, con tal que tenga tiempo.

   ¿Cuándo voy a hacerlo?
   ¿Cuándo van a hacerlo ellos?
   ¿Cuándo vamos a hacerlo?
   ¿Cuándo van a hacerlo Uds.?
   ¿Cuándo va a hacerlo Ud.?

10. *Teacher:* ¿Por qué practican tanto los estudiantes?
    Student: Para que puedan hablar bien.

    ¿Por qué practican tanto Uds.?
    ¿Por qué practican tanto ellas?
    ¿Por qué practica tanto él?
    ¿Por qué practicas tanto?
    ¿Por qué practica tanto Ud.?

11. *Teacher:* ¿Piensa Ud. comprarle un regalo?
    Student: Sí, pero sin que lo sepa.

    ¿Piensa Ud. comprarles un regalo?
    ¿Piensa Ud. comprarnos un regalo?
    ¿Piensa Ud. comprarme un regalo?
    ¿Piensa Ud. comprarle a su novio un regalo?
    ¿Piensa Ud. comprarles a sus padres un regalo?
    ¿Piensas comprarle algo a tu abuelo?

Subjunctive versus indicative in the adverbial clause

Adverbial Conjunctions

cuando (*when*)
hasta que (*until*)
aunque (*although*)
mientras (*while*)
tan pronto como (*as soon as*)

Subjunctive versus indicative in the adverbial clause

With the conjunctions just given the indicative is used if the clause refers to something that has already occurred, is presently occurring, or usually occurs. The subjunctive is used if the clause refers to something that is yet to occur.

A. Something that has already occurred: Indicative.

   Él lo hizo cuando **vino**. (*He did it when he came.*)

B. Something that usually occurs: Indicative.

   Él lo hace cuando **viene**. (*He does it when he comes.*)

C. Something yet to occur: Subjunctive.

   Él lo hará cuando **venga**. (*He will do it when he comes.*)

TENSE SUBSTITUTION

1. Cuando vinieron los muchachos salimos.
   _____ saldremos.

2. ¿Qué hacías cuando tenías 19 años?
   ¿____ harás _____?

3. Juan cuidó a los niños hasta que yo llegué.
   _____ cuidará _____.

4. Ud. vigiló mientras yo dormía.
   Vigile Ud. _____.

5. Terminaste aunque él no estaba.
   Terminarás _____.

6. Lo creí cuando lo vi.
   __ creeré _____.

7. Cuando vino papá se lo pregunté.
   _____ preguntaré.

8. Estudiamos hasta que volvió de compras.
   Estudiaremos _____.

9. Mientras yo estudiaba él inventaba piropos.
   _____ inventará _____.

10. Tan pronto como lo supo me lo dijo.
    _____ dirá.

QUESTION–ANSWER

Study the following pairs of questions and answers until you are able to give correct answers to the same questions with your text closed.

1. ¿Cuándo asistirá Pepe a la escuela?
   Pepe asistirá a la escuela cuando tenga cinco años.

2. ¿Cuándo recibió Estela la herencia?
   La recibió cuando tenía veinte años.

3. ¿Quiere Ud. mirarlo mientras esté aquí?
   Sí, quiero mirarlo mientras esté aquí.

4. ¿En qué pensaba Ud. mientras tocaban la guitarra?
   Yo pensaba en mi país mientras tocaban la guitarra.

5. ¿Va Ud. a visitarle hasta que se sienta mejor?
   Sí, voy a visitarle hasta que se sienta mejor.

6. ¿Trabajó Ud. hasta que terminaron?
   Sí, trabajé hasta que terminamos.

7. ¿Asistirá Ud. aunque haga mal tiempo?
   Sí, asistiré aunque haga mal tiempo.

8. ¿Habla bien aunque nunca estudia?
   Es increíble, habla bien aunque nunca estudia.

9. ¿Lo hará Ud. tan pronto como llegue?
   Sí, lo haré tan pronto como llegue.

10. ¿Lo hizo Ud. tan pronto como llegó?
    Sí, lo hice tan pronto como llegué.

PATTERNED RESPONSE

Teacher: Si vienen hoy ¿qué harán?
Student: Si vienen pueden trabajar.

Si vengo hoy ¿qué haré?
Si venimos hoy ¿qué haremos?
Si vienes hoy ¿qué harás?
Si vienen sus amigos hoy ¿qué harán?
Si viene su hermano hoy ¿qué hará?

The infinitive after prepositions

Conjunctions which require subjunctive	*Prepositions which require infinitive*
hasta que	hasta
antes de que	antes de
sin que	sin
para que	para
con tal de que	con tal de

A. The above conjunctions with **que** introduce an adverbial clause and are followed by the subjunctive.

Estudiaremos hasta que venga.

B. When a verb directly follows one of the prepositions listed above, it can only be in the infinitive form. This structure—preposition plus infinitive—occurs typically when no new subject is involved.*

Estudiaremos hasta aprenderlo todo.

QUESTION–ANSWER

1. ¿Va Ud. a estudiar hasta aprenderlo de memoria?
   Sí, voy a estudiar hasta aprenderlo de memoria.
2. Antes de acostarse, ¿se limpia Ud. los dientes?
   Claro, antes de acostarme me limpio los dientes.
3. ¿Puede uno aprender sin estudiar?
   No, uno no puede aprender sin estudiar.
4. ¿Viven Uds. para comer?
   No, señor, nosotros comemos para vivir.

ITEM SUBSTITUTION

1. Estudien ustedes las lecciones hasta que las sepan de memoria. *Repitan.*
   _____ Ud. _____.
   _____ los diálogos _____.

---

* Not uncommon are structures like: **Voy a acostarme antes de volver papá.**

_____ para que _____.
_____ el mensaje _____.
_____ aunque _____.

2. Él lo lee cuando viene. *Repitan.*
   Ellos _____.
   ____ estudian _____.
   _____ llegan.
   _____ tan pronto como ____.
   Yo _____.
   _____ me levanto.
   Nosotros _____.
   ____ tomamos _____.
   Los estudiantes _____.

3. ¿La estudia Ud. hasta aprenderla de memoria? *Repitan.*
   ¿_____ Uds. _____?
   ¿_____ para _____?
   ¿____ lee _____?
   ¿_____ su compañero _____?
   ¿_____ sin _____?
   ¿_____ él _____?
   ¿_____ antes de _____?
   ¿_____ los muchachos _____?

Controlled Conversation

1. Pregúntele a _____ lo que hará cuando se enoje.
                       que hasta cuando leerá ese libro.
                       lo que hace antes de acostarse.
                       cómo piensa pasar la Navidad.

2. Dígale a _____ que le compre un regalo cuando salga.
                     lo que está pensando ahora.
                     que le planche las camisas.
                     todas las cosas que quiere comer para Navidad.

Translation

1. When he comes I'll tell him.
2. He acts as if he owned the place.
3. He'll do it as soon as he has time.

4. If it rains we're not going.
5. Although he's not rich he's not poor either.
6. I won't go unless you go too.
7. I'll send the money before he gets there.
8. If they get here on time they'll work.

Discussion Topic: La Nochebuena

1. ¿Qué haces de costumbre en la Nochebuena?
2. ¿Qué piensas hacer en esta Nochebuena?
3. ¿Sales con tu novia(o) o te quedas en casa con la familia?
4. ¿Quieres describir una costumbre muy suya de la Nochebuena?
5. ¿Comes algo que sea especial o tradicional?
6. ¿Qué te parece un árbol de Navidad?
7. ¿Te gusta estar donde hace frío o calor en esta noche tan especial?
8. Al dar las doce ¿qué gritas?
9. ¿Y qué haces?
10. ¿Qué quieres que haga tu novio(a)?

Useful Rejoinders

1. Creo que...
2. ¿Sabes lo que hice?
3. ¿Qué te parece lo de...?
4. Ya me acuerdo.

Proverbs

1. Ninguno que beba vino llame borracho a su vecino.
2. A su tiempo maduran las uvas.
3. Leer y comer, despacio los has de hacer.

Estadio Santiago Bernabeu in Madrid.

UNIT 10

Diálogo

Fútbol: El gran deporte

Mr. Stimson es propietario[1] de la Universal Electric de Nueva York. Vino a Madrid para visitar a don Manuel Fernández Montes, gerente[2] de la sucursal[3] de Universal Electric. Están en el Estadio Bernabeu. Faltan sólo dos minutos pará terminar el partido entre el Atlético y el Real Madrid.

Los hinchas[4] — ¡A la bi, a la ba, a la bim bom ba,[5] Atleti, Atleti, y nadie más!

Mr. Stimson — Estos muchachos siguen gritando. ¡Nunca he visto tanto entusiasmo!

Don Manuel — Son hinchas del Atlético y los equipos[6] todavía están empatados.[7] Mire, saca otra vez Galo, Julián pasa a Miguel, Miguel avanza, tira fuerte...

Mr. Stimson — ¿Qué?

Don Manuel — ¡Goool! ¡Gooooool! ¡Hemos metido un gol![8] ¿No lo ha visto?

Mr. Stimson — ¡Si no veo nada!

Don Manuel — ¡Pero hombre de Dios, levántese!

Mr. Stimson — ¡Si no me dejan! Siéntense todos, que no veo nada!

Don Manuel — Ya termina el partido. Hemos ganado otra vez. ¡El Atlético ganó! ¡Fantástico! ¡Formidable! Es una maravilla ese Miguel.

Mr. Stimson — Parecía imposible que el Madrid no ganara. ¡Tenía jugadores tan excelentes y unas combinaciones formidables!

[1] **propietario** owner
[2] **gerente** manager
[3] **sucursal** branch office or plant
[4] **hinchas** (*colloq.*) fans
[5] **a la bi, etc.** a typical Spanish cheer
[6] **equipo** team
[7] **empatados** tied
[8] **Hemos metido un gol** We've made a goal

Don Manuel — Juegan bien. Pero no hay como el Atlético. Bueno, vamos ya. Al coche, rumbo al aeropuerto.

Mr. Stimson — Don Manuel, le agradezco mucho su gentileza durante mi visita. No era necesario que se molestara tanto. Creo que hemos visto todas las diversiones y deportes de España. Los toros, pelota vasca,[9] flamenco[10] y lo que menos esperaba, las pistas de esquiar[11] de Guadarrama.

Don Manuel — ¿Le sorprendió que tuviéramos una pista de esquiar tan cerca de Madrid, ¿eh?

Mr. Stimson — Por cierto. ¡Y las pistas son muy buenas!

Don Manuel — Yo quería que Ud. viera jugar también a nuestro campeón mundial de tenis, pero no es la temporada.

Mr. Stimson — ¡Ah! Es cierto. ¡Qué bien juega ese muchacho! ¿Cómo se llama?

Don Manuel — Manuel Santana. Es mi tocayo.[12] Hubiera visto Ud. como en España todo el mundo se volvió loco por el tenis después de su triunfo en Australia. Tuve que comprar raquetas a mis cuatro hijos, a mi mujer, y hasta a una prima hermana.[13]

Mr. Stimson — ¿Y qué me dice Ud. de la pesca?[14]

Don Manuel — Está muy de moda en España ahora levantarse bien tempranito, coger el cochecito, y al laguito . . , creo que estamos imitando a Uds. los americanos. ¡Y lo más divertido de eso es el gusto de ver a los vecinos!

Mr. Stimson — ¿Van los vecinos también?

Don Manuel — No, no. Los vecinos nos miran.

Mr. Stimson — A mí no me llama la atención ni la pesca ni la caza tampoco. Me gusta más el fútbol.

Don Manuel — Es Ud. un gran deportista,[15] Mr. Stimson. Dígame, de todo lo que vio hasta ahora, ¿qué es lo que más le gustó?

Mr. Stimson — ¡El partido, claro! Nunca me voy a olvidar de eso. El fútbol es el gran deporte. ¡A la bi, a la ba, a la bim bom ba! Esos hinchas gritan como energúmenos.[16]

Don Manuel — Los españoles hacemos todo con entusiasmo, ¿no lo sabía?

Mr. Stimson — Si no lo hubiera sabido esta visita me habría convencido.

[9] **pelota vasca** jai alai (*see Cultural Note*)
[10] **flamenco** a style of Andalusian gypsy dance and song
[11] **pistas de esquiar** ski slopes
[12] **tocayo** namesake
[13] **prima hermana** first cousin
[14] **pesca** fishing
[15] **deportista** sportsman
[16] **energúmeno** crazy, wild person

Cultural Notes

1. FÚTBOL   Among the many competitive sports popular in Spain is *fútbol*, or soccer. So intense was the interest in this sport that for years after the civil war it was called the "opium of the people." In Madrid and Barcelona, for example, there are stadiums that seat more than 100,000 fans. Spanish teams have competed with the very best from other countries and several times have been world and European champions.

The largest stadium in Madrid is the *Estadio Bernabeu*, named in honor of Santiago Bernabeu, an ardent advocate of the sport who presides over the *Federación de Fútbol del Real Madrid*. In Madrid there are two professional soccer teams, *Real Madrid* and *Atlético de Madrid*; each of these teams has its respective home stadium. In addition, there are about five other soccer stadiums or fields of lesser importance and prominence.

2. BETTING   A factor which has contributed to making soccer so popular is "mutual betting." Literally thousands of people place bets on the outcome of the weekly games played throughout the country. Each week the lucky winner is announced and his newly won fortune becomes the hope of those who bet for the following week's games.

The betting is rather simple. Each Friday a list of the next week's games is placed on sale at the many betting centers. There is one on almost every block. Cards for both major and minor leagues are available. The bettor marks his card to show his predictions for each game: a "1" means that he bets the home team will win; a "2" predicts a victory for the visiting team; an "X" forecasts a tie. For example:

        R. Madrid — Barcelona   1 X ②
        Sevilla — At. Madrid   1 X 2
        At. Bilbao — Zaragoza   ① X 2

The fully marked cards must be turned in at the betting center by a certain time before the Sunday games.

The government retains 45% of the proceeds of the sale of the cards. The remaining 55% is divided into third, second, and first prize segments to be divided among those who submit cards with 12, 13, or 14 correct choices, respectively. The amount anyone wins depends, of course, on how many bet and how many other winners there were. Sometimes winners can get as much as 75,000–100,000 *pesetas*.

3. JAI ALAI Spanish game similar to handball and played on a three-walled court called a *frontón*. Each of the two players on a side is equipped with a long, narrow wicker basket called a *cesta*. The *cestas* vary in dimension and are tailor-made for each player. They are curved at the playing end and strapped to the player's wrist. The ball which is made of handwound virgin rubber from a certain region in Brazil is similar to a baseball but much harder. In the game the ball is alternately hurled from a racket against a wall, caught in a racket by the opponent, and again hurled against the wall. The players are called *pelotaris*. The game is called *pelota vasca* (Basque ball) in Spain, but the Cubans, when they imported the game in 1900, adopted the words *jai alai* which mean "merry festival" in the Basque language. This is the name used in the Western Hemisphere where the game has become popular in some countries, particularly Mexico.

DIALOG ADAPTATION

1. ¿Cómo es el fútbol europeo?
2. ¿Qué es un hincha?
3. ¿Les gusta el fútbol a los españoles?
4. ¿Tú juegas al fútbol?
5. ¿Cómo se llama el campeón de tenis español?
6. ¿Le gusta la pesca?
7. ¿Cuál es su deporte favorito?
8. ¿Por qué le parecía imposible que no ganara el Real Madrid?
9. ¿Qué era lo que más le llamó la atención al Sr. Stimson?
10. ¿Le gustaría ver un partido de fútbol?

The imperfect subjunctive

Preterite Third Person Plural	Stem minus **-ron**	Imperfect Subjunctive	
		-ra	**-se**
hablaron	habla — ron	**hablara**	**hablase**
aprendieron	aprendie — ron	**aprendiera**	**aprendiese**
vivieron	vivie — ron	**viviera**	**viviese**
dijeron	dije — ron	**dijera**	**dijese**

A. The imperfect subjunctive for all verbs, regular and irregular, is formed by adding a set of endings to the stem. The stem is the same as the stem for the third person plural preterite. There are two acceptable sets of endings, the **-ra** and the **-se** forms. The **-ra** forms are the most universally used in spoken Spanish.

B. The imperfect or past subjunctive is used when the point of view is past. This is in contrast to English usage in which dependent verbs do not show tense differentiation.

    I wanted you to go.   (*Infinitive*)
    Quería que Ud. **fuera**.   (*Imperfect subjunctive*)

C. The rules for the use of the subjunctive versus indicative in noun, adjective, and adverbial clauses are the same for the present subjunctive and the imperfect subjunctive.

VERB–STRUCTURE DRILL

A. The imperfect subjunctive of **hablar** (*to speak*).

hablara	habláramos	hablase	hablásemos
hablaras		hablases	
hablara	hablaran	hablase	hablasen

1. Era importante que *ellos* le hablaran (hablasen).   *Repitan.*

    el profesor, los estudiantes, ella, tú, nosotros

2. ¿Era importante que los muchachos hablaran?   *Contesten.*
   ¿Era importante que Juan hablara?
   ¿Era importante que los estudiantes hablaran?

¿Era importante que tú hablaras?
¿Era importante que nosotros habláramos?

B. The imperfect subjunctive of aprender (*to learn*).

aprendiera	aprendiéramos	aprendiese	aprendiésemos
aprendieras		aprendieses	
aprendiera	aprendieran	aprendiese	aprendiesen

1. Él quería que *yo* lo aprendiera (aprendiese). *Repitan.*

   nosotros, los estudiantes, su hija, tú, ella, las chicas

2. ¿Quería Ud. que yo lo aprendiera? *Contesten.*
   ¿Quería Ud. que nosotros lo aprendiéramos?
   ¿Quería Ud. que los estudiantes lo aprendieran?
   ¿Quería Ud. que ella lo aprendiera?

C. The imperfect subjunctive of **vivir** (*to live*).

viviera	viviéramos	viviese	viviésemos
vivieras		vivieses	
viviera	vivieran	viviese	viviesen

1. Yo dudaba que él viviera (viviese) ahí. *Repitan.*

   Uds., el profesor, los estudiantes, Ud., tú

2. ¿Dudaba Ud. que él viviera (viviese) ahí? *Contesten.*
   ¿Dudaba Ud. que ellos vivieran ahí?
   ¿Dudaba Ud. que el profesor viviera ahí?
   ¿Dudaba Ud. que ella viviera ahí?
   ¿Dudaba Ud. que los estudiantes vivieran ahí?

PATTERNED RESPONSE

Teacher: ¿Buscaba Ud. un muchacho que hablara español?
Student: Sí, yo buscaba un muchacho que hablara español.

    sirviera la comida   diera la lección
    trajera el diccionario   dijera la verdad
    hiciera la composición   supiera la lección
    comprendiera el significado

Imperfect subjunctive in the noun clause

PATTERNED RESPONSE

1. *Teacher:* ¿Cantaron ellos el himno?
   Student: Sí, porque yo insistí en que lo cantaran.

   ¿Tuvieron una fiesta?
   ¿Trajeron la comida?
   ¿Tomaron la leche?
   ¿Aprendieron la lección?
   ¿Limpiaron la casa?
   ¿Vendieron el coche?

2. *Teacher:* ¿Le habló anoche el profesor?
   Student: Sí, porque quería que me hablara.

   ¿Llegó su amigo anoche?
   ¿Salió su padre ayer?
   ¿Aprendió ella la lección?
   ¿Se levantó su mamá?
   ¿Vino el joven?
   ¿Contó la leyenda?

3. *Teacher:* ¿Vino la señora Pérez?
   Student: Creo que sí. Le dije que viniera.

   ¿Lo trajo Juan?
   ¿Lo leyó María?
   ¿Lo hizo ella?
   ¿Durmió Juana?
   ¿Volvió su compañero?

TENSE SUBSTITUTION

Repeat each original sentence as indicated. Then make the appropriate changes required by the new tense.

Teacher: El profesor quiere que yo estudie.
Student: El profesor quería _____.

Él me pide que vaya.
Él me pedía _____.

Ella prefiere que lleguemos temprano.
Ella prefería ————————.

Él ruega que lo hagamos.
Él rogaba ——————.

Él manda que la escribamos.
Él mandó ——————.

Él siente que ella esté enferma.
Él sentía ——————————.

Él se alegra de que hayan ganado.
Él se alegraba ——————————.

Él no cree que vengan.
Él no creía —————.

Es posible que vengan tarde.
Era posible ——————.

Es una lástima que no estén aquí.
Era una lástima ——————.

PATTERNED RESPONSE

1. *Teacher:* ¿Qué esperaba Ud.?
   Student: Yo esperaba que llegaran temprano.

   ¿Qué quería Ud?.
   ¿Qué temía Ud.?
   ¿Qué prefería Ud.?
   ¿De qué se alegraba Ud.?

2. *Teacher:* ¿Le dieron el dinero?
   Student: Sí, mi papá les pidió que me lo dieran.

   ¿Se lo dijeron?
   ¿Salieron de casa?
   ¿Lo hicieron ellos?
   ¿Fueron al centro?
   ¿Vinieron ellos?
   ¿Bajaron al comedor?
   ¿Subieron al dormitorio?

ITEM SUBSTITUTION

1. Ella me pidió que fuera a visitarle. *Repitan.*
    ――― nos ―――――――――――.
    ――― le ―――――――――――.
    ――― les ―――――――――――.

2. Yo temía que ella no volviera. *Repitan.*
    Parecía extraño ―――――――.
    Era una lástima ―――――――.
    ――――――――― viniera tarde.
    Le aconsejé ―――――――――.
    Querían ―――――――――――.
    ――――――――― la conociera.
    Yo esperaba ―――――――――.
    Era posible ―――――――――.
    ――――――――― lo hiciera.
    Mandaron ―――――――― .
    No estaba seguro ―――――――.
    ――――――――― lo creyera.
    Sentía mucho ―――――――――.
    Qué lástima ―――――――――.
    ――――――――― saliera temprano.
    Yo dudaba ――――――――――.
    No creía ――――――――――――.

The present perfect subjunctive

The present perfect subjunctive is formed by combining the present subjunctive of **haber** with the past participle.

haber

haya	hayamos
hayas	
haya	hayan

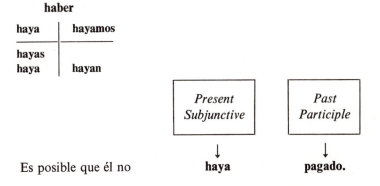

Es posible que él no   **haya**   **pagado.**

The present perfect subjunctive in Spanish is used for meanings corresponding to the English present perfect or past.

Es posible que haya pagado. (*It is possible that he has paid.*)

Es posible que no pagara. (*It is possible that he has not paid.*)

In the second example above, one views the event as taking place in the remote past with no connection to the present time.

ITEM SUBSTITUTION

1. Cuánto me alegro que **Ud.** haya venido.   *Repitan.*

    él, María, ellos, Uds., tú

2. Siento que **Ud.** no haya venido ayer.   *Repitan.*

    él, María, ellos, nosotros, ella

The pluperfect subjunctive

The pluperfect subjunctive is formed by combining the imperfect subjunctive of **haber** with the past participle.

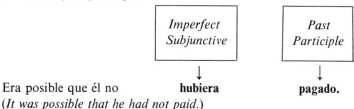

Era posible que él no **hubiera pagado.**
(*It was possible that he had not paid.*)

When the "*if*" clause is in the pluperfect subjunctive, the "*result*" clause must be in the conditional perfect.

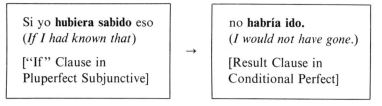

PATTERNED RESPONSE

Teacher: Si Ud. hubiese tenido el dinero, ¿se lo habría dado?
Student: Sí, si yo hubiese tenido el dinero se lo habría dado.

    el libro   la carta
    el boleto   la Biblia

The subjunctive in the "if" clause

"If" clauses that are contrary to fact or expectation require the imperfect subjunctive (or the pluperfect subjunctive). The result clause will be in the conditional (or the conditional perfect).

Si **fuera** rico (*If he were rich*) ["If" Clause in Imperfect Subjunctive]	→	**tendría** muchos amigos. (*he would have a lot of friends.*) [Result Clause in Conditional]
Si no **hubiera comido** tanto (*If he hadn't eaten so much*) ["If" Clause in Pluperfect Subjunctive]	→	no se **habría enfermado**.* (*he wouldn't have gotten sick.*) [Result Clause in Conditional Perfect]
Si yo **tuviera** dinero (*If I had money*) ["If" Clause in Imperfect Subjunctive]	→	**compraría** una casa. (*I would buy a house.*) [Result Clause in Conditional]
Si **hubiera salido** temprano (*If I had left early*) ["If" Clause in Pluperfect Subjunctive]	→	**habría llegado** a tiempo.* (*I would have arrived on time.*) [Result Clause in Conditional Perfect]

---

* Another alternative in this case is the use of the **-ra** form of the subjunctive in the result clause: Si no hubiera comido tanto no se **hubiera enfermado.**

"If" clauses that are not contrary to fact or expectation require the indicative.

>Si **estudia** no tiene por qué preocuparse.
>(*If he studies he has no cause to worry.*)
>
>Si **ha sido** bueno tiene muchos amigos.
>(*If he has been good he has many friends.*)
>
>Si **está** enfermo no podrá venir.
>(*If he is sick he won't be able to come.*)
>
>Si **salió** temprano llegará a tiempo.
>(*If he has left early he will arrive on time.*)

Compare the following pairs.

>Si él **viene** a las cinco comeremos temprano.
>Si él **viniera** a las cinco comeríamos temprano.
>
>Yo **me sentiré** muy honrado si me invitan a hablar.
>Yo **me sentiría** muy honrado si me invitaran a hablar.
>
>Si **tuviera** tiempo iría.
>Si **tengo** tiempo iré.
>
>Si ella **pudiera** lo haría.
>Si ella **puede** lo hará.

PATTERNED RESPONSE

1. *Teacher:* ¿Qué hace Ud. si llueve?
   Student: Si llueve me quedo en casa.

   >tiene sueño / me acuesto
   >tiene hambre / como
   >está enfermo / voy a ver al médico
   >está cansado / descanso

2. *Teacher:* ¿Qué haría Ud. si lloviera?
   Student: Si lloviera me quedaría en casa.

   >tuviera sueño / me acostaría
   >tuviera hambre / comería
   >estuviera enfermo / iría a ver al médico

QUESTION–ANSWER

Teacher: ¿Qué haría Ud. si fuera rico?
Student: Si fuera rico iría a Las Vegas.

    si estuviera en México
    si no tuviera dinero
    si hablase francés
    si supiera todas las lecciones

PATTERNED RESPONSE

1. *Teacher:* Si saliera (saliese) ahora ¿a qué hora llegaría?
   Student: Si saliera (saliese) ahora llegaría a las diez.

   Si salieras ahora ¿a qué hora llegarías?
   Si saliéramos ahora ¿a qué hora llegaríamos?
   Si salieran Uds. ahora ¿a qué hora llegarían?
   Si saliera yo ahora ¿a qué hora llegaría?

2. *Teacher:* Si yo fuese (fuera) rico ¿qué podría hacer?
   Student: Si Ud. fuese rico podría viajar mucho.

   Si Ud. fuese rico ¿qué podría hacer?
   Si ellos fuesen ricos ¿qué podrían hacer?
   Si nosotros fuésemos ricos ¿qué podríamos hacer?
   Si mi padre fuese rico ¿qué podría hacer?
   Si tú fueses rico ¿qué podrías hacer?

3. *Teacher:* ¿Cómo se porta él?
   Student: Se porta como si estuviera enojado.

   ¿Cómo se portan ellos?
   ¿Cómo se porta María?
   ¿Cómo se portan las chicas?
   ¿Cómo se porta Pancho?
   ¿Cómo se portan mis amigos?

TENSE SUBSTITUTION

Teacher: Lo hace sin que nadie lo sepa.
Student: Lo hizo _____.

    Busco una casa que sea nueva.
    Buscaba _____.

Es posible que lo haga.
Era posible ———.

Si llueve no voy.
Si lloviera ———.

Entra sin que lo sepa yo.
Entró ———————.

No hay nadie que hable bien.
No había ——————.

Quiero que Ud. se lo diga.
Quería ——————.

¿Hay algo que le guste?
¿Había —————?

Lo haré con tal que Ud. lo haga también.
Lo haría ————————————.

Se lo doy si viene.
Se lo daría ———.

Controlled Conversation

1. Pregúntele a ——— acerca de los deportes de España.
    por qué aman tanto el fútbol.
    si temía que el Atlético perdiera.

2. Dígale a ——— que le explique lo que es un «hincha.»
    que le hable acerca de los energúmenos.
    que se levante temprano mañana.
    lo que habría hecho si hubiera tenido dinero.

Translation

1. Who wanted me to do it?
2. We told him to come early.
3. I'm very sorry he died.
4. Did he tell you to bring it here?
5. If I had known that I would have done it.
6. I'm so happy you've come.
7. If he works he has no cause to worry.

8. What would you do if it rained?
9. If I had eaten I wouldn't be hungry.
10. They wanted me to meet her.

Discussion Topic: Los deportes

1. ¿Te gusta más el fútbol europeo o el americano?
2. ¿Cuál es el más emocionante?
3. ¿Vas con frecuencia a los partidos de fútbol?
4. ¿Qué opinas acerca de los héroes de fútbol?
5. ¿Es grande el estadio de fútbol en tu pueblo?
6. ¿Estás practicando con un equipo de aficionados?
7. ¿Eres espectador o prefieres jugar?
8. ¿Vas a los toros?
9. ¿A dónde vas para pescar?
10. ¿Ganas más dinero de lo que ganan los atletas profesionales?

Useful Rejoinders

1. ¿Lo de quién?
2. ¿Estás en contra (favor) de?
3. Lo siento.
4. No estoy de acuerdo contigo.

Proverbs

1. Sustos y disgustos matan a muchos.
2. Reír con exceso, es señal de poco seso.
3. Lo que has de hacer una vez, medítalo diez.

Flamenco in Nerja.

UNIT 11

Diálogo

El embrujo gitano[1]

Coquito y Marianne son un matrimonio[2] francés. Después de su jubilación[3] pasaron a vivir a la Colonia Internacional de Biarritz. Ahora están de vacaciones en Granada. Llegaron el sábado. Hoy es domingo, día de canto y baile en Andalucía.[4]

MARIANNE — Coquito, con estos zapatos de fiesta apenas puedo andar por estas dichosas baldosas.[5]
COQUITO — Tú tienes toda la culpa. Insististe en que viniéramos al Sacramonte inmediatamente después del cóctel en el hotel.
MARIANNE — Sí, nos hubiéramos cambiado,[6] pero yo quería llegar temprano.
COQUITO — ¿Para qué?, si no comienza nada hasta las once.
MARIANNE — Bueno, de todos modos dicen que aquí en las cuevas del Sacramonte se ve el flamenco en su más puro estilo.
COQUITO — De acuerdo. Mira, aquí tienes un auténtico tablao,[7] «El Niño Cantaor.»[8]

---

[1] **embrujo gitano**   gypsy bewitchment, enchantment, charm
[2] **matrimonio**   married couple
[3] **jubilación**   retirement
[4] **Andalucía**   region in southern Spain divided into the eight provinces of Huelva, Cádiz, Sevilla, Málaga, Almería, Granada, Jaén, and Córdoba
[5] **dichosas baldosas**   darned (blessed) cobblestones
[6] **nos hubiéramos cambiado**   we should have changed (clothes)
[7] **tablao**   from **tablado**, a school of flamenco songs and dances
[8] **cantaor**   Andalusian version of **cantador**. Commonly, the intervocalic "d" is dropped between the vowels "a" and "o."

MARIANNE — ¿Niño? ¡Ay!, líbrame de niños que cantan.
COQUITO — No, pero si niño y niña en Andalucía es exactamente como decir hombre y mujer.
MARIANNE — Pues, llámame desde ahora niña que me hace mucha ilusión.[9]
COQUITO — Entremos.
MARIANNE — ¡Qué coloradote[10] está todo! Hasta este ambiente[11] tiene ya embrujo.

Salen al escenario los artistas. Se sientan y luego empiezan a sonar las guitarras en tono menor.[12] Una mujer gorda y simpática que parece dirigir el grupo anima el baile con sus piropos. «¡Olé,[13] mi cantaor! ¡Por tu gracia mi alma! ¡Ese muchacho no tiene novia!»

COQUITO — Escucha esa guitarra. ¡Eso sí que es lamento gitano!
MARIANNE — Mira ese bailarín de la faja[14] azul. Tiene un ensueño[15] trágico. Parece que todos están quedando electrizados.
COQUITO — Tú eres la que estás quedando electrizada. Y por ese pobre bailarín paliducho.[16]
MARIANNE — Mira como gira y se vuelve y abre los brazos. ¡Y qué taconeo![17]
COQUITO — ¡Embrujo gitano! Pero, ¿por qué se acerca tanto? Mira, te va a entregar un clavel.
MARIANNE — ¿Por qué mi garganta está seca, Coquito? ¿Es esto emoción?
COQUITO — ¡Ay, ahora sí! ¡Qué guapas esas bailarinas! Sus dedos dibujan señales misteriosas en el aire. ¡Qué garbo![18] ¡Qué salero![19] ¡Olé!
MARIANNE — ¡Cómo canta mi bailarín de la faja azul!
COQUITO — A ver si yo lo hago igual sin respirar. ¡Ajaiiiiiiiiiiiii!
MARIANNE — Coquito, que eso no es cante jondo.[20]
COQUITO — Vámonos, vámonos que este ambiente es demasiado emocionante para nuestros años.

---

[9] **que me hace mucha ilusión** (for) it flatters me
[10] **coloradote** really red
[11] **ambiente** atmosphere (referring to surroundings)
[12] **tono menor** minor key
[13] **olé** bravo, well done; sometimes without accent (**ole**)
[14] **faja** sash
[15] **ensueño** enchantment
[16] **paliducho** pale, pale-faced
[17] **taconeo** tapping the floor with the heels
[18] **¡Qué garbo!** What elegance!
[19] **¡Qué salero!** (*colloq.*) How graceful!
[20] **cante jondo** *lit.,* "deep song" (deeply felt) expressing the tragedy and anguish of life

Cultural Note

FLAMENCO SONG AND DANCE   Another uniquely fascinating and captivating facet of Spanish folk art is the flamenco song and dance. Many theories have been advanced to give adequate explanation of the use of the word "flamenco," but actually no one seems to have been able to say with any certainty why the popular songs and dances of Andalusia should be called "flamenco." All are of Andalusian origin and usually are sung and danced with greater authenticity by Andalusians. Gypsies also sing and dance them, but with their own distinctive style.

Andalusian dances and songs can be arbitrarily divided into: *Cante chico* and *Cante jondo*. *Cante chico*, flamenco proper, is always profound, but generally more cheerful and less tragic than *Cante jondo*. *Cante chico* includes *malagueñas, peteneras, alegrías, fandangos, sevillanas,* etc. *Cante jondo* is pure song, expressing the tragedy and anguish of life with a tormented spontaneity that is difficult to perform, and sometimes to understand. It includes *soleares, gitanas, martinete,* etc. There are very few *cantaores* (flamenco singers) who really know how to sing *Cante jondo* in its original purity.

The flamenco troupe (*Cuadro flamenco*) is ordinarily composed of *cantaores* (singers), *bailaores* and *bailaoras* (male and female dancers), *tocaores* (guitarists) and *jaleadores* (those who clap the rhythm). The *jaleadores* are indispensable, for their clapping creates the "son" or background rhythm, while their "olés" and other exclamations of enthusiastic approval animate the singers and dancers.

It is important to know how to listen to flamenco. At first, it may sound noisy, but followed more carefully, it becomes easier to appreciate the deep, intense human message conveyed by the performers. And one does quickly become an *aficionado*.

DIALOG ADAPTATION

1. ¿Por qué está en Andalucía el matrimonio francés?
2. ¿Qué quiere decir «jubilación?»
3. ¿En qué parte de España está Granada?
4. ¿Qué es el flamenco?
5. ¿Por qué es que en Granada se ve el flamenco en su más puro estilo?
6. ¿Qué es un tablao?
7. ¿Por qué quiere Marianne que su marido le llame niña?
8. ¿Cómo expresan los artistas el lamento gitano?
9. Parece que Coquito tiene celos. ¿Por qué?
10. ¿Qué es lo que más le gustó a Coquito?

Use of the definite article

NO ARTICLE USED	ARTICLE USED
With a noun as a label	*With a noun referring to a unique entity*
Estos son **zapatos de fiesta.** Hoy es **domingo.** Mañana será **sábado.** Hoy es **día de fiesta.**	**Los zapatos** de Luís se perdieron. Voy al partido **el domingo.** **Los sabádos** está cerrada la tienda. No trabajamos **los días de fiesta.**

When the noun functions as a label, that is, when it puts the subject into a general class after **ser**, no article is used. When the noun refers to a unique entity, the article is required. Note the use of the article in Spanish as the equivalent of "on" with the day of the week (on Saturdays = **los sábados**) and in the expression "on holidays" = **los días de fiesta.**

ITEM SUBSTITUTION

1. Hoy es lunes. *Repitan.*
   _____ martes.
   _____ miércoles.
   _____ jueves.
   _____ viernes.
   _____ sábado.
   _____ domingo.

2. Él viene el martes. *Repitan.*
   _____ miércoles.
   _____ jueves.
   _____ viernes.
   _____ sábado.
   _____ domingo.
   _____ lunes.

3. La tienda está cerrada los sábados. *Repitan.*
   _____ domingos.
   _____ días de fiesta.
   _____ martes.
   _____ lunes.

TRANSLATION DRILL

Teacher: Today is Monday.
Student: Hoy es lunes.

>Yesterday was Tuesday.
>He comes on Sundays.
>Today is Friday.
>They arrived on Saturday.
>The store is closed on holidays.
>These are party shoes (*zapatos de fiesta*).

The definite article with titles

ARTICLE USED WITH TITLES	NO ARTICLE USED WITH TITLES
When speaking about a person	*When speaking to a person*
El señor Lopez canta bien. ¿No vino **la señora Gómez**? **El doctor Ávila** ya llegó.	Buenos días, **señor López**. ¿Cómo está usted, **señora Gómez**? Encantado de conocerle, **doctor Ávila**.

The article is a third-person form and is used when speaking about a person. The person addressed is second-person.

The titles **san**, **santo**, **santa**, **don**, and **doña** used with a person's first name never take an article.

>Don Ernesto no vino.
>Hola, doña Carmen.
>San Pedro fue un apóstol.

TRANSLATION DRILL

Teacher: President Gómez speaks English.
Student: El Presidente Gómez habla inglés.

>Mr. Sánchez knows also.
>See you later, don Carlos.
>Doctor López is very intelligent.
>How are you, Mr. Fuentes?

>Good morning, Miss García.
>There is President Gómez.
>Where is Mrs. Gómez?
>Hello, doña Carmen.

The definite article with all of a "set" or a "whole"

NO ARTICLE USED	ARTICLE USED
With nouns referring to some, any, or part of the whole	*With nouns referring to a set, all of a thing, or all of a whole*
Estoy loco de tristeza.	**La tristeza es una enfermedad.**
Mi tío pidió justicia.	**La justicia es ciega.**
No quiero comer arroz.	**El arroz es delicioso.**
No hay suficientes abogados.	**Los abogados son astutos.**
Me gustaría conocer más gente.	**La gente es buena.**

When referring to some, any, or part of the whole, the definite article is not used.

When referring to a set of things, all of a thing, or all of a whole, the definite article is used.

"All" of a set may be expressed:

1. With **todo, -a, -os, -as,** plus the definite article.

    Todas las mujeres son coquetas, or

2. With the article alone.

    Las mujeres son coquetas.

Both "all" and "every," when used in a general sense, may be expressed with **todo, -a** plus a noun.

Toda mujer es coqueta.
(*All women are coquettes.*)
(*Every woman is a coquette.*)

3. The adjective **cada** (*each*) cannot be nominalized. Nominalization is accomplished by adding the indefinite **uno.**

    Cada uno tiene su libro.
    (*Each one has his book.*)

    Cada una de las muchachas trajo algo.
    (*Each one of the girls brought something.*)

4. The article is used with the name of a language except directly after **hablar**, **de** and **en**.

>Los estudiantes **hablan español**. (*The students speak Spanish*.)
>Es el tercer año **de español**. (*It's the third year of Spanish*.)
>Él está adelantado **en español**. (*He is ahead [precocious] in Spanish*.)

Translation

1. I spoke to each one of the boys.
2. Each of the women received a letter.
3. Each one has his moment.
4. The teacher taught each of us to read.
5. Every war is destructive.
6. All men are important.
7. Every man is complicated.
8. All food is expensive.
9. Every language is difficult.
10. All children are innocent.
11. Spanish is interesting.
12. I don't speak Spanish at home.

PATTERNED RESPONSE

1. *Teacher:* ¿No come usted carne?
   Student: Sí, la carne es buena.

   ¿No toma Ud. leche?
   ¿No come Ud. tomates?
   ¿No toma Ud. vino?
   ¿No come Ud. papas?
   ¿No toma Ud. agua?
   ¿No come Ud. cebollas?

2. *Teacher:* ¿Le gusta estudiar geografía?
   Student: Sí, la geografía es muy interesante.

   ¿Sabe Ud. ruso?
   ¿Habla Ud. español?
   ¿Baila Ud. flamenco?
   ¿Canta Ud. cante jondo?
   ¿Estudia Ud. matemáticas?
   ¿Prefiere Ud. hablar inglés?

Translation

1. Russian is difficult.
2. Love is magnificent.
3. Ideas are important.
4. I drink lots of milk.
5. Money is necessary.
6. People are interesting.
7. I need more money.
8. Winter is sad.
9. I love sciences.
10. Doctors are intelligent.

PATTERNED RESPONSE

Teacher: ¿Hacen falta más abogados?
Student: Sí, los abogados son necesarios.

¿Hacen falta más mujeres?
¿Hacen falta más libros?
¿Hacen falta más escuelas?
¿Hacen falta más estudiantes?
¿Hacen falta más maestros?

Translation

1. Horses are useful.
2. We need more schools.
3. Colleges are important.
4. Children are innocent.
5. Cars are not necessary.

Todos as equivalent of "all of us, you, them"

Todos + *a Pronoun*

Todos nosotros vamos. (*All of us are going.*)
Todos Uds. pueden hacerlo. (*All of you can do it.*)
Todos ellos vinieron. (*All of them came.*)

Notice that the equivalent of **todo** is "all of" in English and that **de** is not necessary in Spanish.

ITEM SUBSTITUTION

Todos Uds. vienen a la fiesta.   *Repitan.*
_____ ellos _____.
_____ nosotros _____.
_____ ellas _____.
_____ Uds. _____.
_____ nosotras _____.

Translation

1. All of you are invited.
2. All of them are coming.
3. All of us greet you.
4. All of you can do it.
5. All of us are going.
6. All of them went.

The neuter article *lo*: nominalization with adjectives

The neuter article **lo** is used to nominalize an adjective that does not refer to a known noun. The English equivalent usually adds a word such as "part," "thing," "side," or "aspect."

    lo malo de eso   (*the bad part about that*)
    lo bueno de mi familia   (*the good thing about my family*)
    lo único que sé   (*the only thing I know*)
    Lo principal es no reír.   (*The main thing is not to laugh.*)
    Lo mejor de esta universidad es la comida.   (*The best thing about this university is the food.*)
    Lo más inútil de esta clase es . . .   (*The most useless aspect of this class is . . .*)

Translation

1. The sad part about that . . .
2. The important thing about my father . . .
3. The impossible part about him is . . .

4. The worst side of my classes . . .
5. The ridiculous part of . . .
6. That's the complicated part of . . .
7. The worst aspect of my work is . . .
8. That's the best part about . . .
9. That's the interesting part about . . .
10. The difficult thing about that is . . .

The neuter article *lo* : nominalization with prepositional phrases

The neuter article **lo** is used to nominalize prepositional phrases with **de**. The English equivalent includes "the matter," "the business," "the affair," "the stuff," etc.

Lo de María no interesa. (*That business of Mary is of no interest.*)
Lo de Juan no importa. (*That affair of John does not matter.*)
Todo eso es lo de papá. (*All this is father's concern.*)

The neuter article is also used to nominalize possessives with **de**. The English equivalent has "what is" or "part."

Lo mío es mío. (*What is mine is mine.*)
Lo de Juan no es de usted. (*John's part is not yours.*)

Translation

1. Last night's business was horrible.
2. Your part is difficult.
3. That stuff about the students is ridiculous.
4. John's affair is worse.
5. That matter about Mary is interesting.
6. That is the teacher's concern.
7. That is your affair.
8. That business about him is worse.
9. What is ours is ours.
10. That stuff about flamenco is true.

The neuter article *lo* : nominalization with an adjective clause

An adjective clause introduced by **que** may be nominalized with the neuter article **lo**. Since it is neuter, **lo** does not refer to any previously mentioned specific noun.

Compare:
>   1. **Lo que enseña es interesante.**
>   (*What* [*that which*] *he teaches is interesting.*)

In this sentence **lo** does not refer to any specific noun already mentioned.

>   2. **Mi entrenamiento y el que ella recibió son distintos.**
>   (*My training and that which she received are different.*)

In this sentence **el** or *that which* refers to "training," a specific noun already mentioned. Therefore, **el** rather than **lo** is used for nominalization.

Indicate whether **lo** *or* **el** *should be used for nominalization in the following sentences:*

1. Say what you believe.
2. The old snow and that which just fell . . .
3. That is what I said.
4. What you have is enough.
5. What he suggested is good.
6. We have lost what we gained.
7. The steak he ate is what I paid for.
8. What he doesn't know won't hurt him.
9. That which you have spent is gone.
10. This is what happened.

Use of the indefinite article

When identification by class alone is intended, the indefinite article is not used after the verb **ser**. However, when something exceptional (rather than a label) is intended, **un** is required.

>   Mi padre es profesor.   (*Identification of a profession*)
>   Mi padre es **un** profesor.   (*Calling attention to the fact*)
>   Mi padre es **un** buen profesor. (*Description with a modifier*)

ITEM SUBSTITUTION

1. El señor Vázquez es filósofo.   *Repitan.*
   _____ médico
   _____ abogado.
   _____ español.
   _____ profesor.

_____ pintor.
_____ autor.
_____ carpintero.
_____ dentista.
_____ agricultor.

2. Mi hermano es un filósofo.   *Repitan.*
_____ médico.
_____ abogado.
_____ español.
_____ profesor.
_____ pintor.
_____ autor.
_____ carpintero.
_____ dentista.
_____ agricultor.

3. El joven Martínez es un estudiante bueno.   *Repitan.*
_____ trabajador _____.
_____ policía _____.
_____ ingeniero _____.
_____ arquitecto _____.
_____ periodista _____.
_____ pianista _____.
_____ general _____.

Controlled Conversation

Pregúntele a _____ si conoce a alguien que baile el flamenco.
si tiene la cara sucia.
qué día es hoy.
por qué no trabaja los domingos.
si toda mujer es coqueta.
cómo se llama el ama de casa.
si se le olvidó traer el libro.
si está adelantado en español.
si sabe lo del asesinato.
si su hermano es un buen ingeniero.

Translation

1. Yes, but he is a doctor.
2. Her hair was black and her eyes were blue, and to tell the truth, she was rather attractive.

3. Today is Friday, so I won't be here on Saturday.
4. Didn't you know? He is an actor.
5. This business of every person being perfect is pure fantasy.
6. You think that money is the most important thing in the world.
7. Well, at least he's a good worker.
8. The best part of it is that it's over.
9. Mr. Gómez is coming Sunday.
10. There is a *tablao de flamenco* every night.

Discussion Topic: El baile flamenco

1. ¿Tú has visto un tabla de flamenco?
2. ¿Conoces Andalucía?
3. ¿En qué parte de España queda?
4. ¿Conoces un gitano?
5. ¿Conoces a alguien en la clase que pueda describir un *tablao de flamenco*?
6. ¿Has visto bailar a José Greco?
7. ¿Te ha gustado?
8. ¿Sabes bailar un baile flamenco?
9. ¿Conoces a un guitarrista que toque bien el flamenco?
10. ¿No quieres tratar de hacer lo que hacen los "jaleadores?"

Useful Rejoinders

1. ¿Qué opinas acerca de . . . ?
2. Me ocurrió algo semejante, pero . . .
3. ¿Qué quieres decir?
4. Esto me recuerda un chiste.

Proverbs

1. Lo mío, mío, y lo tuyo, tuyo y mío.
2. Ya que la casa se quema, calentémonos.
3. Cuando está abierto el cajón el más honrado es ladrón.

A Madrid businessman reading his newspaper.

UNIT 12

Diálogo

La etiqueta española

Steve es un cabo[1] en la Fuerza Aérea de los Estados Unidos. Está asignado a Torrejón, base aérea cerca de Madrid. Va a visitar a su profesor de español, don Jaime, quien por supuesto conoce al dedillo[2] las costumbres e idiosincrasias de los españoles.

STEVE — ¡Qué contento estoy! ¡No puedo más de alegría![3]
DON JAIME — ¿Qué te pasa? ¿Por qué estás tan contento?
STEVE — Me han invitado a cenar en casa de los Sánchez.
DON JAIME — Un momento. Primero falta saber si va en serio. A veces la invitación es un simple cumplido.[4] No hay que aceptar hasta que insistan bastante.
STEVE — Pues ya insistieron. Anoche cuando llegué a la casa, estaban cenando y el señor Sánchez me dijo, «¿Usted gusta?»[5] y yo dije: «No, gracias.» ¿Qué tenía que decir?
DON JAIME — Hiciste bien. Esto de «¿Usted gusta?» no es una invitación seria para sentarse a la mesa. Es costumbre en estos casos decir: «¡Qué aproveche!,[6] muchas gracias.» O si es con una familia muy elegante uno puede declinar como lo hiciste.
STEVE — Después Luisa insistió mucho y su padre me invitó a que fuera mañana a cenar con la familia y otros invitados.
DON JAIME — Muy bien. Te felicito.[7] En España no es fácil que te inviten

---

[1] **cabo** corporal
[2] **conoce al dedillo** knows very well (*lit.,* knows to the little finger)
[3] **No puedo más de alegría.** I'm so happy I can't stand it.
[4] **un simple cumplido** a mere formality
[5] **¿Usted gusta?** an abbreviated form of **¿Usted gusta comer?** Would you like to eat?
[6] **¡Qué aproveche!** May you enjoy it!
[7] **Te felicito.** I congratulate you (fam. **tú**).

a cenar en casa. En todo caso, no te olvides de acudir puntualmente.[8] Eso es muy importante, y si quieres dejar una excelente impresión, tienes que mandar un ramo de flores[9] a la señora de Sánchez.

STEVE — Pero a mí me interesa más la hija. ¿Le mando flores a ella también?

DON JAIME — No hace falta ahora. Tienes que congraciarte[10] con los padres antes de nada.

STEVE — Yo creo que los Sánchez ya me consideran como uno de la familia.

DON JAIME — Desengáñate,[11] amigo. La sociedad española es mucho más formal que la americana. No te olvides que al entrar y salir de la casa tienes que saludar dando la mano a todos los presentes. El abrazo y las fuertes palmadas en la espalda[12] que verás a veces son para los grandes amigos o los que hace mucho tiempo no ven.

STEVE — Y bueno, ¿qué más? ¿Qué hago durante la cena? Voy a pasar vergüenza[13] con el español. A veces no les entiendo.

DON JAIME — Lo importante durante la cena es hablar poco y elogiar el menú.[14]

STEVE — Eso se lo digo a la señora también, ¿no?

DON JAIME — Sí, pero sin exagerar. El ama de casa[15] española es tan vanidosa[16] de sus habilidades como cualquier otra pero considera normal tratar a sus invitados a cuerpo de rey.[17]

STEVE — ¿Y después de la cena?

DON JAIME — A propósito. Después de la cena todos se van a poner a conversar. Puedes opinar sobre casi todos los temas pero ¡ojo con la política![18]

STEVE — ¿Qué hay con la política?

DON JAIME — Nosotros los españoles tenemos la costumbre de hablar mal del gobierno sea el que sea. En eso somos hipercríticos. Amamos a nuestro país «porque no nos gusta».[19] Pero al extranjero que se atreva[20]

---

[8] **acudir puntualmente** arrive on time
[9] **ramo de flores** bouquet of flowers
[10] **Tienes que congraciarte** You must get in the good graces of
[11] **desengáñate** don't deceive yourself
[12] **las fuertes palmadas en la espalda** strong slaps on the back
[13] **pasar vergüenza** to be embarrassed
[14] **elogiar el menú** praise the food
[15] **el ama de casa** the housewife
[16] **vanidosa** proud, vain
[17] **tratar ... a cuerpo de rey** treat royally
[18] **ojo con la política** be careful with politics
[19] **... porque no nos gusta** (We love our country) because we don't like it. Ironic Spanish saying indicating love but reserving the right to criticize.
[20] **que se atreva** who dares

a criticar nuestro gobierno somos capaces de[21] preguntarle que quién le ha dado vela en este entierro.[22]

STEVE — No tengo tanto miedo de los españoles. Tendrán sus cositas pero todos me parecen muy generosos y amables.

DON JAIME — ¡Ah! en cuanto a generosos sí lo somos. Otra cosa con la visita. Al despedirse en la puerta es posible que te digan: «Ha tomado usted posesión de su casa,» o mostrándote el piso dirán, «a su disposición.» Te advierto[23] que ésas son fórmulas de cumplido y no te autorizan a llevarte la hija de la casa.

STEVE — Algún día . . . quizás sí.

[21] **son capaces de**   they are apt to
[22] **quién le ha dado vela en este entierro**   who gave you the right to criticize (*lit.*, who gave you a candle in this funeral)
[23] **Te advierto**   I warn you (fam. **tú**)

Cultural Notes

1. BUSINESS HOURS   The usual office hours in Spain are from nine to one and from three to six. Most office workers go home for lunch and usually drop by a café *para "descansar"* before going back to work. Because of the hot climate during the summer months, *la siesta* is customary in the afternoon. Shops close at about one-thirty, reopen about two hours later and remain open until seven-thirty. However, the modern tempo has caught up with Spain. In cities like Madrid, Barcelona, and Bilbao this schedule is no longer rigidly adhered to. The Spaniard relishes the idea of a full night life and usually dines at ten or eleven in the evening.

2. EATING IN SPAIN   Breakfast (*desayuno*) is usually Continental-style with coffee and rolls, but it can also consist of *chocolate* and *churros*. A large lunch (*comida*) is served at two or three in the afternoon. Between lunch and dinner one enjoys an "afternoon" snack (*merienda*). Spaniards have a large dinner (*cena*) later in the evening. Many hotel dining rooms do not even open until nine-thirty. The usual time for the family to gather for their evening meal is ten-thirty. Spain prides itself in the unity of the family and this evening dinner together is a sacred hour.

DIALOG ADAPTATION

1. ¿Cómo hace uno para estar seguro que la invitación va en serio?
2. ¿Cuándo se dice «¡qué aproveche!»?
3. ¿Qué hace uno si quiere dejar una buena impresión con la señora de la casa?

4. Explíquese el uso del abrazo y las palmadas en España.
5. ¿Quién es el ama de casa?
6. ¿Qué quiere decir tratar a uno «a cuerpo de rey»?
7. ¿Qué hay con la política en España?
8. ¿Qué quiere decir «¿quién le ha dado vela en este entierro?»?
9. ¿Son generosos los españoles?
10. ¿En qué sentido es más formal la sociedad española que la americana?

¿Cuál? versus ¿qué?

¿**Qué**? asks for a definition or description.

>¿**Qué** es un cumplido?
>¿**Qué** cosa es ésta?
>¿**Qué** es un entierro?

¿**Cuál**? asks for an identification or a selection.

>¿**Cuál** es la capital del estado?
>¿**Cuál** es su religión?
>¿**Cuáles** son los malos?
>¿**Cuál** de nosotros será la víctima?

Both ¿**qué**? and ¿**cuál**? are used with a following noun.

Translation

1. What's a *vela*?
   What's a *piropo*?
   What's a *peso*?
   What's an *abrazo*?

2. What's the capital of Argentina?
   What's the plan?
   What's the date?
   What's the problem?

3. What is love?
   What is truth?
   What is literature?
   What is religion?

4. What's your telephone number?
   What's your name?
   What's your address?
   What's your idea?

QUESTION–ANSWER

1. ¿Cuál libro lee Ud.? *Contesten.*
   ¿Qué libro lee Ud.?

2. ¿Cuál religión practica ella?
   ¿Qué religión practica ella?

3. ¿Qué país representa él?
   ¿Cuál país representa él?

ITEM SUBSTITUTION

Choose **cuál** *or* **qué** *and ask the question to a classmate.*

1. ¿ _____ es la capital de este estado?
2. ¿ _____ es la fecha hoy?
3. ¿ _____ es tu libro; el verde o el azul?
4. ¿ _____ es un gaucho?
5. ¿ _____ es una siesta?
6. ¿ _____ es tu nombre?
7. ¿ _____ es tu profesor favorito?
8. ¿ _____ es un peso?
9. ¿ _____ es una fiesta?
10. ¿ _____ es un concierto?

Word order in exclamations

qué + *Noun* + **más** + *Adjective*
¡Qué libro más interesante!

qué + *Noun* + **tan** + *Adjective*
¡Qué niño tan precioso!

qué + *Adjective* + *Noun* + *Verb*
¡Qué mala suerte tuvimos!

Exclamations with **qué** may be formed in any of the combinations just given. **¡Vaya un!** is synonymous with **¡qué!** in this sense.

¡Vaya un muchacho!
¡Vaya una fiesta!

UNIT 12

TRANSLATION DRILL

Teacher: What a man!
Student: ¡Vaya un hombre! *or* ¡Qué hombre!

    What a party!   What a surprise! (*sorpresa*)
    What a night!   What a job!
    What an idea!   What a lesson!

¡**Cuánto**! used before a verb corresponds to the English "how (much)."

    ¡**Cuánto** me gustó la película!
    (*How* [*much*] *I liked the film!*)

    ¡**Cuánto** quería ir con ellos!
    (*How* [*much*] *I wanted to go with them!*)

ITEM SUBSTITUTION

1. ¡Qué libro más interesante!   *Repitan.*
   ¡—— historia ————!
   ¡—— día ————!
   ¡———————— aburrido!
   ¡—— clase ————!
   ¡———————— difícil!
   ¡—— lección ————!
   ¡—— muchacho ——!

2. ¡Qué niño tan precioso!   *Repitan.*
   ¡———————— inocente!
   ¡—— muchacha ——!
   ¡———————— alta!
   ¡—— edificio ——!
   ¡———————— moderno!
   ¡—— casa ————!
   ¡———————— fea!
   ¡—— escándalo ——!
   ¡———————— fantástico!

3. ¡Qué mala suerte tuvimos!   *Repitan.*
   ¡—— magnífica ————!
   ¡———— fiesta ————!
   ¡—— tremenda ————!
   ¡———— orquesta ——!

¡____ exótica _____!
¡_____ comida ____!
¡____ deliciosa _____!
¡_____ filete ____!
¡____ tierno _____!

Use of ¿de quién?

¿De quién? to inquire about a possessor.

¿De quién es este saco?	{ one coat / one possessor }
¿De quién son estos sacos?	{ several coats / one possessor }
¿De quiénes son estos sacos?	{ several coats / several possessors }

STRUCTURE SUBSTITUTION

Form questions about the possessor(s):

Teacher: Este saco es de Juan.
Student: ¿De quién es este saco?

Estas camisas son de ellos.
Este libro es de ella.
Aquellos libros son de los estudiantes.
Los discos son de María.
El coche verde es de mi papá.
Esos lápices son de Juan y María.
El sombrero es de Luís.
Las sillas son de mis padres.
Estos papeles son de Steve.
Estos libros son de don Jaime.

TRANSLATION DRILL

Teacher: Whose coat is this?
Student: ¿De quién es este saco?

Whose car is this?
Whose book is this?

Whose shirt is this?
Whose books are these?
Whose shirts are these?

Teacher: Whose are these hats?
Student: ¿De quiénes son estos sombreros?

Whose are those records?
Whose are those pictures?
Whose are those pencils?

Imperfect subjunctive in the adverbial clause

ITEM SUBSTITUTION

1. Voy a estudiar cuando vengan los finales. *Cambien.*
   Iba a estudiar _____.

2. Voy a desquitarme cuando tenga mi título.
   Iba a desquitarme _____.

3. Los invitará a su casa para que estudien.
   Los invitó _____.

4. El profesor exige mucha memorización para que aprendamos.
   El profesor exigió _____.

5. Steve va a esperar hasta que lo inviten.
   ____ iba a esperar _____.

6. Volverá hoy con tal que le den la noticia.
   Iba a volver _____.

7. Quiere terminar antes de que vuelva a su país.
   Quería _____.

8. Piensa Ud. esperar hasta que le digan.
   Pensaba Ud. _____.

9. No quiero cantar a menos que me acompañen.
   No quería _____.

10. Le voy a saludar antes de que me vaya.
    Le iba a saludar _____.

Imperfect subjunctive in the adverbial clause

PATTERNED RESPONSE

1. *Teacher:* No fue al mercado porque no se sentía bien.
   Student: Dijo que no iría a menos que se sintiera bien.

   No fue al concierto porque no tenía tiempo.
   No fue al centro porque Juan no le acompañaba.
   No fue al cine porque no le gustaba la película.
   No fue a las clases porque no estaba el profesor.
   No fue a nadar porque no había sol.

2. *Teacher:* Juan se fue y yo no lo vi.
   Student: Ud. quería verle antes de que se fuera.

   Luís salió y yo no estaba.
   Pedro se marchó y yo no me despedí.
   Don Jaime se acostó y yo no le hablé.
   Steve se casó y yo no lo saludé.
   Entró en el hospital y yo no lo vi.

3. *Teacher:* Ya lo terminó y no ha vuelto.
   Student: Dijo que volvería en cuanto terminara.

   Ya lo escribió y no ha vuelto.
   Ya lo pagó y no ha vuelto.
   Ya lo entregó y no ha vuelto.
   Ya lo hizo y no ha vuelto.
   Ya lo aprendió y no ha vuelto.

QUESTION–ANSWER

Use the imperfect subjunctive in your answers.

1. ¿Para qué los invitó a su casa?   *Contesten.*
2. ¿Hasta cuando pensaba usted visitarlo?
3. ¿Cuándo quería Ud. volver?
4. ¿Cuándo iba Ud. a decirle?
5. ¿Para qué les explicó tantas veces?

PATTERNED RESPONSE

1. *Teacher:* Ud. no los mira y ellos no le saludan.
   Student: Yo no les miraría aunque ellos me saludaran.

   Ud. no los acompaña y ellos no le piden.
   Ud. no los saluda y ellos no le hablan.

UNIT 12

                Ud. no les ayuda y ellos no le visitan.
                Ud. no les paga y ellos no le suplican.
                Ud. no les visita y ellos no le invitan.

2. *Teacher:*   Salí del cuarto y no me vieron.
   Student: ¿Como pudiste salir sin que te vieran?

                Pasé por la calle y no me molestaron.
                Les castigué y no me gritaron.
                Les hablé fuerte y no me tocaron.
                Les pedí dinero y no me insultaron.
                Les eché piedras y no me prestaron atención.

Controlled Conversation

Pregúntele a _____ cuál es el propósito de las flores.
                            qué es la alegría.
                            cuál es su partido político.
                            qué religión practica.
                            cuál camisa prefiere.
                            cuál es la capital de Cuba.
                            qué es un piropo.

Translation

1. What are your reasons?
2. What a beautiful meal!
3. Whose are these shirts?
4. I will wait until they invite me.
5. He said that as soon as he returned he would do it.
6. They said they would go provided we accompany them.
7. She never went unless she felt well.
8. Which are the bad ones?
9. Which is your sister?
10. They will do it before they leave.

Discussion Topic: Una invitación a comer

1. ¿Con qué frecuencia comes en casa de tu novio(a)?
2. ¿Es demasiado formal el ambiente?
3. ¿De qué hablan durante la comida?

4. ¿Qué llevas puesto?
5. ¿De qué consiste la comida?
6. ¿Siempre hay criadas que sirven la comida?
7. ¿Siempre están presentes los padres?
8. ¿Le invitas a tu novio(a) a comer en tu casa?
9. ¿A qué hora, por lo general, es la hora de comer?
10. ¿Te parece una buena idea aceptar una invitación a comer en la casa de tu novio(a)?

Useful Rejoinders

1. ¿Quién sabe?
2. Dinos lo que piensas de esto.
3. No comprendo lo que dijiste.
4. A la verdad, no me importa tanto.

Proverbs

1. Por ti al infierno iré; pero prestarte dinero, no te lo prestaré.
2. Más cerca están mis dientes que mis parientes.
3. En el hombre prudencia, en la mujer paciencia.

Enjoying the *paseo*.

UNIT 13

Diálogo

Paseos y pasatiempos

El profesor Daniel Shields, catedrático[1] de literatura española contemporánea en Michigan State, está en España otra vez para pasar el año sabático. Están con él su encantadora esposa doña Ester y Margo, la hija mayor. Se encuentran los Shields en la calle con su amigo don Paco Severio, un famoso pintor de arte moderno.

D. Daniel — ¡Qué alegría de verle, don Paco! ¿Qué se cuenta?
D. Paco — ¡Ay, don Daniel — tanto tiempo sin vernos! ¿Cómo está, señora? Buenas tardes, señorita.
Doña Ester — Mucho gusto, señor Severio. Acabamos de visitar una exposición de cuadros suyos en el salón de arte moderno ahí en la plazuela.
Margo — Y son magníficos, señor Severio.
D. Paco — Es usted muy amable, señorita. ¿Se han divertido entonces?
Doña Ester — ¡Cómo no! Anduvimos de paseo esta tarde viendo los jardines y parques.
D. Paco — Irían a la Moncloa y Rosales, me imagino.
Doña Ester — Sí, pero de todos los paseos, mi favorito es el Retiro con su precioso estanque[2] y sus barquitos que la gente alquila[3] a la hora.
D. Paco — A mí me molestan los chiquitines con su barullo[4] y las mujeres con sus chismes[5] y algarabía.[6]
D. Daniel — A propósito, ¿cómo es que se ven tantas mujeres a todas horas en los parques?

[1] **catedrático** professor (holder of a *cátedra*, or chair)
[2] **estanque** pond or lake
[3] **alquila** rents
[4] **barullo** noise
[5] **chismes** gossip
[6] **algarabía** chatter

D. Paco — No se aflija.[7] Son buenas amas de casa.[8] Arreglan[9] la casa primero y luego salen al visiteo.[10] O dejan los labores de casa con una criada o asistenta.

D. Daniel — Y eso que ahora cuesta bastante caro una criada.

Margo — Lo que yo noté, señor Severio, es la elegancia de las personas que se pasean por la Avenida de José Antonio[11] de noche. Y hay mucha gente joven también.

D. Paco — Sí, los hombres y las mujeres se visten demasiado bien en Madrid. Y tienen que ver lo que pasa en los cines ahora. Hacen muy largos los entreactos[12] para que todos puedan admirarse mutuamente.

D. Daniel — Lo increíble es el gran número de hombres que frecuentan los bares y tabernas al terminar el trabajo.

D. Paco — Es cierto. Muchos salen tarde del trabajo pero siempre tienen tiempo para tomar su vino tinto[13] con gambas al ajillo.[14] Casi nadie llega a casa antes de las nueve de la noche.

D. Daniel — Mi esposa no soportaría nunca eso.[15]

Doña Ester — ¡Ay! y luego cenan tan tarde. Hay muchos que están todavía a la mesa a las diez o diez y media . . . y aun más tarde.

D. Daniel — ¿Y qué hace Ud., don Paco, para pasar el tiempo? ¿Todavía se reúne la famosa tertulia[16] de don Paco?

D. Paco — ¡Cómo no! La tertulia está un poco decaída[17] en estos días pero siempre estoy yo y nunca falta media docena de los viejos amigos. Ya van diez años que nos reunimos todas las tardes a las cuatro.

D. Daniel — ¿Así que es cierto que la tertulia no es tan importante en las grandes ciudades?

D. Paco — Mire, amigo Daniel. Será verdad para las nuevas generaciones pero lo que es para mí, yo sigo disfrutando[18] mucho de las deliciosas discusiones en el café.

D. Daniel — Yo siempre creí que la tertulia era una institución muy

---

[7] **No se aflija.** Don't worry.
[8] **amas de casa** housewives
[9] **Arreglan** they straighten up
[10] **visiteo** visit, converse, chat
[11] **la Avenida de José Antonio** the main street in Madrid
[12] **entreactos** intermissions
[13] **vino tinto** red table wine
[14] **gambas al ajillo** shrimp fried in olive oil with garlic
[15] **no soportaría . . . eso** would not put up with that
[16] **tertulia** conversation group (usually a circle of friends which meets fairly regularly for a casual get-together)
[17] **decaída** in decline
[18] **disfrutando** from **disfrutar**, to enjoy

importante en la vida social del país. Porque aquí sí que la conversación es un arte.

D. Paco — Quiero que todo el mundo sepa una cosa y es que a todos nos hace falta una hora en que desahogarse[19] y hablar a las claras.

D. Daniel — Y eso es posible sólo con los amigos de mucha confianza.

D. Paco — Es más; es una excelente oportunidad de escaparse del mundo de ficticias convenciones y soltar[20] las verdades que se lleva adentro.

D. Daniel — ¿Y los otros contertulios?[21] ¿Qué pasó con don Miguel el médico?

D. Paco — ¡Ah! sí. Se puso a quejarse de que la tertulia era una gran pérdida de tiempo y nos lanzó unos insultos a los artistas.

D. Daniel — No es cuestión de perder tiempo. Lo que hace falta es usar el tiempo para gozar plenamente[22] de la vida.

D. Paco — Bueno, el fútbol no me llama la atención ni los toros tampoco. Y los pueriles programas de televisión menos todavía.

D. Daniel — De acuerdo, don Paco, pero no me diga que ya renunció al paseo.

D. Paco — No, señor. Después de la tertulia es lo mejor que hay.

[19] **desahogarse** to revive oneself, catch one's breath, relax
[20] **soltar** let loose, let go
[21] **contertulios** those who take part in a **tertulia**
[22] **plenamente** fully

Cultural Notes

1. La Tertulia This is an age-old and enduring Spanish institution. In one form, often called a *pena*, it consists of a social group that meets regularly in a cafe. It is much like a club with no membership rules or fees, open to men only. The chairman presides from an ordinary table or from the corner of a bar counter. The men who are members of a *tertulia* gather together daily or weekly, according to their own arrangements. Upon arrival each takes his customary place. By custom the *tertulia* meets in early afternoon (after lunch), at night (after dinner), or on Sundays. The number of members is usually ten or twelve, but a quorum may consist of five or six. Hard drinks are rarely consumed; usually a cup of coffee and a glass of water provide enough refreshment to sustain the lengthy conversations that cover almost every conceivable subject. A *tertulia* is kept together by a common link, usually a joint interest.

The most famous *tertulias* are those which owe their origin and continuity to a famous literary personality or painter. Today there are still cafes in which for many years the memory of a great literary figure has been kept alive because of the *tertulia* he fostered and frequented.

2. EL PASEO Spain's beautiful cities lend themselves to the pleasures of the *paseo*. Perhaps in no other country do the people enjoy more fully a leisurely stroll through the parks and streets. A very common sight is two men, two women, or a man and a woman strolling leisurely along the avenues while engaging in pleasant conversation. An important part of the *paseo* and for that matter the Spanish way of life are the enticing sidewalk cafes which provide a pleasant place to meet and enjoy the company of one's friends.

DIALOG ADAPTATION

1. ¿Qué hace don Daniel y su familia en Madrid?
2. ¿Quién es don Paco?
3. ¿Qué han hecho para pasar el tiempo?
4. ¿Qué es el Retiro?
5. ¿Porqué no le gusta el Retiro a don Paco?
6. ¿Cómo pueden salir a pasearse tanto las mujeres de Madrid?
7. ¿Son buenas amas de casa?
8. En los Estados Unidos sólo los ricos tienen criadas. ¿Cómo es en España?
9. ¿Prefiere Ud. una criada o una máquina eléctrica para lavar los platos?
10. ¿A Ud. le gusta pasearse en los parques?
11. ¿Cree Ud. que su mamá lo soportaría si su papá fuera al bar todas las tardes?
12. ¿Qué son «gambas al ajillo»?
13. ¿A Ud. le gustan las gambas? ¿Y el vino?
14. ¿Cree Ud. que es una pérdida de tiempo conversar con los amigos un par de horas al día?
15. ¿Cuál es el pasatiempo favorito de Ud.?

Gender of nouns ending in -*ta* and -*ma*

el dentista	el programa
el comunista	el tema
el deportista	el emblema
el demócrata	el problema
el atleta	el drama
el maquinista	

The foregoing is a partial list of common words ending in -**ta** and -**ma** that take masculine articles and modifiers although they end in -**a**.

Note that **el día** and **el mapa** also take masculine articles although they end in -**a**.

ITEM SUBSTITUTION

1. Es un programa muy aburrido. *Repitan.*
   _____ tema _____.
   _____ malo.
   _____ complicado.
   _____ problema _____.
   _____ intrincado.
   _____ emblema _____.
   _____ sencillo.
   _____ sistema _____.
   _____ apropiado.
   _____ mapa _____.
   _____ detallado.

2. Juan es un comunista muy fanático. *Repitan.*
   _____ dedicado.
   _____ dentista _____.
   _____ bueno.
   _____ deportista _____.
   _____ altanero.
   _____ demócrata _____.
   _____ activo.
   _____ atleta _____.
   _____ ingenioso.
   _____ maquinista _____.

El with feminine nouns

Feminine nouns beginning with stressed **a** or **ha** require **el** rather than **la**.

>María es **el ama** de casa.
>El flamenco es **el alma** de España.
>No tome Ud. **el agua** del caño.
>Estos bizcochos matan **el hambre**.

Position of the descriptive adjectives

With a definite article the descriptive adjective precedes the noun modified when it indicates totality and follows it when it indicates partitiveness.

>TOTALITY
>
>**los pueriles programas de televisión**
>(*He thinks all of them are childish.*)

PARTITIVENESS

los programas pueriles de televisión
(*Not all of them are childish.*)

The function of position shows up more sharply when the thing described is unique.

la encantadora esposa de don Daniel
(*He has only one.*)

la esposa encantadora de Alí Baba
(*He has more than one.*)

Notice that numerals (**tercero, primero, dos, cuatro**) and limiting adjectives such as **unos, muchos, pocos,** precede the noun.

El **tercer libro** es mío.
Muchos hombres son industriosos.

An adjective which cannot describe all the qualities of its noun regularly follows the noun.

Soy una **profesora inglesa**.
Tengo muchos **problemas financieros**.

Don Paco tiene cuatro **camisas blancas**.
Me gustan los **animales domésticos**.

The position of certain adjectives may produce different meanings.

Es un **hombre pobre**.   (*lacks money*)
Es un **pobre hombre**.   (*pitiable*)

Es un **gran hombre**.   (*great*)
Es un **hombre muy grande**.   (*tall, large*)

With **bueno** the difference in position does not produce change in meaning.

Es un **buen estudiante**.
Es un **estudiante bueno**.

Indicate the difference in meaning between "a" and "b".

1. a. los viejos amigos de don Paco
   b. los amigos viejos de don Paco

2. a. el rico hermano de Elisa
   b. el hermano rico de Elisa

3. a. las blancas flores de su jardín
   b. las flores blancas de su jardín

4. a. Tengo un buen compañero.
   b. Tengo un compañero bueno.
5. a. Es una familia pobre.
   b. Es una pobre familia.
6. a. Las débiles mujeres no deben trabajar.
   b. Las mujeres débiles no deben trabajar.
7. a. Lincoln fue un buen presidente.
   b. Lincoln fue un presidente bueno.
8. a. Me interesan los caballos finos de la Argentina.
   b. Me interesan los finos caballos de la Argentina.
9. a. El retiro tiene un precioso estanque.
   b. El retiro tiene un estanque precioso.
10. a. las deliciosas discusiones de la tertulia
    b. las discusiones deliciosas de la tertulia

ITEM SUBSTITUTION

Aquí está tu viejo amigo de Segovia.   *Repitan.*
_____ excelente _____.
_____ primer _____.
_____ buen _____.
_____ gran _____.
_____ único _____.
_____ rico _____.

Spanish equivalents of English nouns modifying other nouns

Spanish uses a **de** phrase to show the relationship between two nouns, whereas, in English, the modifying noun precedes the one modified.

un libro **de** gramática   (*a grammar book*)
una clase **de** español   (*a Spanish class*)
una corbata **de** seda   (*a silk tie*)

TRANSLATION DRILL

Teacher: I want a silk tie.
Student: Quiero una corbata de seda.

Teacher: I want a cotton tie.
Student: Quiero una corbata de algodón.

Teacher: I want a wool tie.
Student: Quiero una corbata de lana.

He went to a student meeting.
He went to a student party.
He went to a farewell party.

Tell me your room number.
Tell me your house number.
Tell me your telephone number.

They served a fruit salad.
They served a vegetable salad.
They served a chicken salad.

Let's go to our Spanish class.
Let's go to our history class.
Let's go to our geography class.

They saw a horse race (*carrera*).
They saw a car race.
They saw a burro race.

I want to learn the Spanish language.
I want to learn the French language.
I want to learn the German language.

We need a car tire (*llanta*).
We need a truck tire.
We need a bus tire.

Diminutive and intensifying suffixes

The following suffixes are attached to many words, especially nouns and adjectives, and are widely used to express affection and disdain.

Spanish Suffix	Usual Implication
-ito -cito	Smallness (*affectionately*)
-illo	Affection
-ón (ona)	Largeness
-azo	Largeness (*disparagingly*)
-ote (ota)	Disparagement
-uco -ucho	Disparagement

Diminutive and intensifying suffixes

PATTERNED RESPONSE DRILL

1. *Teacher:* ¿Es su hijo?
   Student: Sí, es mi hijito favorito.

   ¿Es su perro?
   ¿Es su gato?
   ¿Es su chica?
   ¿Es su abuela?
   ¿Es su amigo?
   ¿Es su niña?

2. *Teacher:* ¿Le gusta este cuarto?
   Student: ¡Qué cuartito precioso!

   ¿Le gusta esta cama?
   ¿Le gusta este libro?
   ¿Le gusta esta cuchara?
   ¿Le gusta esta barca?
   ¿Le gustan estos zapatos?

3. *Teacher:* ¿Qué le parece esta luz?
   Student: Es una lucecita lindísima.

   ¿Qué le parece esta flor?
   ¿Qué le parece esta tarde?
   ¿Qué le parece este coche?
   ¿Qué le parece este traje?
   ¿Qué le parece este café?

4. *Teacher:* ¿Es fea la vaca?
   Student: Sí, es feucha.

   ¿Es mala la vaca?
   ¿Es flaca la vaca?
   ¿Es gorda la vaca?

5. *Teacher:* ¿Cómo es la mamá?
   Student: La mamacita es simpática.

   ¿Cómo es el hombre?
   ¿Cómo es el pobre?
   ¿Cómo es la mujer?

6. *Teacher:* ¿Es viejo el piano?
   Student: Es viejote.

   ¿Es grande el piano?
   ¿Es feo el piano?
   ¿Es malo el piano?

7. *Teacher:* Me hace falta un árbol pequeño.
   Student: Aquí tiene Ud. un arbolillo magnífico.

   Me hace falta un chico pequeño.
   Me hace falta un frasco pequeño.
   Me hace falta una ventana pequeña.

8. *Teacher:* ¿Quién lo hizo — Miguel?
   Student: Fue el Miguelito.

   ¿Quién lo hizo — Roberto?
   ¿Quién lo hizo — Ana?
   ¿Quién lo hizo — Juan?

Imperfect subjunctive in adjective clauses

STRUCTURE SUBSTITUTION

1. No hay nadie aquí que lo comprenda.   *Cambien.*
   No había _____.

2. No conozco a nadie que sepa hacerlo.
   No conocía _____.

3. Busco a alguien que pueda comprenderme.
   Buscaba _____.

4. Necesito a alguien que traiga la fórmula secreta.
   Necesitaba _____.

5. Debe haber alguien que se consagre a los enfermos.
   Debía _____.

6. No hay nadie que cumpla las órdenes.
   No había _____.

7. Quiero un animal que sea manso.
   Quería _____.

8. El millonario busca a alguien que vigile los proyectos.
   El millonario buscaba _____.

9. ¿Conoces a alguien que hable hebreo?
   ¿Conocías _____?

10. Quieren una persona que dirija el banco.
    Querían _____.

Controlled Conversation

Pregúntele a ———— si tiene un buen profesor de español.
　　　　　　　　si anduvo de paseo ayer.
　　　　　　　　por qué frecuentan los bares los hombres cuando salen del trabajo.
　　　　　　　　si conoce a algún muchacho simpático.
　　　　　　　　por qué son débiles las mujeres.
　　　　　　　　a qué hora cenan en su casa.
　　　　　　　　si cree que la conversación es un arte.

Translation

1. I want a wool tie.
2. There is no one who understands him.
3. He was a great man.
4. Beautiful girls are not always stupid.
5. There are no famous avenues in our town.
6. The program was very interesting.
7. His wife would never tolerate that.

Discussion Topic: El paseo

1. ¿Vas con frecuencia a pasear?
2. ¿Quién te acompaña?
3. ¿Vas a las montañas? ¿Por qué?
4. ¿Vas al lago? ¿Por qué?
5. ¿De qué hablas durante el paseo?
6. ¿Cuáles son las avenidas famosas de esta ciudad?
7. ¿Y en la ciudad de donde eres tú?
8. ¿Existe el equivalente de una tertulia en tu pueblo?
9. ¿Eres miembro?
10. ¿De qué se habla mientras están allí congregados?

Useful Rejoinders

1. Tú tienes derecho a este punto de vista, pero. . . .
2. Yo no soy de la misma opinión.
3. Esto me hace pensar en. . . .
4. Todo esto es nuevo para mí.

Proverbs

1. La vejez es fría, y la muerte más todavía.
2. Ese te quiere bien que te hace llorar.
3. Preguntando acá y allá, a todas partes se va.

Panorama of Jaén.

At the University of Barcelona.

UNIT 14

Diálogo

La vida artística española

Stan, un estudiante estadounidense, tiene mucho tiempo de estar en Madrid. Está platicando con su amigo, Rafael, un madrileño. Quiere que le acompañe a dar un paseo.

STAN — ¿Me acompañas, Rafael?
RAFAEL — Esta tarde no salgo. Quiero terminar este libro que estoy leyendo.
STAN — ¿Es otro de ingenieros?
RAFAEL — No, es un libro de poesías. ¿Te parece extraño[1] que un estudiante de ingeniería lea poesía?
STAN — No, pero, ¿vas a pasarte la tarde del domingo leyendo y nada más?
RAFAEL — ¿Por qué no? Los españoles jóvenes y viejos adoramos la literatura.
STAN — Déjame de literatura; a mí me espera Lolita.
RAFAEL — Creo que los estudiantes de España apreciamos más las bellas artes[2] que vosotros.
STAN — Es posible; nunca me interesó la literatura, aunque en California formé parte de[3] la orquesta sinfónica de la universidad.
RAFAEL — Excelente oportunidad. Aquí escuchamos buena música pero no tenemos nunca la ocasión[4] de formar parte de orquestas.
STAN — ¡Qué lástima! Bueno, entonces ¿no vienes?
RAFAEL — No, gracias. Este libro es precioso.
STAN — Muchas veces pienso que en vez de estudiar para ingeniero[5] como tú o para médico como Pedro, los españoles debíais dedicaros a la poesía o a la pintura. Sois más bien artistas.

[1] **¿Te parece extraño?** Does it seem strange to you?
[2] **las bellas artes** the fine arts
[3] **formar parte de** to belong to, be part of
[4] **tener la ocasión** to have the opportunity
[5] **estudiar para ingeniero** to study to be an engineer

Rafael — Soñadores,[6] mejor. Sinceramente nos llama mucho la atención el arte por el arte.[7] A propósito, ¿conoces el Escorial?
Stan — Pasamos por allí el otro día. ¡Qué magnífico monasterio! Debe haber costado millones.
Rafael — Lo que costara no importa tanto. Nuestro Rey el Prudente[8] al construir El Escorial pensaba dejar al mundo «un templo para Dios y mi sepulcro.»[9] Ese edificio es la expresión artística del alma de España, que mira hondo hacia el cielo.[10]
Stan — Bueno, quizás algún día voy a tener más tiempo para el arte. Antes de nada tengo que asegurar mi profesión para estar económicamente confortable. Quiero una buena casa, un par de coches, y una esposa bonita y amable.
Rafael — Yo quiero también todo eso. Sólo que no voy a esperar tanto para vivir feliz. El éxito en la vida no es tanto poseer bienes materiales[11] como disfrutar de las cosas buenas de la vida.
Stan — Mira, Rafael, a mí también me gusta el arte. Ya fui a Toledo, a vuestra ciudad museo.[12] He frecuentado el teatro para ver Don Juan Tenorio y otras obras clásicas. Y la semana pasada estuvimos viendo las pinturas del Museo del Prado.
Rafael — Muy bien; me alegro. Allí se ve la teología de la pintura.[13]
Stan — ¿La qué?
Rafael — Sí, hombre. Es lo mejor del mundo en pintura. Podría pasarme una semana entera admirando el cuadro «Las Meninas»[14] de Velázquez.
Stan — Bueno, yo prefiero El Greco pero no tengo ganas de pasarme una semana allí. ¿Sabes lo que me gustó más que la pintura? La zarzuela.
Rafael — Es otra expresión artística del alma de España.
Stan — Bueno, basta de arte, ya se me hace tarde para ir al baile con Lolita.

[6] **soñadores** dreamers
[7] **el arte por el arte** art for art's sake
[8] **nuestro Rey el Prudente** our wise king (King Philip II)
[9] **mi sepulcro** my sepulcher, grave
[10] **mira hondo hacia el cielo** looks deeply into the heavens
[11] **bienes materiales** material goods
[12] **ciudad museo** museum city
[13] **teología de la pintura** theology of painting
[14] **Las Meninas** young ladies at the service of royal children

Cultural Notes

1. THE ESCORIAL Between 1563 and 1584, Philip II commanded the building of a combined monastery and palace 32 miles from Madrid, the city he chose as his capital. The Escorial is decidedly geometric both in

detail and in the overall plan, imbuing it with a stern military spirit. The consistent use of classical, unadorned facades creates an architectural style known as Herreran, after Juan de Herrera, Spain's best known architect at that time. The assembly of buildings was planned to give the impression from the outside of being one unit. The complex which includes a monastery, a college, a church, and a palace with huge state apartments stands on a high, squarish site measuring 678 feet by 528 feet. The building's size is stunning. The simplicity of line, together with the unbroken, relentless yellowish-gray color of the granite, further emphasizes its size and austerity.

The total plan is basically a gridiron; this theme is said to have been chosen in honor of the iron grid on which the patron saint of the Escorial, St. Lawrence, was martyred by fire. Thus the towers rising from each of the four corners of the building complex represent the legs of the torture grid.

There are, in all, 16 courtyards, 1,110 exterior windows, 1,600 interior ones, 1,200 doors, and 86 stairways. Its appearance is grandiose, but monotonous and cold. A charming small palace, the *Casita del Príncipe*, is located in the gardens of the monastery.

2. PRADO MUSEUM The Prado, also called the National Museum of Painting and Sculpture, is housed in a building which was begun in 1785, under Charles III, and was completed under Ferdinand VII, from 1819 until 1830. Most of the paintings originate from the fine royal collections of Charles V and Philip II who enlisted the services of several of the foremost artists of their time; Philip IV, the patron of Velázquez; and finally Philip V and Charles III who did so much to beautify Madrid.

In 1819 Ferdinand VII gathered together the paintings, which until then had been in the palaces of Madrid and other royal residences, and established the Real Museo de Pintura del Prado. Queen Isabella II, his daughter, had some of the canvases from the Escorial transported to the Royal Museum. In 1840 a former convent of the Trinity, which housed the paintings from the religious houses of Madrid, Toledo, Ávila, and Segovia (closed in 1836), was annexed to the Royal Museum. Later this museum was abolished and its paintings added to the collection in the Prado, which became a National Museum in 1868.

Today the Prado Museum with more than 2,500 paintings is one of the richest art museums in Europe. Its collections provide a comprehensive picture of Spanish painting, particularly of the time when it flourished most. It includes many characteristic works of such Spanish masters as Ribera, Murillo, El Greco, Goya, and almost all of the best paintings of Velázquez.

The Prado is also famous for several valuable Flemish works, paintings by Titian and Tintoretto of the Venetian school, examples from other Italian schools including Fra Angelico, Botticelli, and Raphael, and canvases from the French, Dutch, and German schools.

Included also are a fine collection of drawings, some pieces of sculpture of exceptional value (The Lady of Elche), furniture, tapestries, coins, and medals which complete this extraordinary accumulation of artistic wealth.

3. THE ZARZUELA   In Spain, as elsewhere, the 17th century saw the birth of opera as it is known today. For some time the theater had made use of musical interludes. In 1629 the first authentic Spanish musical melodrama made its appearance: *The Loveless Wood*, with lyrics by Lope de Vega. Calderón de la Barca is also credited in some respects with the birth of the *zarzuela*, a kind of musical play in which song and dance alternate with passages of dialogue.

The success of the *zarzuela* continued into the following centuries. The credit for combining the *zarzuela* with the stylized elements of local color must go to Ramón de la Cruz. The *zarzuela* was opera in its lighter form.

La Zarzuela, a small palace built by the Cardinal Infante D. Fernando, Governor of Flanders, for the courtiers of Charles IV is located near Madrid. Here, in the 17th century, the first Spanish operettas, known since then as *zarzuelas*, were performed.

DIALOG ADAPTATION

1. ¿Cuánto tiempo tiene Stan de estar en Madrid?
2. ¿Conoce Ud. Madrid?
3. ¿Qué quiere Stan que su amigo, Rafael, haga?
4. Rafael no va a salir. ¿Por qué?
5. ¿Es verdad que los estudiantes españoles aprecian más las bellas artes que los estudiantes norteamericanos?
6. ¿A Ud. le interesa la literatura?
7. ¿Visita Ud. con frecuencia los museos de arte?
8. ¿Qué es el Escorial?
9. ¿Qué es el Prado?
10. ¿Cuál de los museos de arte le gusta más?

Ser and *estar* in combinations with *de*

A. **Ser** is used with **de** to indicate:

  1. Geographic origin: **Stan es de los Estados Unidos.**
  2. Ownership: **El libro es de Rafael.**
  3. Material of which something is made or composed: **La mesa es de madera.**

B. **Estar** is used with **de** only when the prepositional phrase is adverbial.

  Está de pie.   **Está allí de estudiante.**

Ser and estar in combinations with a locative preposition or adverb

A. **Estar** is used with a locative preposition or adverb to indicate the position or location of something or someone.

> **Stan está en Madrid.**
> **El libro está en la mesa.**

B. **Ser** is used with a locative preposition or adverb to indicate:

1. The place where an event takes place.

   > **La reunión** (*an event*) **será aquí.**
   > **El baile será en la plaza.**

2. The time or the order of events.

   > **La cena será a las ocho.**
   > **El discurso será mañana.**
   > **El baile será después del cine.**

C. **Ser** used with an adverb.

> **¿Sabe Ud. dónde es? — ¿Sabe Ud. cuál es?**
> **Sí, aquí es. — Sí, es ésta.**
> **Aquí es mi casa. — Ésta es mi casa.**

In this case the adverbs **donde** and **aquí** are in a sense nominalized.

Ser in combination with nouns and predicate nouns

Ser is used with a noun or a predicate noun to link or associate it with the subject.

> **Rafael es ingeniero.**
> **Carlos es católico.**

Estar in combination with a present participle

Estar combines with the present participle to form the progressive.

> **Stan estaba llorando.**
> **Stan está corriendo.**
> **A las ocho estará trabajando.**

ITEM SUBSTITUTION

Substitute the appropriate form of **ser** *or* **estar**.

1. Stan es estudiante.   *Repitan.*
   _____ en Madrid.
   _____ en Madrid de estudiante.
   _____ de California.
   _____ de pie.
   _____ norteamericano.
   _____ un buen muchacho.

2. Rafael será ingeniero.   *Repitan.*
   Rafael _____ aquí a las ocho.
   La reunión _____ aquí a las ocho.
   El baile _____ allí.
   Rafael _____ allí.
   Stan _____ estudiando.
   Su papá _____ en California.
   Rafael _____ aquí.
   Es discurso _____ aquí.

3. Las sillas están en el comedor.   *Repitan.*
   Las sillas _____ de madera.
   Rafael _____ en la cocina.
   La mesa _____ en la cocina.
   La mesa _____ del señor Gómez.
   La silla _____ de plástico.
   Stan _____ de California.
   Stan _____ estudiante.

QUESTION–ANSWER

1. ¿Qué hora es?   *Contesten.*
2. ¿Quién es ese muchacho rubio?
3. ¿De quién es ese libro?
4. ¿Es grande esta ciudad?
5. ¿De dónde es Ud.?
6. ¿Es Ud. católico?
7. ¿Es de madera o de ladrillos su casa?
8. ¿Están aquí todos los estudiantes?
9. ¿Qué está haciendo Ud.?
10. ¿Está abierta la puerta?
11. ¿Está Ud. listo para salir?

12. ¿Está Ud. seguro que ella no está en casa?
13. ¿Qué está haciendo el profesor?
14. ¿Está muy fría el agua?

Practice the following pairs of questions and answers, paying particular attention to the contrasted usage of **ser** *and* **estar**.

1. ¿Está mi hermano?   No, no está.
   ¿Quién es su hermano? Es el señor López.

2. ¿Está mi compañera?   No, no está.
   ¿Quién es su compañera? Es la señorita García.

3. ¿Está mi papá?   No, no está.
   ¿Quién es su papá? Es el señor Gómez.

4. ¿Está mi amigo?   No, no está.
   ¿Quién es su amigo? Es Juan Aranda.

5. ¿Está mi tía?   No, no está.
   ¿Quién es su tía? Es la señora de Blanco.

Translation

1. What's this chair made of?
2. These are Mary's shoes.
3. Is your father home?
4. Where are you from?
5. Why aren't the windows open?

Ser versus estar with the perfect participle

Ser + Perfect Participle	Estar + Perfect Participle
El hombre fue asesinado. (*Indicates an action.*)	**El hombre está asesinado.** (*Indicates a resultant condition.*)

Ser + Perfect Participle	Estar + Perfect Participle
El ladrón fue sujetado por la policía. (**Ser** *deals with the initiation and termination of an action.*)	**El ladrón está sujetado por la policía.** (**Estar** *deals with the maintenance of the resulting state.*)

SUBJECT SUBSTITUTION

1. *El libro* fue escrito por ellos.   *Repitan.*

   las cartas, las lecciones, el cheque, las invitaciones, el periódico

2. *El presidente* fue atacado anoche.

   las iglesias, la policía, los campesinos, el abogado, el jefe, la oposición

3. *El coche* está descompuesto.

   la radio, el reloj, el tocadiscos, el televisor, la máquina

4. *El disco* es importado de México.

   la fruta, los tomates, la piña, la revista

5. *Este profesor* es considerado el mejor.

   este presidente, esta actriz, este cómico

6. *El libro* fue escrito en 1962.

   el mensaje, la nota, el cheque, la carta, la novela

7. *La donación* fue ofrecida.

   la cena, los regalos, el banquete, el almuerzo, las fiestas

8. *El hombre* fue asesinado.

   la mujer, su hijo, sus amigos, su esposa, su marido

9. *La señora* fue operada.

   el niño, los pacientes, la señorita, yo, mi mamá

10. *La puerta* está abierta.

    el libro, la oficina, los cuartos, la casa, el escritorio

11. *Yo* estoy invitado a la fiesta.

    ellos, nosotros, él, ellas, Ud., Uds.

12. *Juan* está resfriado hoy.

    yo, ella, todos, María, tú

13. ¿*Ud.* estaba dormido ayer?

    tú, ellos, ella, Uds., Ud.

14. *Ella* está muy ocupada ahora.

    nosotros, Juan, María, ellos, Ud., tú

15. *Estoy* un poco cansado.

nosotros, ellos, María, tú, mi mamá

ITEM SUBSTITUTION

Use an appropriate form of **ser** *or* **estar**.
1. El asesino ———— muerto ahora.   *Repitan.*
2. El ladrón ———— asustado por la policía.
3. Su mujer ———— dormida cuando llegaron.
4. Ahora ———— muy ocupada.
5. Ella no ———— golpeada por el asesino.
6. Stan no ———— invitado todavía.
7. El dinero ———— ofrecido por su mamá.
8. La fiesta ———— considerada lo mejor.
9. Los dulces ———— importados de México.
10. La invitación no ———— recibida a tiempo.

Ser and *estar* in dealing with change

A. **Estar** is used to indicate the result of an action which changes an entity.

Action	Resultant condition
Lo mataron	Está muerto
La asustaron	Está asustada
Se ha entristecido	Está entristecido *or* Está triste.

B. **Estar** is used when logic or the expectations of a speaker indicates a change has taken place.

Este vaso está sucio. (*He expected it to be clean.*)
La llanta está desinflada. (*The tire is normally filled with air.*)

C. **Ser** is used to report the speaker's first impression when there is no observable change.

Mire ese señor tan elegante.
Debe ser muy rico.

But if a change takes place:

El señor Gómez está pobre. (*He lost his money.*)

D. **Ser** is used to describe all entities which in the speaker's experience have immutable characteristics.

Los caballos son fuertes.
El hielo es frío.
Las montañas de Colorado son altas.

E. **Ser** replaces **estar** when an entity changes and acquires new characteristics.

Está gordo.
(*He has obviously changed.*)

Es gordo.
(*The acquired characteristic is considered normal by the speaker.*)

F. **Estar** is used to indicate that the observed entity does not conform to the speaker's established norms.

¡Qué altas están las montanas!
(*They seem higher than he expected.*)

¡Qué bonita estás!
(*She is even more beautiful than he thought.*)

PATTERNED RESPONSE

1. *Teacher:* ¿Usted se ha enojado?
   Student: Sí, estoy enojado.

   ¿Usted se ha entristecido? (triste)
   ¿Usted se ha cansado?
   ¿Usted se ha enloquecido?
   ¿Usted se ha dormido?
   ¿Usted se ha despertado? (despierto)
   ¿Usted se ha enfermado? (enfermo)
   ¿Usted se ha enriquecido? (rico)

2. *Teacher:* ¿Le parecen más altas estas montañas?
   Student: ¡Sí, qué altas están!

   ¿Le parece más bonita María?
   ¿Le parece más joven Rafael?
   ¿Le parece más viejo Esteban?
   ¿Le parece más fría el agua?
   ¿Le parece más sucio el coche?

Ser and estar in dealing with change

ITEM SUBSTITUTION

Use the appropriate form of **ser** *or* **estar**.

Teacher:	Student:
Ese señor tiene mucho dinero. *Repitan.*	_____ muy rico.
Antes, Pedro no pesaba tanto.	_____ muy gordo.
Los caballos trabajan día y noche.	_____ muy fuertes.
María era bonita.	_____ fea ahora.
María miente siempre.	_____ una mentirosa.
Carlos no trabaja nunca.	_____ muy perezoso.

PATTERNED RESPONSE

Teacher: ¿Lo golpearon?
Student: Sí, está golpeado.
Teacher: ¿Quién lo golpeó?
Student: Fue golpeado por los ladrones.

¿Lo hirieron? (herido = *wounded*)
¿Lo salvaron? (salvo)
¿Lo echaron?
¿Lo golpearon?
¿Lo mataron? (muerto)

ITEM SUBSTITUTION

Use the appropriate form of **ser** *or* **estar**.

1. Stan _____ de California. *Repitan.*
2. Julia _____ de profesora en Nueva York.
3. La cuchara _____ de plástico.
4. La mesa _____ en la sala.
5. Estos guantes _____ de mi tío.
6. María _____ en Madrid.
7. Rafael no _____ médico.
8. Stan _____ de pie.
9. La presentación _____ en el salón.
10. Allí _____ donde _____ mi casa.
11. Rafael _____ mi hermano pero no _____.
12. Stan _____ estudiando.
13. Yo _____ de Chicago pero no _____ gangster.
14. Ya no _____ triste más.
15. Ahora no _____ económicamente confortable.

Common verbs of perception

Spanish Verb	Used with	English Equivalent
ver		verb + "-ing" ending
oír	infinitive	
mirar		verb + infinitive
sentir		

Lo vi llegar.
Estamos mirando jugar al equipo.
Lo sentimos aproximarse.
Vimos entrar al presidente.

While Spanish uses the infinitive with verbs of perception, English uses the verb plus the "-ing" ending for an event in progress (*I saw him running*) and the verb plus the infinitive for an event perceived at a whole event (*I saw him run*).

The speaker may focus on the action of the second verb rather than the doer by using a clause.

Los vi llegar (*focus on the doer*)
Vi que llegaron (*focus on the action*)

Controlled Conversation

Pregúntele a ———— quién ha visitado El Escorial.
si ha frecuentado el teatro.
cuándo fue al museo de arte.
si espera recibir una carta hoy.
por quién fue pintado el cuadro «Las Meninas»?
por qué no tiene ganas de estudiar.

Translation

1. We saw him running down the street.
2. Do you have the letter written?
3. Where is the meeting tonight?
4. Dinner will be at 8.

5. Stan is an engineer.
6. The door is open.
7. The assassin is dead now.

Discussion Topic: Las bellas artes

1. ¿Tú vas al museo con tu novio(a)?
2. Cuando tienes una cita, ¿a dónde vas?
3. ¿Estás citado(a) para esta noche?
4. ¿Tú aprecias mucho las bellas artes?
5. ¿Tocas un instrumento? ¿Cuál?
6. ¿Cuántos años has estudiado?
7. ¿Quién es tu autor favorito? ¿Por qué?
8. ¿Quién es tu pintor favorito? ¿Por qué?
9. ¿Quién es tu poeta favorito? ¿Por qué?
10. ¿Te parece extraño que tu novio(a) lea poesía?

Useful Rejoinders

1. Me parece que . . .
2. Por un lado es cierto que . . .
3. Dime . . .
4. Te diré que estoy de acuerdo con . . .

Proverbs

1. No es sabio el que mucho sabe, sino el que lo importante sabe.
2. Más vale una onza de práctica que una libra de gramática.
3. En una mentira te cogí y nunca más te creí.

Students in Madrid.

UNIT 15

Diálogo

La discoteca[1]

Es domingo. María Teresa y María Luisa se han citado[2] con Juan Carlos y Pablo para ir a bailar. Están esperando la llegada de los muchachos.

M. Teresa — ¿Adónde vamos a ir esta tarde?
M. Luisa — ¿No quedaste con[3] Juan Carlos y Pablo en ir a bailar a una discoteca?
M. Teresa — Sí, pero ¿en cuál? Sabes que están todas llenas los domingos.
M. Luisa — Lo único es que no quiero ir a «Good Life» porque ahí está Javier y estamos peleados.[4] Me dejó hace una semana porque conoció a una francesa.
M. Teresa — ¿Y no te gusta Pablo?
M. Luisa — Sí, pero no puedo decidirme[5] entre los dos. Es por eso que me vuelvo loca[6] en estos días.
M. Teresa — Eso se entiende.[7] Mira, ya están los muchachos.
Pablo y Juan Carlos — Buenas tardes.
M. Luisa y María Teresa — ¡Hola! ¿Qué tal?
M. Teresa — ¿Os pusisteis de acuerdo[8] en cuanto a dónde vamos?
Pablo — Para mí, da igual.[9] Sólo quiero bailar y que no cueste un dineral.[10]

---

[1] **discoteca** public dance hall
[2] **se han citado (citarse)** they have dated each other
[3] **quedaste con (quedarse)** you agreed or promised each other
[4] **estamos peleados** we have been arguing
[5] **decidirme** to decide for myself
[6] **me vuelvo loca** I am going crazy
[7] **Eso se entiende.** That is understood.
[8] **os pusisteis de acuerdo** have you gotten together (agreed)
[9] **da igual** it makes no difference
[10] **un dineral** a lot of money

Juan Carlos — Cueste lo que cueste;[11] algún día yo quiero darme el gusto de ir al club Capitán en Serrano.

M. Luisa — Es un club de categoría[12] pero no me encanta la idea de alternar[13] con esos niños de papá.[14]

Pablo — Pues ahí está la discoteca «J.J.» en la Avenida de José Antonio. No cuesta tanto y los chicos son como nosotros.

M. Luisa — Para eso vamos al guateque[15] que organiza José Luis.

M. Teresa — Está bien, pero el conjunto que tiene no se compara con las discotecas. Yo prefiero la música «soul» y «rock» que se toca en «Stones» o «Good Life».

Pablo — Sí, de acuerdo. Hay más variedad en la discoteca. Se pueden escuchar los mejores discos franceses, italianos e ingleses.

Juan Carlos — Un momento... un momento... se me olvidó deciros que ahora la policía está revisando[16] las discotecas.

M. Luisa — ¿De verdad? Pues no vamos, porque yo no tengo 18 años y no quiero que mis padres me encuentren en la comisaría.[17]

Juan Carlos — Pero, ¿no saben tus padres que vas a bailar?

M. Luisa — Pues no. Siempre tengo que ir a escondidas.[18]

Pablo — No tengas cuidado. Es sólo en la tanda de la una[19] a las tres que la policía se preocupa por eso.

M. Luisa — Pues vamos temprano y luego pasamos por el guateque de José Antonio.

Juan Carlos — Perfecto. Vamos primero a «Stones» y luego a lo de José Luis.

[11] **cueste lo que cueste** no matter what it costs
[12] **club de categoría** high-class club
[13] **alternar** to trade dances
[14] **niños de papá** spoiled sons of a rich father, sometimes referred to as **niños de Serrano** or **niños de la Castellana**
[15] **guateque** a private party, dance
[16] **revisando** inspecting
[17] **comisaría** police station
[18] **ir a escondidas** to sneak out
[19] **tanda de la una** the one-o'clock session

Cultural Notes

1. Discoteca   A public dance hall where admission or a cover charge is paid. A young man may take his fiancée, go with a group of male friends, or organize a group of couples. Dating without a chaperone is now very common, especially in the large cities. The music at a *discoteca* is on records only. The latest "hits" from the U.S., England, and other European

countries are played. Many of the *discotecas* are called English names such as "Good Life," "Stones," "Pipers," and "Too Sad."

Spain's younger generation is gradually shaking off the fetters of prejudice and inhibition and is experiencing the joys of living. The *discoteca* is a case in point. There are two distinctly different nightly sessions. The early one, beginning at approximately eleven in the evening, is designed to be more appealing for those whose standards are consistent with the high ideals of well-behaved youth. The second session, which begins at about two-thirty or three in the morning and after the earlier group has been cleared out, takes place in a totally different atmosphere. Even the young people are different, and their desires and appetites are well known and catered to by the establishment.

2. SOCIAL AND DANCING CLUBS   Private clubs sponsored by wealthy patrons are common in Spain. They feature music groups and recordings, and, of course, are more exclusive and expensive than the *discotecas*.

3. GUATEQUE   A Caribbean word meaning a "dance or party," organized by an individual or individuals who hire a group of musicians and either use a private home or rent a hall.

DIALOG ADAPTATION

1. ¿Con quiénes tienen cita María Luisa y María Teresa?
2. ¿Qué les prometió María Teresa a Juan Carlos y Pablo?
3. ¿Qué es una discoteca?
4. ¿Va mucha gente a las discotecas?
5. ¿Por qué están peleados María Luisa y Javier?
6. ¿En cuánto a qué no puede decidirse María Luisa?
7. ¿Quiere gastar mucho dinero Pablo?
8. ¿Cómo es un club de categoría?
9. ¿Qué le parece a María Luisa los muchachos que frecuentan el club «Capitán»?
10. ¿Qué es un guateque?
11. ¿Qué música se toca en una discoteca?
12. ¿Se prohibe la entrada a menores en la discoteca?
13. ¿Por qué María Luisa tiene que salir a escondidas?
14. ¿Qué es una comisaría?
15. ¿Se baila hasta muy tarde en las discotecas?

The reflexive construction

The reflexive construction indicates that the subject acts on itself. This serves to place the responsibility on the subject.

No le hice daño.
(*I didn't harm her.*)
Ella se hizo daño.
(*She harmed herself.*)

No lo lavé.
(*I didn't wash him.*)
Él se lavó.
(*He washed himself.*)

¿Lo comieron Uds.?
(*Did you eat it?*)
No, Pedro se lo comió.
(*No, Pedro ate it up.*)

El agua sale.
(*i.e., it is being let out*)
El agua se sale.
(*i.e., it is getting out, leaking*)

La gente se entra a pesar de la policía.
(*i.e., they are forcing their way in*)

A. Reflexive: to indicate reciprocal action.

Nos veremos esta noche.
(*We shall see each other tonight.*)

Uds. se escriben todos los días.
(*You write to each other every day.*)

Las muchachas se han citado con los muchachos.
(*The girls and boys have made a date with each other.*)

QUESTION–ANSWER

1. ¿Uds. se escriben todos los días?   *Contesten.*
2. ¿Uds. se quieren mucho?
3. ¿Nos veremos esta noche?
4. ¿No se hablan Uds.?
5. ¿Siempre se besan Uds.?
6. ¿Cuándo se abrazan Uds.?
7. ¿No se saludan nunca ellos?
8. ¿Se aman Uds. de veras?
9. Nosotros nos buscamos todas las noches, ¿y ustedes?
10. ¿Cuánto hace que Uds. se conocen?

PATTERNED RESPONSE

1. *Teacher:* ¿No le hiciste daño?
   Student: No, él se hizo daño.

   ¿No lo vestiste?
   ¿No lo mataste?
   ¿No lo engañaste?
   ¿No lo lavaste?
   ¿No lo ensuciaste?

2. *Teacher:* ¿Comieron Uds. la torta?
   Student: No, Pedro se la comió.

   ¿Robaron Uds. el dinero?
   ¿Llevaron Uds. los dulces?
   ¿Tomaron Uds. la leche?
   ¿Comieron Uds. el helado?

3. *Teacher:* ¿Quién rompió el vaso?
   Student: Yo no fui. Se me rompió.

   ¿Quién paró el motor?
   ¿Quién abrió la puerta?
   ¿Quién dejó entrar el perro?
   ¿Quién rompió las botellas?

B. Reflexive: to deny responsibility

No lo rompí — se rompió.
No abrí la puerta — se abrió.
No paré el motor — se paró.

When the subject is an inanimate object which cannot act on itself, the use of the reflexive takes the responsibility off the person involved. The speaker attributes some flaw or weakness to the subject. Note that an indirect object may be added to indicate the person involved.

Se me olvidó decirles.
Se le quedó el libro en casa.
Se me escapó.

PATTERNED RESPONSE

Teacher: ¿A quién se le olvidó hacerlo?
Student: A mí se me olvidó hacerlo.

cayó el vaso
perdieron los guantes
quedó en casa el libro
quebró la mano
murió el gato

QUESTION–ANSWER

1. ¿Se le olvidaron las llaves? *Contesten.*
2. ¿Se me permite entrar aquí?
3. ¿Se le ocurrió una buena idea?
4. ¿Cuándo se le perdió el botón?
5. ¿Qué se le quedó en casa?
6. ¿Qué se le olvidó?
7. ¿Cuándo se le rompió el brazo?
8. ¿Se le cayó el postre?

Note that in the following expression the use of the reflexive in Spanish and English is identical.

Juan debe prepararse para el examen.
(*John must prepare himself for the exam.*)

QUESTION–ANSWER

1. ¿Es importante prepararse para un examen? *Contesten.*
2. ¿Se mira Ud. en el espejo (*mirror*)?
3. ¿Se cuida Ud. mucho en el invierno?
4. ¿Se pone Ud. en el caso de él?

C. Reflexive: to indicate self-induced action.

No me abandonaron. Me quedé allí.
No me echan. Me voy.
No se preocupe por eso.

PATTERNED RESPONSE

1. *Teacher:* ¿Lo estudiaron Uds.?
   Student: No, señor, se nos olvidó estudiarlo.

   ¿Lo vendieron?
   ¿Lo trajeron Uds.?
   ¿Lo escribieron Uds.?
   ¿Lo tomaron?

2. *Teacher:* ¿No tienes abrigo?
   Student: Sí, pero se me quedó en casa.

   ¿No tienes dinero?
   ¿No tienes discos?
   ¿No tienes libros?
   ¿No tienes lápiz?

3. *Teacher:* ¿Qué pasó con tu caballo?
   Student: El caballo se me murió.

   ¿Qué pasó con tu vaca?
   ¿Qué pasó con tu gato?
   ¿Qué pasó con tus pájaros?
   ¿Qué pasó con tus flores?

D. Passive voice: to place responsibility.

No se mató; fue muerto.
No se fue; fue echado.

La mujer fue golpeada por los ladrones.
Ese libro fue escrito por Pedro.

The passive voice takes the responsibility off the subject and attributes it to some expressed or implied agent.

PATTERNED RESPONSE

1. *Teacher:* ¿Se lastimó María?
   Student: No, fue lastimada por los ladrones.

   ¿Se mató Teresa?
   ¿Se murió Helena?
   ¿Se echó en el suelo Luis?
   ¿Se golpeó Pablo?

2. *Teacher:* ¿Quién organizó este guateque?
   Student: Fue organizado por José Antonio.

   ¿Quién escribió este libro? (Rubén Darío)
   ¿Quién tradujo estos artículos? (María López)
   ¿Quién firmó estos documentos? (El presidente)
   ¿Quién hizo este disco? (un norteamericano)

E. Reflexive: when no agent is involved.

El club se organizó en 1970.
Desde aquí se ven las luces.
El banco se abre a las 10.
Aquí se vende leche.

The reflexive eliminates an exterior agent and is used whenever there is no agent expressed nor implied.

PATTERNED RESPONSE

1. *Teacher:* ¿Cuándo fue organizado este club?
   Student: Se organizó en 1960.

   ¿Cuándo fue escrito este libro? (1962)
   ¿Cuándo fue declarada la independencia? (1776)
   ¿Cuándo fue publicado este documento? (1960)
   ¿Cuándo fue fabricado este coche? (el año pasado)

F. Reflexive: to indicate psychological and physical change.

Se sentó allí.
Se puso de pie.
Ya me envejecí.
María se enloqueció.

Spanish uses the reflexive construction for changes which are not produced by an exterior agent. They are considered the sole responsibility of the subject. English uses an intransitive form (*to calm down, grow old, sit down, stand up*), an occasional reflexive (*calm yourself*), or the words "get" or "become" as in "to get sick," "to become upset," etc.

PATTERNED RESPONSE

Teacher: ¿Lo levantaron a Ud.?
Student: No, me levanté solo.

   ¿La calmaron a Luisa?
   ¿Lo entusiasmaron a Ud.?
   ¿Lo enfurecieron a su papá?
   ¿Lo lavaron al niño?
   ¿Lo despertaron a Ud.?
   ¿La fortalecieron a María Luisa?
   ¿Lo enloquecieron a Pablo?

Se as subject replacement—review

Se nos informó.
¿Se puede entrar?
Se aprende rápidamente aquí.
Se venden frutos aquí.
Las puertas se abren a las 8.

The pattern in these constructions is always third person, the pronoun is always **se**, which replaces what would be the subject in active voice or the agent in the passive.

PATTERNED RESPONSE

1. *Teacher:* ¿Aprenden rápidamente Uds.?
   Student: Sí, aquí se aprende rápidamente.

   ¿Comen bien Uds.?
   ¿Venden coches Uds.?
   ¿Trabajan mucho Uds.?
   ¿Hablan Uds. español?
   ¿Venden Uds. jabón?

2. *Teacher:* ¿Puedo comprar pan aquí?
   Student: No, se compra en la panadería.

   dulces / confitería
   camisas / camisería
   carne / carnicería
   queso / quesería
   leche / lechería
   papas / verdulería
   discos / casa de música
   drogas / farmacia

3. *Teacher:* ¿Viven bien en el Perú?
   Student: Sí, se vive bien en el Perú.

   ¿Hablan rápido en España?
   ¿Bailan mucho en Madrid?
   ¿Duermen la siesta en la Argentina?
   ¿Ganan bien en Buenos Aires?

Translation

1. He became fat.
2. She became pale.
3. María got sick.
4. Juan Carlos got mad.
5. We became sad.
6. She calmed down.
7. He bent over.
8. He became red.
9. He ate it all up.
10. He drank it all down.

Controlled Conversation

Pregúntele a ⎯⎯⎯⎯ si anoche fue a bailar en una discoteca.
a qué hora se cerraron las puertas de la discoteca.
si hablaban español durante los bailes.
por qué se estudia tanto aquí.
por qué no se puede regatear en las tiendas.
si se le murió el gato.
cómo se le rompió el brazo.
si se le quedó en casa el abrigo.
si se le olvidó estudiar.
si se divertió anoche en el baile.

Translation

1. Why did you forget it?
2. I dropped the glass.
3. Why do they play records in the *discoteca*?
4. I left my money at home.
5. We forgot the books.
6. We write to each other every day.
7. Do they sell bread here?
8. Do your parents know you go to the *discoteca*?
9. The book was written by Jorge Luis Borges.
10. Has the club been sold yet?

Discussion Topic: La discoteca

1. ¿Por qué prefieres ir a bailar en una discoteca?
2. ¿Te gusta bailar?
3. ¿Prefieres la música «soul» o «rock»?
4. ¿Tienes algunos discos franceses, italianos o ingleses?
5. ¿Compras muchos discos?
6. ¿Es miembro de un club de categoría tu papá?
7. ¿Vas tú con frecuencia a ese club? ¿Por qué?
8. ¿A qué hora vas a la discoteca?
9. ¿Va mucha gente?
10. ¿A qué hora vuelves a tu casa?

Useful Rejoinders

1. Ya que me preguntas...
2. También dice que...
3. Parece mentira...
4. ¡Qué esperanza!

Proverbs

1. Cada uno es como Dios le hizo, y a veces mucho peor.
2. Cada día que amanece, el número de tontos crece.
3. Lo que de prisa se hace, despacio se llora.

Street in Barcelona.

UNIT 16

Diálogo

Orgulloso como un español

Jorge, un estudiante peruano, se encuentra después de las clases con su amigo Juan, madrileño y excelente hispanófilo.[1]

JUAN — ¿Cuándo vas a salir para Lima, Jorge?
JORGE — Dentro de unos días.
JUAN — ¿No viste a María? Me dijo que quería hacerte una fiesta antes de que salieras.
JORGE — Sí, la vi y ya está todo arreglado[2] para el viernes.
JUAN — Que lástima que tengas que marcharte.[3]
JORGE — No hay caso. Me he quedado sin blanca.[4]
JUAN — ¿Qué tal? ¿Te ha gustado España?
JORGE — España no tanto, pero los españoles muchísimo.
JUAN — Habrás cambiado de opinión acerca de nosotros, ¿verdad?
JORGE — Al llegar aquí no sabía nada de ustedes. Ahora, después de doce meses creo conocerlos mucho mejor. Son más divertidos[5] de lo que creía y más orgullosos también.
JUAN — Somos un pueblo alegre y también hay una larga tradición de orgullo por la patria y lo que han hecho los españoles en el mundo.
JORGE — Y con razón. La lista de las hazañas[6] de España es impresionante.
JUAN — Sabes que en las guerras de Italia le preguntaron a un general francés por qué se empeñaban[7] tanto en las batallas los españoles y el

---

[1] **hispanófilo**   one who loves Spain and the Spanish people
[2] **arreglado (arreglar)**   arranged
[3] **marcharse**   to go away
[4] **Me he quedado sin blanca.**   I haven't got a dime.
[5] **divertidos**   fun-loving
[6] **hazañas**   deeds, feats of courage
[7] **empeñarse en**   to apply oneself, persist

general respondió que «para esos malditos»[8] el honor era más importante que la vida.

JORGE — En mi tierra también tienen fama de guerreros[9] y conquistadores.

JUAN — Estamos orgullosos de haber descubierto América y de haber llevado la civilización a la mitad[10] del mundo.

JORGE — Cuidado que ese exceso de orgullo no degenere en arrogancia. Eres un buen ejemplo del dicho[11] que tienen en Alemania: «orgulloso como un español.»

JUAN — A la verdad, Jorge, ese orgullo forma parte de nuestro carácter nacional. Es la esencia de la hispanidad.[12] El español siente orgullo por su pueblo, su apellido[13] y su familia o su casa solariega,[14] como suele oírse.[15] Me imagino que en el Perú se celebra el Día de la Raza[16] conmemorando el descubrimiento de América.

JORGE — Sí, es una gran fiesta popular. Pero allá hablamos más de la unión cultural y espiritual del mundo hispánico.[17]

JUAN — La fiesta de la Raza es importante para todos los pueblos que recibieron la influencia y civilización españolas.

JORGE — ¡Y fueron tantos!

JUAN — Fueron tantos que en una larga época no se ponía el sol[18] para España porque poseíamos tierras en cada punto del globo.[19] ¡Qué grandes fuimos!

JORGE — ¿Por qué no dices «fueron»? ¡Orgulloso!

JUAN — Nos veremos en tu fiesta de despedida[20] el viernes, Jorge.

JORGE — Te llamaré. Adiós, Juan.

[8] **malditos**   cursed ones (darned)
[9] **guerreros**   warriors
[10] **mitad**   half
[11] **dicho**   saying
[12] **hispanidad**   feeling of unity and pride on the part of Spanish-speaking peoples
[13] **apellido**   family name
[14] **casa solariega**   refers to one's family name and heritage (*see Cultural Note*)
[15] **como suele oírse**   as one customarily hears
[16] **el Día de la Raza**   Day of the Race, October 12th (*see Cultural Note*)
[17] **mundo hispánico**   Hispanic world
[18] **no se ponía el sol**   the sun did not set
[19] **en cada punto del globo**   at every point on the globe (all around the world)
[20] **despedida**   farewell

Cultural Notes

1. DÍA DE LA RAZA   The feeling of mutual interdependence and pride among the Spanish-speaking peoples of the world began to gain importance especially after Spain lost Cuba and the Philippines at the turn of the century.

This was in part a reaction to the increasing influence of the United States in Latin America at this time. The countries of Latin America in general turned to each other and toward Spain for support.

El Día de la Raza commemorating the discovery of America and the spiritual uniting of Spanish-speaking peoples was first celebrated in the early 1900's and has grown in importance since that time. The Spanish government has given institutional support to this unifying ideal by organizing the *Sociedad Hispánica*, endowing a library dealing with Spanish history and culture, and offering scholarships to Latin Americans for study in Spain. In the United States this day is known as Columbus Day and is also celebrated on October 12.

2. Dos de Mayo   This is a major national holiday commemorating the resistance of the Spanish people to Napoleonic rule in 1808.

3. Casa Solariega   This refers to the family home, the family name, and heritage. Spaniards take a great deal of pride in their heritage and in their ancestry.

4. Patria Chica   Due to the natural geographical division of Spain into small areas some regional separatism has resulted. Indeed, it may be said that this country is more appropriately named *las Españas* than *España*. Regionalism in large measure resulting from the topographical diversity of the country is often responsible for differences in customs, dress, language, politics, and literature. The local region or area identity has come to be known as *patria chica* and often takes precedence over the *patria grande* in matters concerning national loyalty and spirit.

5. Spanish Pride   Spaniards seemingly at once possess a feeling of superiority and of inferiority; they are Don Quijote and Sancho Panza at the same time. And there seems to exist in them a constant struggle between the idealistic and the realistic.

A somewhat complicated social scale provides each and every Spaniard with an inferior, over whom he does not take little pride in being his superior. The general gives commands to the soldiers, the most humble employee is waited upon by a shoeshine boy, and anyone can feel a sense of superiority while giving some small token to a beggar.

DIALOG ADAPTATION

1. ¿Qué es un hispanófilo?
2. ¿Es usted hispanófilo?
3. ¿Cree usted que los españoles tienen un exceso de orgullo?
4. ¿De qué estan orgullosos los españoles?
5. ¿Cree usted que los españoles son divertidos?
6. ¿Por qué se empeñaban tanto los españoles?

7. ¿Cuál es su apellido?
8. ¿De qué casa solariega es Ud.?
9. ¿En qué día se celebra la fiesta de la Raza?
10. ¿Qué es lo que conmemoran en ese día?
11. ¿Por qué decían que no se ponía el sol para España?
12. ¿Qué es la hispanidad?
13. ¿Qué es lo que le da unidad a los pueblos del mundo hispánico?
14. ¿Cuáles son las grandes hazañas de España?
15. ¿Cuáles son las grandes hazañas de los Estados Unidos?

The personal *a*

The personal **a** is used before nouns that stand for persons and is omitted before nonpersonal nouns.

Veo **el libro.**
Veo **al muchacho.**

Roberto vio **la casa.**
Roberto vio **a su mamá.**

STRUCTURE SUBSTITUTION

Teacher: No veo el nuevo edificio.
Student: No veo el nuevo edificio.
Teacher: ingeniero
Student: No veo al nuevo ingeniero.

Vamos a dejar nuestros abrigos en casa. (hermanas)
No conozco Nueva York. (Pedro)
No veo la camisa. (muchacho)
Están esperando el dinero. (tío)
Tengo ganas de escuchar los discos. (profesor)
Prefiero la ensalada. (rubia)
Espero el correo. (mi mamá)
Quiero traer mi coche. (mi novia)
Mataron el perro. (presidente)
Encontraron el libro. (niño)

Note that in the following sentences a definite person known to the speaker cues the use of the personal **a** while an unknown (indefinite) person does not:

¿No viste pasar **al portero**?
Vi **un hombre.** No sé quien era.

¿Viste **un hombre** en la calle?
Sí, vi **al hombre** que me robó.

The following pronouns cue the use of the personal **a** even though they do not involve a definite person: **nadie, alguien, quien, alguno, ninguno**.

¿**A quién** trajo Ud.?
No traje **a nadie**.

¿Conoce Ud. **a alguien** aquí?
No, no conozco **a nadie**.

¿Llamó Ud. **a algunos** de ellos?
No, no llamé **a ninguno**.

The verb **tener** does not usually require **a**:

Tengo dos hermanos.
Tenemos un profesor muy bueno.

QUESTION–ANSWER

The teacher will assign the following questions by number. Students will decide whether or not **a** *is to be used and ask the question to another student.*

1. ¿Buscas ____ mi hermano?
2. ¿Conoces ____ mi hotel?
3. ¿Esperas ____ tu tío?
4. ¿Prefieres ____ chocolate?
5. ¿Olvidas ____ tus estudios?
6. ¿No ves ____ Carlos?
7. ¿Trajiste ____ tu compañero?
8. ¿Mataron ____ el perro?
9. ¿Viste pasar ____ el portero?
10. ¿No conoces ____ nadie?

Translation

1. We called the doctor.
2. I didn't see anyone.
3. They will bring someone.
4. Whom did you see?
5. I saw a man in the house.
6. She listened to the radio.
7. We listened to the professor.

8. He is writing for his father.
9. I prefer my car.
10. They killed the president.
11. They have a beautiful mother
12. I see the teacher's book.
13. He looks at the girls.
14. We watched television.
15. I'm looking for Tom.

A as relator between two verbs

When one event leads to the production of another event **a** is the relator.

>**Van a visitarnos.**
>**Me enseña a patinar.**
>**Yo aprendo a esquiar.**
>**Ya comenzaron a estudiar.**
>**¿Te invitaron a comer?**
>**Yo te ayudo a comprender.**
>**¿Cuándo empezarán a construir el edificio?**

A with verbs of motion

A combines with verbs of motion and their synonyms* to indicate movement toward another entity.

ir:	**Fue a** Buenos Aires.
llegar:	**Llegó a** Buenos Aires.
caerse:	La llave **se cayó al** suelo.
echar:	**Se echó al** agua.

A also combines with a set of verbs* indicating movement (or inducement) toward the performance of some activity.

animar:	Me **animaron a** seguirles.
consagrarse:	Se **consagró a** la lucha.
invitar:	Lo **invitaron a** comer.
provocar:	Me **provocaron a** la risa.

Similarly, **a** combines with a set of verbs* which indicate a physical or psychological adjustment which leads to subsequent action.

---

* See Appendix for other verbs belonging to these sets.

acostumbrarse:	Se **acostumbró a** la guerra.
atreverse:	Se **atrevió a** lanzarse.
prepararse:	Se **preparó a** morir.

SUBJECT SUBSTITUTION

1. *Ellos* vienen a verme. *Repitan.*

    mi primo, mis abuelos, ella, el maestro, los chicos

2. *Yo* aprendo a esquiar.

    nosotros, ellos, él, María y Elena, todos los estudiantes

3. *Ella* me invitó a comer.

    ellos, mi tío, mis amigos, el profesor, su mamá

4. *Mi hermano* me enseña a patinar.

    mis primos, los maestros, María, mi novio

5. Ahora *Uds.* van a cerrar la ventana.

    nosotros, él, yo, ella, ellos

Translation

1. I want to go with you.
2. She is coming to study.
3. They began to eat at six.
4. He came in to see me.
5. She is teaching me to speak French.

QUESTION–ANSWER

The teacher will assign the following questions by number. Students will decide whether or not **a** *is to be used and ask the question to another student.*

1. ¿Vienes ―― visitarme hoy?
2. ¿Cuándo llegaste ―― Buenos Aires?
3. ¿Puedes ―― llevar mis libros?
4. ¿Vas ―― estudiar francés?
5. ¿Quieres ―― acompañarme?
6. ¿Me animas ―― trabajar?
7. ¿Deseas ―― conocerlo?

8. ¿Quién te invitó ___ comer?
9. ¿Se atreve Ud. ___ lanzarse?
10. ¿Cuándo empezaron ___ bailar?
11. ¿Esperas ___ sacar buenas notas?
12. ¿Me dejas ___ usar el diccionario?
13. ¿Cuándo llegó Carlos ___ Buenos Aires?
14. ¿Me ayudas ___ subir?
15. ¿Estás aprendiendo ___ hablar español?

Other uses of *a*

A is also used to indicate a point or number in a series.

¿**A** cuánto está el cambio?
¿**A** cómo se venden las uvas?
Eso no se hace **a** su edad.
Está **al** punto de irse.

A indicates the point at which something happens.

Lo descubrí **al** llegar. (*upon arriving*)
Lo descubrí **a** las dos.

A indicates a position along an axis.

Está **a** la izquierda de la puerta.
Está **a** la derecha de la puerta.
Está **a** la puerta.

A versus *de*

Before nouns or adverbs of place, **de** is used with expressions of nearness or of distance.

Está **cerca de** la casa.
Está **lejos de** aquí.

A numerically numbered distance is expressed with **a**.

Zaragoza **está a** cien kilómetros.

Pensar combines with **de** or **en**, or is used without a following preposition, depending on the meaning desired.

pensar en: Yo pienso **en** ti. (*remember*)
pensar de: ¿Qué piensa Ud. **de** ella? (*what opinion?*)
pensar: Yo pienso llegar temprano. (*I intend to*)

En as relator to indicate location

En is used as a relator 1) to indicate where an event takes place (in some structure or some point in space), and 2) to indicate attendance at a public function.

> El accidente **ocurrió en la esquina**.
> Yo lo **vi en la escuela**.
> Ahora **está en la oficina**.
> Su hermano **está en la corrida**.
> No **estuve en la boda de Helena**.

Translation

Give the Spanish equivalent of the word in italics.

1. He is *at* school. _____
2. He left *at* eight o'clock. _____
3. To think he does that *at* his age. _____
4. It happened *at* the corner. _____
5. He is *at* the bullfight. _____
6. What's the temperature *at*? _____
7. *At* the beginning . . . _____
8. I saw him *at* the game. _____
9. He's *at* the door now. _____
10. I met him *at* the accident. _____

Al plus the infinitive

Al + *the infinitive* is used to express an action that immediately precedes another action. The English equivalent is "when," "as," or "as soon as."

> **Al llegar** a casa lo descubrí.   (*When I arrived home I discovered it.*)

ITEM SUBSTITUTION

1. Al *llegar* a la escuela se lo dije.   *Repitan.*

   salir, regresar, entrar, pasar por

2. Al *llegar* te llamo.

   salir, regresar, terminar, entrar

QUESTION–ANSWER

1. ¿Qué hizo Ud. al levantarse esta mañana?   *Contesten.*
2. Al llegar a la clase, ¿qué les dijo el profesor?
3. Al decirlo, ¿qué pasó?
4. Al entrar al cuarto, ¿qué dijo su amigo?
5. Al terminar la clase, ¿qué va a hacer Ud.?

Verbs that combine with *con*

Certain verbs whose literal meaning involves an activity with another entity combine with the preposition **con**.

casarse:	Voy a **casarme con** María.
soñar:	Anoche **soñé con** el presidente.
contar:	Es imposible **contar con** él.

En with certain sets of verbs

En combines with **insistir** (Yo **insistí en** que lo hiciera) and with verbs which have a similar meaning.

empeñarse:	Tito **se empeñó en** estudiar.
obstinarse:	**Se obstinó en** rechazarnos.
perseverar:	**Perseveró en** sus estudios.
aferrarse:	**Se aferró en** su decisión.
persistir:	**Persistió en** sacar buenas notas.

En also combines with **divertirse** (Me **divierto en** estudiar) and with verbs which have a similar or opposite meaning.

complacerse:	Mi papá no **se complace en** leer.
entretenerse:	**Se entretiene en** mirar televisión.
deleitarse:	**Se deleita en** jugar al fútbol.
molestarse:	**Se molesta en** escribir cartas.

Verbs that combine with *de*

De is used with various sets of verbs to indicate:

1. Origin or departure from a point.

   Salió de España.
   Se zarpó de la costa.

2. Separation or getting rid of something.

   Se fue de la casa.
   Se despidió de nosotros.
   Voy a deshacerme de él.

3. Being free of anything.

   La ciudad está libre de polvo.

4. Doing without or forgetting.

   No podemos desprendernos de ella.
   No me olvidaré de Samuel.
   No me acuerdo de nada.

5. Refusing, neglecting, or stopping an activity.

   Se abstuvo de fumar.
   Paró de hacerlo.
   No deje de escribirme.
   Cesó de hablarme.

De is also used to indicate the origin of any emotional or psychological change, state, or activity.

   Me admiro de eso.
   Tomás no se aflige de nada.
   Se alegró de que viniera.
   Traté de ayudarle.

QUESTION–ANSWER

1. ¿Qué se olvidó Ud. de hacer?   *Contesten.*
2. ¿Quién trató de leerlo?
3. ¿Por qué se alegra Ud. de estar aquí?
4. ¿Cuándo se acordó Ud. de eso?
5. ¿Quién acaba de llegar?

Controlled Conversation

The teacher will assign the following by number. The student will decide which preposition, if any, to use and ask the question to another student.

1. ¿Qué piensas ____ María?
2. ¿No lo supieron ____ entrar?
3. ¿Toledo no está allí ____ dos millas?

4. ¿Cuándo piensas ___ llegar?
5. ¿Estuviste ___ la boda de Luisa?
6. Carlos está ___ el despacho, ¿no?
7. ¿No piensas nunca ___ María?
8. ¿___ cómo está el cambio?
9. ¿Todavía corre tu abuelo ___ su edad?
10. ¿Está lejos ___ aquí la escuela?
11. ¿Insiste tu papá ___ acompañarnos?
12. ¿Te alegras ___ estar aquí?
13. ¿Te olvidaste ___ hacerlo?
14. No tardó mucho ___ hacerlo, ¿verdad?
15. Tu mamá confía ___ ti, ¿verdad?
16. ¿Tratas ___ ayudar a tus amigos?
17. ¿Tu mamá se acordó ___ tu cumpleaños?
18. Estas pensando ___ el baile del sábado, ¿no?
19. ¿___ quién vas a casarte?
20. ¿___ quién soñabas cuando te desperté?

Translation

1. Why don't you invite me to eat *paella*?
2. We didn't meet the student from Madrid.
3. When I remembered it they had already gone to Ávila.
4. He didn't take long to do it.
5. He's leaving Madrid in two weeks.
6. My dad told me to study more.
7. I am going to buy a big summer home.
8. I think about you often.
9. Whom is she going to marry?
10. The entire Hispanic world enchants me.

Discussion Topic: ¿Tú eres orgulloso?

1. ¿Crees que tu pueblo es el más importante?
2. ¿Sientes orgullo por tu patria chica?
3. ¿Se basa la soberbia norteamericana en su sistema político?
4. ¿Son los campeones de los EE.UU. automáticamente campeones del mundo?
5. ¿Contribuye la libertad de prensa a nuestro orgullo?
6. ¿Qué haría un norteamericano en Europa sin American Express y Coca Cola?
7. ¿Puede ser feliz un individuo hasta que haya aprendido el inglés?

8. ¿Hay otra cultura que se compare con la nuestra?
9. ¿Tú hablas bien otro idioma?
10. ¿Has vivido en otro país?
11. ¿Cuál es el mejor país del mundo?

Useful Rejoinders

1. ¿Estás en favor de . . . ?
2. Pues yo creo . . . que . . .
3. A decir verdad . . .
4. Lo siento, pero no estoy por decirlo.

Proverbs

1. Un diablo bien vestido por un ángel es tenido.
2. Traga lo peor para que la alegría sea mayor.
3. No hay mejor espejo que el amigo viejo.

Feria in Seville.

UNIT 17

Diálogo

La feria de Sevilla

Luisa es una norteamericana quien al visitar España por primera vez llega a Sevilla para pasar unos días. Conoció a una sevillana, María Josefa, a quien le hizo un sinfín de preguntas acerca de la Feria.[1]

LUISA — ¿Qué es esto de la Feria en Sevilla? ¿Es un mercado?

M. JOSEFA — Bueno, sí hay un mercado, por las mañanas hay una importantísima venta de ganado, pero la gente casi no compra nada más que refrescos u otras bebidas tales como el jerez y el coñac.

LUISA — ¿Qué es lo que celebran? ¿Es lo mismo que el carnaval?[2]

M. JOSEFA — No, el carnaval se celebra una semana antes de la cuaresma.[3] La Feria de Sevilla siempre es en abril después de la Semana Santa.

LUISA — Me dicen que durante esos días la vida de Sevilla es una gran fiesta, que hay corridas y carreras[4] y todo el mundo baila en las calles.

M. JOSEFA — Es cierto, sólo con la excepción de Semana Santa. Durante seis días comenzando el domingo de Ramos[5] reina un espíritu de reverencia y religiosidad. Casi todos visten de negro y Sevilla se convierte en una ciudad enlutada.[6]

LUISA — ¿Y qué hacen? ¿Van a la iglesia?

M. JOSEFA — Lo más notable de Semana Santa son las procesiones o los

---

[1] **feria** fair
[2] **carnaval** a festival celebrated in Europe and Latin America with parades and dancing in the streets. **Carnaval** or **Mardi gras** (Shrove Tuesday) is celebrated just before Lent
[3] **cuaresma** Lent, 40 days before Easter
[4] **corridas y carreras** bullfights and races (in this case, horse races)
[5] **domingo de Ramos** Palm Sunday
[6] **una ciudad enlutada** a city in mourning

«pasos».⁷ Todos los cines, teatros, u otras diversiones se cierran. Las bocinas⁸ de los automóviles cesan de sonar y la radio sólo toca música sagrada.

LUISA — ¿Qué decías de procesiones?

M. JOSEFA — Los encargados⁹ de organizar las procesiones son los miembros de las cofradías y hermandades.¹⁰ Los hábitos que llevan son con frecuencia blancos pero también usan otros colores distintivos, y en la cabeza llevan un capirote.¹¹ Al frente del desfile¹² va la cruz de guía, luego vienen las grandes banderas con una cruz en el centro. Los penitentes¹³ siguen llevando su estandarte y al final vienen unos militares como guardia de honor.

LUISA — Así que es un desfile completamente religioso. No me parece muy divertido.

M. JOSEFA — No, la Semana Santa tiene un aspecto más bien sombrío. Hay un ambiente embriagado¹⁴ de misticismo y devoción.

LUISA — Debe ser un espectáculo fantástico.

M. JOSEFA — Para mí el acontecimiento culminante de la Semana Santa es la procesión de la Macarena.¹⁵ A la una de la madrugada¹⁶ del viernes Santo el «paso» de la Virgen de la Macarena sale de la parroquia de San Gil. Miles de personas le dan una jubilosa bienvenida cuando pasa por las calles.

LUISA — Eso sí que sería interesante. Una procesión a esas horas tiene que ser una muestra de fervor religioso.

M. JOSEFA — Sí es obra de personas muy devotas. ¿Sabes que las camareras de la Virgen¹⁷ se encargan de vestir la imagen? Le ponen lujosas vesti-

---

⁷ **pasos**   refers to the procession of the images passing through the streets
⁸ **las bocinas**   horns
⁹ **los encargados**   the ones in charge
¹⁰ **cofradías y hermandades**   brotherhoods
¹¹ **capirote**   a high, pointed black or white hood which comes down over the face and has narrow slits for the eyes
¹² **desfile**   parade
¹³ **penitentes**   the penitent ones. They feel they are sharing emotionally and directly in the sufferings of Christ as they walk barefooted wearing their pointed hoods.
¹⁴ **embriagado**   drunken, entranced
¹⁵ **Macarena**   the Virgin of la **Macarena** is perhaps the most popular one for the people of Andalusia. Bullfighters and their followers identify traditionally with la Macarena.
¹⁶ **madrugada**   very early morning
¹⁷ **camareras de la Virgen**   the Virgin's chambermaids. These devout women spend a great deal of time during the year guarding the image and keeping it exquisitely dressed

mentas de seda[18] y joyas costosas. Dicen que es la Virgen más hermosa de Sevilla.

Luisa — ¿Y cuándo comienzan las fiestas otra vez?

M. Josefa — Después del domingo de Resurrección. Por la mañana los fieles[19] se reunen en la catedral para celebrar la resurrección del Señor y a las cinco de la tarde comienza la corrida y siguen el baile, las risas y las fiestas. Es un brusco cambio; el aspecto religioso se convierte en un ambiente[20] completamente alegre y divertido que es capaz de escandalizar a un puritano anglosajón.

Luisa — A mi modo de ver eso no es una paradoja sino una verificación de las dos facetas del carácter español.

M. Josefa — Tienes razón, y especialmente en el caso de los andaluces. Se entregan por entero a la devoción y a la diversión alternativamente.

Luisa — ¡Qué bien que me haya tocado estar en Sevilla para la Feria!

M. Josefa — Es la época más interesante de todo el año. Vas a ver caballos finos, emocionantes interpretaciones de baile flamenco y de cante jondo, señoritas elegantemente vestidas. Hay flores en todas partes, y yo dudo que haya en todo el mundo hombres más guapos y románticos que nuestros «niños» de Sevilla.

[18] **seda**   silk
[19] **los fieles**   the faithful
[20] **ambiente**   atmosphere, environment

Cultural Note

Fiestas y ferias   The *Feria de Sevilla* is only one of the many traditional religious celebrations which take place all over Spain throughout the year. These "fiestas" are *romerías, verbenas, ferias, fallas,* processions, and passion plays.

The *romería* is a picnic excursion to a shrine or scenic spot. One shrine which traditionally has served as the motive for many *romerías* is located in the village of Almonte in the southern province of Huelva. Its church contains a small statue of St. Mary believed to have miraculous powers and known as the Virgin of *El Rocío*. For a week before Pentecost, roads everywhere in Andalusia are crowded with men on horseback escorting white covered wagons decorated with flowers and intricately handwoven, lace shawls. The women are either in the wagons or riding on the horses behind the men. As they make their way through the endless olive groves of Andalusia there is a continual sound of singing, castanets, guitars, and laughter. After religious ceremonies on Whit Sunday, Monday is spent dancing, resting, bullfighting, and romancing. On Tuesday the slow journey homeward begins. *Romerías* belong essentially to the country districts.

Verbenas, on the other hand, are associated with towns or separate districts in large cities. Since they are held at night in the open air, the *verbenas* reach their climax during the high-summer days of August. A typical one is the *Verbena de la Paloma* in Madrid on the night of August 14, the eve of the Assumption of the Virgin Mary. The *verbena* is a night festival on the eve of a religious holiday amid fireworks, music, traditional dances, and costumes; noisy and excited people enjoy themselves well into dawn with the tireless energy that the Spaniard seems to bring to every aspect of his life.

Fallas are typical of Valencia. The best known of them are the *fallas de San José* during the week that includes March 9 (Feast Day of St. Joseph). All pretense at serious work is laid aside as the Valencians busy themselves building monumental, cleverly-painted figures of cardboard, papier-maché, and wood. These allegorical figures may be caricatures of famous people or satirical representations of local officials. All these figures are set afire amid scenes of revelry on the last night of the week's celebrations, and there is all-night dancing in the attractive local costumes.

At night fireworks are displayed during the week of celebrations. Valencia is justly famous throughout Spain for its *tracas* (strings of elaborate skyrockets)—a powerful spectacle of sight and sound to be forever remembered.

DIALOG ADAPTATION

1. ¿Cuál es el motivo religioso de la Feria de Sevilla?
2. ¿Cuándo hacen la Feria?
3. ¿Que quiere decir «feria» en este sentido?
4. ¿Qué hacen los sevillanos en la Feria?
5. ¿Sabe usted lo que es la cuaresma?
6. ¿Cuándo es la Semana Santa?
7. ¿Cómo es Sevilla durante esa semana?
8. ¿Qué fines o propósitos tienen las cofradías y hermandades?
9. ¿Por qué es tan importante en Sevilla la Virgin de la Macarena?
10. ¿Cómo muestran su devoción religiosa los sevillanos?
11. Explique usted la aparente paradoja en el carácter de los sevillanos.
12. ¿Cuándo piensa usted visitar la Feria de Sevilla?

Relating pronouns *que, quien*

The pronouns **que** and **quien** are used to relate a clause to a preceding noun. **Que** never changes form. It refers to both persons and things. After a preposition, **que** refers to things and **quien** refers to persons.

General Usage:

que $\begin{cases} that \\ which \\ who \\ whom \end{cases}$

Ése es el señor **que** habla español.
Visité la sepultura **que** está en el huerto.
Éste es el libro de **que** les hablé.

Usage after a preposition to refer to:

Persons	Non-persons
quien (quienes) (*whom*)	**que** (*that, which*)

Busco al joven a **quien** usted habló.
Es un amigo en **quien** tengo confianza.

Busco la revista en **que** leímos el artículo.
Aquí tienes el libro de **que** te hablé.

PATTERNED RESPONSE

1. *Teacher:* ¿Me habló Ud. de estos muchachos?
   Student: Sí, son los muchachos de quienes le hablé.

   de este libro
   de este autor
   de este cuento
   de estas señoritas

2. *Teacher:* ¿Se lo dio Ud. a ese señor?
   Student: Sí, ese es el señor a quien se lo di.

   a esos estudiantes
   a esa persona
   a esa señora
   a esos jovenes

TRANSLATION DRILL

1. She is the person he used to dance with.
   She is the person he used to study with.

She is the person he was speaking of.
   She is the person he was writing about.
   She is the person he was worried about.

2. That's the man who just spoke.
   That's the author who wrote the story.
   That's the girl who came yesterday.
   That's the book that won the prize.
   That's the burro that the children loved.

QUESTION–ANSWER

1. ¿Para quién trabajó Ud. ayer?   *Contesten.*
2. ¿Es ése el joven con quien bailaba Ud.?
3. ¿Es éste el libro de que Ud. hablaba?
4. ¿Cree Ud. que vendrá el profesor?
5. ¿Dijo Carlos que venía esta noche?
6. ¿A quién conoció en la fiesta?
7. ¿Con quién estuvo citada María?
8. ¿Con quién vinieron ellos?

Conjunctions *y* and *o*

and { **y**
       { **e** (*before* **i** *or* **hi**)

Hablo inglés **y** español.
Hablan de hombres **e** ideas.
Padre **e** hijo vinieron.

STRUCTURE SUBSTITUTION

Teacher: ¿Dijo Ud. inglés y español?
Student: No, yo dije español e inglés.

   ¿Dijo Ud. ideas y hombres?
   ¿Dijo Ud. hijos y padres?
   ¿Dijo Ud. izquierda y derecha?
   ¿Dijo Ud. indios y vaqueros?
   ¿Dijo Ud. insectos y animales?
   ¿Dijo Ud. incapaz y perezoso?
   ¿Dijo Ud. invierno y verano?
   ¿Dijo Ud. italiano y alemán?

or $\begin{cases} \text{o} \\ \text{u} \text{ (}before \text{ o } or \text{ ho)} \end{cases}$

Hablaré inglés **o** español.
¿Tiene Ud. siete **u** ocho?
¿Eran muchachos **u** hombres?

STRUCTURE SUBSTITUTION

Teacher: ¿Dijo Ud. hombres o muchachos?
Student: No, yo dije muchachos u hombres.

¿Dijo Ud. ocho o siete?
¿Dijo Ud. hoy o mañana?
¿Dijo Ud. horas o días?
¿Dijo Ud. obras o hechos?
¿Dijo Ud. oficina o casa?
¿Dijo Ud. otro o toro?
¿Dijo Ud. once o doce?
¿Dijo Ud. oeste o este?
¿Dijo Ud. oro o tierra?

Conjunctions *pero* and *sino*

but $\begin{cases} \textbf{pero} \\ \textbf{sino} \text{ (}when \text{ } first \text{ } part \text{ } of \text{ } sentence \text{ } is \text{ } negative \text{ } and \text{ } second \text{ } part \\ \quad contradicts \text{ } it\text{)} \end{cases}$

No es rico **pero** le gusta viajar.
No es rico, **sino** pobre.
No compran **sino** refrescos y vino.

ITEM SUBSTITUTION

Me gusta este sombrero pero es muy caro.   *Repitan.*
_____ zapatos _____.
_____ cámara _____.
_____ coche _____.
_____ discos _____.
_____ reloj _____.
_____ libros _____.

PATTERNED RESPONSE

Teacher: Uds. fueron al parque, ¿no?
Student: No fuimos al parque sino al cine.

¿Bailó Ud. con Federico? (Juan)
¿Le pusiste pimienta en la carne? (sal)
¿Trabajaste para el doctor Arévalo? (Álvarez)
¿Lo escribiste a máquina? (mano)
¿Me pediste la mantequilla? (crema)

ITEM SUBSTITUTION

Choose either **sino** *or* **pero** *as required and read the following sentences aloud:*

1. Fuimos al parque ____ no vimos a María Josefa.
2. El capirote de él no es blanco ____ negro.
3. No lo vi ____ yo sé que estaba allí.
4. El desfile no es divertido ____ muy sombrío.
5. Aquí no venden ____ bebidas alcohólicas.

QUESTION–ANSWER

Give original answers using either **sino** *or* **pero** *as required.*

1. ¿Son divertidas las procesiones?
2. ¿Es usted español?
3. ¿Le gustan las fallas?
4. ¿Compra usted bebidas alcohólicas?
5. ¿Quiere usted ir a la Feria de Sevilla?

Translation

1. He is not Spanish, but Mexican.
2. He is not rich, but poor.
3. She is not beautiful, but ugly.
4. It's not black, it's white.
5. It isn't two o'clock, it's two-thirty.
6. It isn't new, it's old.

The subjunctive in subordinate clauses

ITEM IDENTIFICATION

Identify the subordinate clauses in the following sentences as noun, adverb, or adjective clauses.

1. Voy a pedirle al profesor que nos indique el ejercicio.
2. Después que llegó, encontró la carta de Luisa.
3. Debemos pedirle la ayuda que necesitemos.
4. ¿Pedirá Ud. a uno de ellos que se encargue del «paso»?
5. Yo sé que el libro está en el estante.
6. No sé si podrá terminarlo para cuando yo vuelva.
7. Se dividieron en dos grupos cuando llegaron al valle.
8. ¿Por qué era importante que lo hiciera?
9. Lo hizo para que él no sufriera.
10. Es necesario que nos separemos ahora.

TENSE SUBSTITUTION

Repeat the sentence as your instructor gives it to you; then make the change required by the cue. Use the subjunctive only if it is required.

Teacher: Voy a pedirle que nos hable del libro.
Student: Le pedí que nos hablara del libro.

Le diré a mi compañero que escriba algo.
Le dije ─────────────────── .

¿Por qué es tan importante que vengamos?
¿Por qué era ─────────────── ?

Debemos pedirle la ayuda que necesitemos.
Debíamos pedirle ──────────── .

Le pido que me ayude a sembrar.
Le pedí ─────────────── .

Se dividirán en dos grupos después que lleguen aquí.
Se dividieron ──────────────────── .

Ud. debe pedirles que lo hagan.
Ud. debía ─────────── .

El señor López se lo dará para que lo termine.
El señor López se lo dio ─────────── .

Me dice que mire por la ventana.
Me dijo _____.

Dígale que lo coloque en la sala.
Le dije _____.

Es necesario que se vaya inmediatamente.
Era necesario _____.

Dice que estudia mucho cuando está en casa.
Dijo _____.

Preguntan si lo hace cuando viene.
Preguntaron si lo hizo _____.

Quiere que comiencen los ejercicios.
Quería que _____.

Estoy seguro que ella lo sabe todo.
Estaba seguro _____.

Summary of the uses of *por*

A. Movement of entities through space.

> Ellos fueron **por allá**. (*over there*)
> Pasaron **por la provincia**. (*through*)
> Van **por la carretera**. (*down, up, along*)
> Corrieron **por el río**. (*beside*)

B. Duration of events through time.

> Hablaron **por dos horas**.
> Sólo estuvo **por unos momentos**.
> **Por ahora — por fin**

C. What remains to be done.

> Nos quedan cuatro páginas **por leer**.
> Le faltan tres platos **por lavar**.

D. Agent, means, instrument, or manner, with actions on a physical level.

> El coche fue **conducido por Juan**.
> Se lo **enviaron por avión**.
> **Entraron por fuerza**.

E. Substitution, replacement, or exchange and by extension, representation.

>   Le di seis pesos **por el libro**.
>   El senador **por Florida**.
>   Lo tomé **por argentino**.

F. Protecting, favoring, or supporting.

>   Mira **por su mamá**.
>   Trabaja **por su amigo**.
>   Tráigamelo **por favor**.

G. Reason, cause, or motivation on a psychological level.

>   Lo hizo **por miedo**.
>   No llegó **por falta de tiempo**.
>   Lucha **por convencerles**.
>   Se incomodó **por saludarme**.
>   **Por eso, por lo tanto, por lo visto**

H. Intensity, completeness, or thoroughness.

>   Fue destruido **por completo**.
>   **Por tanto** que insistí, no vino.
>   **Por mucho** que lo quiero, no voy.

Summary of the uses of *para*

A. Destination or direction toward a destination.

>   ¿Cuándo sale Ud. **para México**?
>   Este tren va **para Laredo**.
>   Vienen **para la sala** ahora.

B. Goal or purpose.

>   Este dinero es **para libros**.
>   Este libro es **para su papá**.
>   Hay un solo remedio **para ella**.
>   Estudia **para profesora**.

C. Destination in time (deadline).

>   Me prometieron las camisas **para las seis**.
>   Esta lección es **para mañana**.

D. Unequal comparison.

>Es muy inteligente **para su edad**.
>**Para extranjero** habla bien.

Para versus *por*

>Estoy **por salir** (*I'm in favor of it.*)
>Estoy **para salir** (*I'm about to.*)

Hasta versus *para*

Hasta indicates termination of movement.

>Mañana voy **hasta Laredo** (*but no farther*)
>Mañana voy **para Laredo** (*in that direction, toward that destination*)

A versus *para*

A indicates arrival at destination.

>Carlos se fue **a Tejas**. (*The speaker assumes he arrived.*)
>Carlos se fue **para Tejas**. (*He went in that direction.*)

TRANSLATION DRILL

A. *Write in* **por** *or* **para**, *as required; then explain your choice in terms of the uses just summarized.*

1. I worked for the manager. (for his benefit) _____
   I worked for the manager. (in his place) _____

2. We went through the park. _____
   We went toward the park. _____

3. We are about to leave. _____
   We are in favor of leaving. _____

4. We did it all for him. (in his place) _____
   We did it all for him. (for his benefit) _____

5. She gave me the money for the books. (to buy them) _____
   She gave me the money for the books. (in exchange) _____

B. *Write in* **por** *or* **para** *or leave the space blank, as required by the Spanish equivalent of the following phrases; then explain your answer.*

1. These are for the people next door. _____
2. I always work for my sister. (in her place) _____
3. I paid six pesos for the book. _____
4. He had already paid for the meal. _____
5. I asked for it yesterday. _____
6. Excuse me for the errors. _____
7. For the time being he is not coming. _____
8. For a teacher he knows very little. _____
9. Working is not good for your health. _____
10. I work for the refinery. _____
11. This happens to you for being so stubborn. _____
12. He is going for the mail. _____
13. She is very smart for a child. _____
14. I bought it for her. (a gift for her) _____
15. They are working for me. (in my office) _____
16. He spoke for two hours. _____
17. I congratulate you on your success. _____

C. *Give the equivalent for the following phrases; add the necessary English words that will express the exact meaning.*

1. Todo por culpa de él.
2. Puede usted pasar mañana por mis papeles.
3. Estudia medicina por su padre.
4. Será recibido por el presidente.
5. Lo felicitaron por su rotundo éxito.
6. Vamos por esta calle.
7. Vienen para la mesa otra vez.
8. Dijo que volvía para las seis.
9. Va para la una.
10. Estudia para ministro.
11. Le escribo para invitarle.
12. Papá, ven acá para mostrarte algo.
13. Ellos no estaban para bromas.
14. Dicen que está para llover.
15. No le dije nada por no estorbarla.

D. *Note the meaning of the following verbs. Give an appropriate Spanish equivalent of the phrases while avoiding the use of* **por** *and* **para**.

| **pedir** | *to ask for* | **buscar** | *to look for* |
| **esperar** | *to wait for* | **pagar** | *to pay for* |

1. I asked her for it.
2. I have a great deal of love for them.
3. Is it possible for me?
4. He opened the door for me.
5. Look for it now.
6. By studying hard he learned it.
7. I háve to pay for the meal.
8. Don't lose them for me.
9. It's getting late for me.
10. It is a pleasure for me to be here.
11. Let's wait for him right here.

Controlled Conversation

Pregúntele a ———— quiénes organizan las procesiones.
cuándo piensa visitar España.
quiénes son los penitentes.
con quién salió anoche.
por dónde pasan las procesiones.
si está para salir.

Translation

1. The auto horns stop blowing.
2. The faithful ones meet in the cathedral.
3. We still have three pages to read.
4. He is very intelligent for his age.
5. Is that the girl you spoke to me about?
6. Why was it important for you to do it?
7. I'm in favor of leaving.

Discussion Topic: El embrujo de una feria

1. La Feria de Sevilla es única. El «jet set» la conoce. ¿Y tú?
2. Por favor, descríbenosla.
3. ¿Cuándo y dónde asististe a una feria mundial?
4. ¿Quieres, por favor, indicar el espíritu de esa feria?
5. ¿Qué fue lo que más te impresionó?
6. Describe lo que viste que representaba lo más moderno del mundo tecnológico.

7. ¿Qué comiste que más te gustó?
8. ¿Qué país mejor captó el verdadero propósito de la feria?
9. ¿Quieres describir algunas funciones especiales que viste?
10. ¿Vas a volver a otra feria mundial? ¿Por qué?

Useful Rejoinders

1. ¡Qué cosa más entretenida!
2. Lo más importante de todo fue . . .
3. ¿De veras?
4. En mi vida . . .

Proverbs

1. Los refranes te darán consejo y alivio en tus afanes.
2. Quien supo olvidar no supo amar.
3. No hay bueno que no pueda ser mejor, ni malo que no pueda ser peor.

The matador "El Cordobes."

UNIT 18

Diálogo

La fiesta nacional

Don Felipe, padrino de Mercedes, es un ex-maquinista[1] que acaba de jubilarse.[2] Es presidente de la cofradía de los ferroviarios[3] y gran entusiasta de las costumbres de Sevilla.

Mercedes, nacida y criada en Sevilla, ahora vive en Filadelfia. En su luna de miel[4] vuelve con su marido James para la Feria de Sevilla. Fueron a misa por la mañana y por la tarde a la corrida.

MERCEDES — ¡Qué bonita está Sevilla en abril! Tiene el mismo encanto de siempre. Mi marido dice que ahora sabe lo que es «el embrujo de Sevilla».
D. FELIPE — Sevilla es igual. Es sólo la gente que envejece.[5] ¡Qué bien que pudieras venir a visitarnos con tu esposo!
MERCEDES — Ay, don Felipe, se ve usted mucho más joven de lo que yo creía. Parece que le gustó muchísimo la corrida.
D. FELIPE — Yo sí, soy el aficionado[6] número uno de Sevilla.
MERCEDES — ¡Me encantó la corrida! El desfile con los elegantes alguaciles[7] y los matadores con sus trajes de luces.[8] ¡Qué espectáculo!
D. FELIPE — Los buenos aficionados dirían que no es espectáculo sino «arte» o «rito».[9] Por cierto que la corrida es más que un deporte. ¡Es la fiesta nacional española!

[1] **maquinista**   engineer (on a train)
[2] **jubilarse**   to retire
[3] **ferroviarios**   railroad workers
[4] **luna de miel**   honeymoon
[5] **envejecer**   to grow old
[6] **aficionado**   fan
[7] **alguacil**   constable (customed bailiffs, *see Cultural Note*)
[8] **trajes de luces**   bullfighters' costume (with sequins, etc.)
[9] **rito**   rite or ritual

Mercedes — Y ¡qué fiesta! ¡Qué emoción en la corrida! Dice mi marido que quiere ser matador.

D. Felipe — Tengo entendido[10] que es un excelente deportista, pero el toreo es un arte españolísimo. Mucho me temo que para ser torero uno tiene que haber nacido en España o llevar al menos en la sangre esa recia herencia[11] hispana.

Mercedes — Sí, los norteamericanos son tenaces en la competencia deportiva pero les falta toda esa tradición de caballerismo, honor y orgullo.

D. Felipe — Parece que de parte del torero hay siempre ese deseo de mostrar su hombría — de mostrar que no tiene miedo de nada ni de nadie.

Mercedes — Los mejores toreros también tienen esa habilidad de corresponder a todos los deseos y caprichos[12] del público.

D. Felipe — ¡Y el público es tan exigente!

Mercedes — En los Estados Unidos se cree que el toreo es cruel.

D. Felipe — No me atrevo[13] a negarlo. Es quizás más cruel que el boxeo o la caza del zorro.[14] Pero si me dicen que el toro está indefenso, les aconsejaré que no se pongan delante de su cornamenta[15] para comprobarlo.

Mercedes — Mis amigas en Filadelfia dicen que el fútbol americano es mucho más divertido y alegre. Estoy de acuerdo que como deporte el fútbol es mucho menos siniestro.

D. Felipe — El toreo parece un juego pero no lo es. De ordinario tiene un aspecto alegre como el sol rebrillando[16] en los trajes de luces. El espada[17] se enfrenta con su enemigo caballerosamente. Pero claro, sus intenciones son trágicas para el bicho.[18]

Mercedes — Cree usted que el torero juega con ventaja.

D. Felipe — Su astucia e inteligencia son superiores pero es frágil y mortal. Está solo en la suerte suprema[19] ante el animal y le convendría matarlo lo más pronto posible, pero tiene que seguir las reglas del «arte». Tiene que cumplir con todos los ritos y esperar el momento exacto.

Mercedes — ¡Qué peligroso! Viste la cornada[20] de esta tarde con el último toro. No sé como se salvó ese muchacho.

---

[10] **tengo entendido**   I understand
[11] **recia herencia**   strong heritage
[12] **capricho**   caprice, whim
[13] **no me atrevo (atreverse)**   I don't dare
[14] **caza del zorro**   fox hunt
[15] **cornamenta**   horns
[16] **rebrillando**   sparkling, shining
[17] **el espada**   swordsman (matador)
[18] **bicho**   animal or bug; ferocious bull
[19] **suerte suprema**   supreme test or final phase
[20] **cornada**   a thrust of the bull's horns which hits or wounds the bullfighter

D. Felipe — El drama puede andar rondando[21] y muy fácil. Una vez le preguntaron a Manolete[22] antes de una corrida que por qué estaba siempre tan serio y el gran torero contestó «más serio está el toro.»

Mercedes — No hay duda que cuando el torero se enfrenta con la fiera[23] todo va en serio.

D. Felipe — Viste que bien se portó[24] el Cordobés después de la cornada. Volvió a la plaza con aún más coraje y el público insistió en que le dieran las dos orejas y el rabo![25]

Mercedes — ¡Ha sido una tarde divertidísima! La valentía de los espadas, la música y el colorido de toda la fiesta. ¡Fantástico! Pero le digo francamente que lo más emocionante de todo fue cuando el Cordobés dedicó el toro a su novia.

D. Felipe — Sí, la corrida también tiene su aspecto romántico — sobre todo para los jóvenes enamorados o recién casados.

[21] **andar rondando** hover about (**El drama puede andar rondando.** The show can turn out poorly.)
[22] **Manolete** nickname of famous Spanish bullfighter Manuel Rodríguez
[23] **fiera** a fierce, untamed animal (lion, tiger, bull, etc.)
[24] **se portó** he behaved or performed
[25] **las orejas y el rabo** the ears and the tail

Cultural Notes

La Corrida de Toros The *corrida de toros* as witnessed in Spain and Latin America today is one of the most colorful manifestations of Spain's rich folklore. It is truly an art form. Most cities have a *plaza de toros* where every Sunday during the season, on particular feast days and on important religious occasions, there are *corridas.* Dating from ancient times, this artistic spectacle endures as one of the most unique and meaningful Spanish customs.

One of the easily apparent aesthetic values of the *corrida* is the beauty of the colorful medieval costumes worn by the officials in the opening bullfight processional and the elegance of the matador's *traje de luces.* With his artistically decorated cloak thrown over his shoulders and the cherry and yellow colored *capa* in his hand, he cuts a very elegant figure. He is the personification of grace and rhythm as he leads the bull through the various *pases* and *quites* which lead up to the "moment of truth" and the climax of the bullfight.

The poise, skill, and courage of the *matador* make an exciting spectacle as the man, all alone with the bull, takes charge and moves about the ring with a majestic and triumphant air. The better *matadores* not only receive unbelievable praise in the ring but they are handsomely rewarded for their artistic performance with salaries comparable to other entertaining artists in the movies and on the stage.

Curiously enough, the average bullfight *aficionado* does not look upon the *corrida* or even the killing of the bull as being an example of cruelty to animals. One word for the bull in Spanish is *res* from the Latin word meaning "thing." As a matter of fact, Spaniards tend to believe boxing is more cruel than the *corrida* because human beings rather than "brutes" are involved. The sentimental "Ferdinand" so familiar in the United States indicates our tendency to give animals human characteristics or traits. Spaniards are not sentimental about their *toro de lidia*. He is a savage animal of pedigreed lineage, raised on the wide, open plains in an environment or special breeding ground where he has almost no contact with man. He is bred and trained to fear nothing in the world and will attack anything or anyone who dares to challenge him. In the ring, the *matador*'s assistants do everything possible to make the bull even more fierce.

All of these factors merely enhance the "moment of truth" in which *el espada* has the greatest possible opportunity to show his *hombría*, fearlessness, dexterity and showmanship. Unlike the American auto racer who also risks his life, the bullfighter uses no mechanical force to accomplish his task. He must depend on his own strength and skill when he is all alone with the bull. This artistic display of courage and skill provides thrills and satisfaction for the ardent *aficionados*. The *corrida* is truly the *fiesta del pueblo*.

DIALOG ADAPTATION

1. ¿A qué se refieren cuando hablan del embrujo de Sevilla?
2. ¿En qué sentido es espectáculo la corrida?
3. ¿Qué hay de artístico en la corrida?
4. Haga usted una comparación entre el aficionado al fútbol americano y el aficionado al toreo.
5. ¿Cree usted que el fútbol americano es más divertido y alegre que el toreo?
6. ¿Por qué creen los españoles que James no puede ser torero?
7. ¿Cuáles son las habilidades y características de los mejores toreros?
8. ¿Cuáles son las ventajas que tiene el toro? ¿y el torero?
9. ¿Cree usted que el toreo es más cruel que el boxeo?
10. Explique usted lo de las orejas y el rabo.
11. ¿Qué tiene de romántico el toreo?
12. ¿Por qué le llaman la fiesta nacional?
13. ¿Le gustaría pasar su luna de miel en Sevilla?

Comparisons of equality

tan ... como (*as ... as*)
tantos(-as) ... como (*as many ... as*)
tanto(-a) ... como (*as much ... as*)

In a noun phrase **tanto (-a, -os, -as)** comes before the noun and **como** follows.

   Tengo **tantos** libros **como** Ud.

If no noun is specifically mentioned, **tanto** is invariable.

   Yo hablo tanto como él.

Tan is used to modify an adjective or another adverb.

   El boxeo es **tan** cruel **como** el toreo.
   Habla **tan** rápido **como** siempre.

Neither **tan** nor **tanto** is used before **mucho**.

PATTERNED RESPONSE

1. *Teacher:* ¿Son crueles el boxeo y el toreo?
   Student: Sí, el boxeo es tan cruel como el toreo.

   ¿Son divertidos el fútbol y la corrida?
   ¿Son tristes el hijo y el padre?
   ¿Son fáciles el español y el inglés?
   ¿Son alegres Mercedes y Don Felipe?
   ¿Son altas la madre y la hija?
   ¿Son dedicados el profesor y el estudiante?

2. *Teacher:* Hay mucha nieve aquí y allá también.
   Student: Sí, hay tanta nieve aquí como allá.

   Hay muchos caballos finos en Sevilla y Argentina.
   Hay muchas señoritas bonitas en Madrid y Toledo.
   Hay muchas corridas en Sevilla y Pamplona.

3. *Teacher:* Tiene usted muchos caballos y toros.
   Student: Sí, tengo tantos caballos como toros.

   Tiene usted muchos trajes y camisas.
   Tiene usted muchos amigos y amigas.
   Tiene usted muchos tíos y tías.

4. *Teacher:* Mercedes todavía habla mucho, ¿verdad?
   Student: Sí habla tanto como antes.

   Don Felipe todavía come mucho, ¿verdad?
   La tía Helena todavía viaja mucho, ¿verdad?
   Usted todavía estudia mucho, ¿verdad?
   El maestro todavía exige mucho, ¿verdad?

5. *Teacher:* Usted se levanta muy temprano, ¿no?
   Student: Sí, me levanto tan temprano como usted.

   Usted lee muy rápido, ¿no?
   Usted come muy ligero, ¿no?
   Usted juega muy bien, ¿no?
   Usted corre muy despacio, ¿no?

Comparisons of inequality

Positive	*Comparative*
Don Felipe es **alegre**.	Mercedes es **más alegre**.
El boxeo es **cruel**.	El fútbol es **menos cruel**.
James juega **bien**.	Tomás juega **mejor**.
Se portó **mal**.	Se portó **peor**.
Mercedes habla **mucho**.	Don Felipe habla **más**.

Más and **menos** indicating a greater and a smaller amount are used to show comparison. Note, however, that **mejor** is used instead of **más bien**, **peor** instead of **más mal**. As adjectives they agree in number with the noun modified.

PATTERNED RESPONSE

Teacher: Mercedes y Don Felipe son alegres, ¿no?
Student: Sí, pero Mercedes es más alegre que él.

James y Tomás juegan bien, ¿no?
El boxeo y el fútbol son crueles, ¿no?
Mercedes y Don Felipe hablan mucho, ¿no?
El toro y el caballo se portaron mal, ¿no?
Mercedes y James están contentos, ¿no?

Comparisons with nouns

When a noun is used as the basis of comparison, an article precedes the noun and the rest of the construction follows the noun.

Es la señorita más inteligente de la clase.
Son las montañas más altas del mundo.

Comparisons with a possessive construction

Article	Noun	Possessive Construction
la	muchacha	más lista de la clase
el	torero	más valiente del mundo
el	toro	más feroz de la corrida

English interprets the entity as being located in the group (He's the bravest bullfighter in the world). Spanish interprets the entity as belonging to or being a part of the group or entity (**Es el torero más valiente del mundo**).

PATTERNED RESPONSE

Teacher: Es un torero muy valiente.
Student: Sí, es el torero más valiente del mundo.

       Es un profesor muy exigente.
       Es un señorita muy bonita.
       Es un señor muy rico.
       Es un estudiante muy inteligente.

The superlative ending -*ísimo*

The ending **-ísimo** is attached to an adjective. It is an emphatic form meaning "very" or "exceedingly."

PATTERNED RESPONSE

Teacher: Este examen es dificilísimo.
Student: Sí, es el examen más difícil del mundo.

       Esta ciudad es grandísima.
       Estas montañas son altísimas.
       Esta torta es deliciosísima.

Esta muchacha es hermosísima.
Estos libros son carísimos.
Esta lección es facilísima.
Este profesor es bonísimo.
Este profesor es pésimo.

The superlative **bonísimo** (from **bueno**) and **pésimo** (from **peor**) have a radical changing form such as verbs.

PATTERNED RESPONSE

Teacher: Éste es el peor profesor del mundo.
Student: Sí, es pésimo.

Ésta es la mejor torta del mundo.
Éstos son los peores estudiantes del mundo.
Éstas son las mejores personas del mundo.
Éste es el peor tren del mundo.

Neuter *lo* in comparison

Salió lo más pronto posible.
Habló lo más claro que pudo.

Lo is used before abstract nouns.

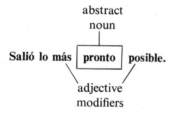

TRANSLATION DRILL

1. *Teacher:* He left as soon as possible.
   Student: Salió lo más pronto posible.

   They spoke as clearly as possible.
   He came as early as possible.
   She came as near as possible.
   I went as far as possible.

2. *Teacher:* He sang the best he could.
   Student: Cantó lo mejor que pudo.

   She spoke as clearly as she could.
   They played the best they could.
   He jumped as high as he could.
   She sat down as soon as she could.

The comparison of identity

Igual versus **mismo**:

Mismo is used when the comparison is between two identical entities.

   Es el mismo libro que leí.

When they are compared for similarity **igual** is used.

   Su casa es igual que la nuestra.

Lo mismo and **igual** are used as adverbs and are invariable.

   Me siento igual hoy que ayer.
   Me siento lo mismo hoy que ayer.

Comparisons with possessives

Nouns are replaced by possessives **el mío, la mía, los míos, las mías** or by **el de, la de, los de,** and **las de** in order to avoid repetition of the noun in comparisons.

   El caballo de Felipe **es más bonito que el de Luisa.**
   El caballo de Felipe **es más bonito que el mío.**

PATTERNED RESPONSE

1. *Teacher:* ¿Tienen Uds. la misma idea?
   Student: Sí, su idea es la misma que la nuestra.

   ¿Tienen Uds. el mismo libro?
   ¿Tienen Uds. las mismas clases?
   ¿Tienen Uds. los mismos amigos?
   ¿Tienen Uds. el mismo disco?

2. *Teacher:* ¿Tienen Uds. coches iguales?
   Student: Sí, su coche es igual que los nuestros.

¿Tienen Uds. vestidos iguales?
¿Tienen Uds. casas iguales?
¿Tienen Uds. cuadernos iguales?
¿Tienen Uds. radios iguales?

Irregular comparatives: adjectives

The following comparatives are formed irregularly:

Positive	Comparative	Superlative
bueno	mejor	el mejor
malo	peor	el peor
grande	⎰ mayor ⎨ más grande ⎱ menor	⎰ el mayor ⎨ el más grande ⎱ el menor
pequeno	más pequeño	el más pequeño

Note that **más grande** and **más pequeño** are used when reference is made to size.

In addition to the meanings "bigger" and "smaller," **mayor** and **menor** may also mean "older" and "younger."

    Yo soy **mayor** que él.   (*I am older than he.*)
    Él es **menor** que ella.   (*He is younger than she.*)

PATTERNED RESPONSE

1. *Teacher:* Éste es bueno.
   Student: Sí, pero éste es mejor.

       Éste es malo.   Éste es pequeño.
       Éste es grande.   Éste es joven.
       Éste es viejo.

2. *Teacher:* Ése juega bien.
   Student: Éste juega mejor.

       Ése juega mal.   Ése juega mucho.

Que, used with **más** or **menos**, becomes **de lo que** when followed by a verb.

    Don Felipe es tan joven como creía.
    Don Felipe es más joven **de lo que creía**.

Don Felipe trabaja tanto como creía.
Don Felipe trabaja menos **de lo que creía**.

PATTERNED RESPONSE

1. *Teacher:* ¿Es más rico de lo que Ud. creía?
   Student: Sí, es más rico de lo que creía.

joven	inteligente
pobre	guapo
viejo	gordo
alto	listo

2. *Teacher:* ¿Trabaja más de lo necesario?
   Student: Sí, trabaja más de lo necesario.

estudia	baila
practica	canta
anda	duerme
habla	come

3. *Teacher:* ¿Llueve aquí tanto como pensabas?
   Student: No, llueve mucho menos de lo que pensaba.

   ¿Se pasean ellos tanto como creías?
   ¿Descansa Felipe tanto como decía?
   ¿Trabaja Jorge tanto como pensabas?
   ¿Duerme Mercedes tanto como decía?

4. *Teacher:* ¿Habla María tanto como creías?
   Student: Sí, habla más de lo que creía.

   ¿Come María tanto como pensabas?
   ¿Toma Don Felipe tanto como parecía?
   ¿Se divierte James tanto como creías?
   ¿Estudia Luisa tanto como decía?

Comparisons with the definite article

When a noun is the point of comparison, **de la** (**el, los, las**) plus **que** is used.

PATTERNED RESPONSE

1. *Teacher:* ¿Tiene más dinero del que le dio a Ud.?
   Student: Sí, tiene más del que me dio.

libros	instrumentos
corbatas	caballos
camisas	plumas
zapatos	fotos

2. *Teacher:* ¿Recibiste tantos libros como deseabas?
   Student: ¿Sí, recibí más de los que deseaba?

   ¿Entraron tantas personas como esperabas?
   ¿Hay tantos perros ahora como antes?
   ¿Tienes tantas deudas como creías?

3. *Teacher:* ¿Tu papá te dio tanto dinero como querías?
   Student: No, me dio menos del que quería.

   ¿Tenías tantas pesetas como necesitabas?
   ¿Sacaste tantas buenas notas como deseabas?
   ¿Trajo María tantos helados como querías?

Comparisons of inequality with *que* and *de*

A. Spanish uses **que** as the equivalent of "than" in comparisons of inequality between different things.

   Me gustan **más** los caballos **que** los toros.
   Es español es **menos** difícil **que** el inglés.

B. Similarly, **que** is used as the equivalent of "than" when one basis of comparison is left out.

   Mercedes es **más bonita que** ella.
   Alberto tiene **más amigos que** Ronaldo.

PATTERNED RESPONSE

1. *Teacher:* Esa muchacha es bonita.
   Student: Sí, es más bonita que la otra.

   Esa señora es elegante.
   Ese joven es fuerte.
   Este señor llegó tarde.
   Aquel muchacho come temprano.

2. *Teacher:* Él estudia mucho.
   Student: Sí, estudia más que nadie.

Ella lo hace rápido.
Alberto habló poco.   (menos)
El profesor habló mucho.
María terminó pronto.
Luisa se levantó temprano.

C. The equivalent of "than" is **de** when the comparison involves different degrees or amounts of the same thing.

Siempre **duermo más de seis horas**.
Me dio **más de la mitad**.
Tiene **más de tres coches**.
No tengo **más de tres pesetas**.
No tengo **menos de tres pesetas**.

PATTERNED RESPONSE

Teacher: No duermo diez horas sino ocho.
Student: Es cierto. Ud. duerme menos de diez horas.

Teacher: No tengo cien dólares sino doscientos.
Student: Es cierto. Ud. tiene más de 100 dólares.

No tengo cuatro coches sino tres.
No hay cincuenta personas sino cuarenta.
No compré ocho libros sino diez.
No me dieron sesenta pesetas sino cincuenta.
No me cobraron cien pesetas sino ciento cincuenta.

D. **Que** may be used in the negative; however, it carries the meaning of "no other," or "nothing other than."

No tengo más que tres dólares.
(*nothing else, no other money or no other amount*)

Ella no me dio más que dos camisas.
(*She gave him nothing "other than," or "only," two shirts*)

Translation

1. I have only (*no more than*) eight dollars.
2. I have only (*nothing other than*) eight dollars.
3. She has more pencils than she needs.
4. We work fewer than eight hours.

5. A car is better than a horse.
6. I work more than you think.
7. Felipe's horses are better than Mary's.

Controlled Conversation

Pregúntele a _____ si sabe más español de lo que creía el profesor.
si está tan triste como yo.
si aquí hay tanta nieve como en las montañas de la sierra de Guadarrama.
si tenía su novio(a) menos dinero de lo que creía.
lo qué es el embrujo de Sevilla.
cuál es la fiesta nacional española.
si hay que haber nacido en España para ser torero.
quién es Manolete.

Translation

1. This is the best of all the sports.
2. You are much younger than I thought.
3. The food was very tasty.
4. It's the largest bullring in the world.
5. He eats more than I thought he did.
6. He's not as smart as he thinks he is.

Discussion Topic: La fiesta nacional

1. ¿Has visto una corrida de toros?
2. ¿Te ha gustado? ¿Por qué?
3. ¿Sentiste la verdadera emoción del espectáculo?
4. ¿Qué hiciste cuando el matador mató el toro?
5. ¿Quieres ser matador?
6. ¿Te parece cruel el toreo? ¿Por qué?
7. ¿Cuál es la fiesta nacional estadounidense?
8. ¿Quieres, por favor, compararla con la fiesta nacional española?
9. ¿Cuál te gusta más? ¿Por qué?
10. ¿Sería divertida una corrida de toros para dos novios muy enamorados?

Useful Rejoinders

1. ¿Quién sabe?
2. Dinos lo que piensas de esto.
3. No comprendo lo que dijiste.
4. A la verdad no me importa tanto.

Proverbs

1. Cuando la zorra predica, no están seguros los pollos.
2. Dijo la muerte al dinero: Para nada te quiero.
3. El sueño es alivio de las miserias de los que las tiene despiertas.

Vélez-Blanco near Almería.

UNIT 19

Lectura

¿Por qué habla tan alto el español?

LEÓN FELIPE

León Felipe (1884–1970) was born in Spain. He traveled widely in Africa, Mexico, the United States, and South America, anxious to present a message about Spain. He is a modern philosophic poet. His style is direct and easy to understand. The essay-story included here is an attempt to justify and illuminate a characteristic of a modern-day Spaniard.

Este tono levantado del español es un defecto, viejo ya, de raza. Viejo e incurable. Es una enfermedad crónica.

Tenemos los españoles la garganta destemplada y en carne viva. Hablamos a grito herido y estamos desentonados para siempre, *para siempre* porque tres veces, tres veces, tres veces tuvimos que desgañitarnos en la historia hasta desgarrarnos la laringe.

La primera fue cuando descubrimos este Continente y fue necesario que gritásemos sin ninguna medida: ¡Tierra! ¡Tierra! ¡Tierra! Había que gritar esta palabra para que sonase más que el mar y llegase hasta los oídos de los hombres que se habían quedado en la otra orilla. Acabábamos de descubrir un mundo nuevo, un mundo de otras dimensiones al que cinco siglos más tarde, en el gran naufragio de Europa, tenía que agarrarse la esperanza del hombre. ¡Había motivos para hablar alto! ¡Había motivos para gritar!

La segunda fue cuando salió por el mundo, grotescamente vestido, con una lanza rota y una visera de papel, aquel estrafalario fantasma de La Mancha, lanzando al viento desaforadamente esta palabra de luz olvidada por los hombres: ¡Justicia! ¡Justicia! ¡Justica! . . . ¡También había motivos para gritar! ¡También había motivos para hablar alto!

El otro grito es más reciente. Yo estuve en el coro. Aún tengo la voz parda de la ronquera. Fue el que dimos sobre la colina de Madrid, el año 1936, para prevenir a la majada, para soliviantar a los cabreros, para despertar al mundo: ¡Eh! ¡Que viene el lobo! ¡Que viene el lobo!... ¡Que viene el lobo!

El que dijo *Tierra* y el que dijo *Justicia* es el mismo español que gritaba hace seis años nada más, desde la colina de Madrid a los pastores: *¡Eh! ¡Que viene el lobo!*

Nadie le oyó. Los viejos rabadanes del mundo que escriben la historia a su capricho cerraron todos los postigos, se hicieron los sordos, se taparon los oídos con cemento y todavía ahora no hacen más que preguntar como los pedantes: ¿pero por qué habla tan alto el español?

Sin embargo, el español no habla alto. Ya lo he dicho. Lo volveré a repetir: El español habla desde el nivel exacto del Hombre, y el que piense que habla demasiado alto es porque escucha desde el fondo de un pozo.

A. COMPRENSIÓN

1. ¿Qué motivos había para hablar tan alto cuando los españoles gritaron «¡Tierra! ¡Tierra! ¡Tierra!»?
2. ¿Cuál fue «la esperanza del hombre» en el naufragio de Europa?
3. ¿Quién gritaba «¡Justicia! ¡Justicia! ¡Justicia!» y por qué?
4. ¿Cuáles fueron las circunstancias del grito que dieron sobre la colina de Madrid?
5. ¿Quién ere el «lobo» y quiénes se hicieron los sordos cuando gritaron «¡Que viene el lobo!»?
6. ¿Cree el autor que de veras hablan demasiado alto los españoles?
7. ¿Qué quiere decir «escuchan desde el fondo de un pozo»?

B. TRADUCIR AL INGLÉS

1. ¿Por qué habla tan alto el español?
2. Hablamos a grito herido.
3. Hasta desgarrarnos la laringe.
4. Tengo la voz parda de la ronquera.
5. ¡Eh! ¡Que viene el lobo!
6. Se hicieron los sordos.
7. Lo volveré a repetir.

C. ESCRIBIR LAS PALABRAS QUE FALTAN

1. Dice el autor que hablar alto es una enfermedad _____.
2. Don Quijote salió por el mundo _____ vestido.
3. Dieron un grito sobre la colina de Madrid, el año 1936, para _____ a la majada.

4. Los viejos rabadanes del mundo . . . escriben la historia ———— ———— ————.

5. El que ———————— que habla demasiado alto es porque escucha desde el fondo de un pozo.

D. COMENTARIO CRÍTICO

1. ¿Qué simbolismo emplea el autor en el cuento?
2. ¿Es cuento o ensayo la selección de León Felipe?
3. ¿Cuál es la idea fundamental del cuento?
4. Hagase una lista de las expresiones que emplea el autor para expresar las varias maneras de gritar fuerte. ¿Cuáles son los resultados en la voz, la laringe y la garganta de los que gritan?

UNIT 20

Lectura

Una oración

Jorge Luis Borges

Jorge Luis Borges was born on August 24, 1899, in Buenos Aires. Time *has said of him:* "... *among the literate young, he is recognized all over the world as a brilliant, exotic and curiously endearing literary figure." Borges maintains a unique balance between the regional and the universal in his work. The following selections are evidence of his unmistakable style and his exceptional literary stature.*

Mi boca ha pronunciado y pronunciará, miles de veces y en los dos idiomas que me son íntimos, el Padrenuestro, pero sólo en parte lo entiendo. Esta mañana, la del día primero de julio de 1969, quiero intentar una oración que sea personal, no heredada. Sé que se trata de una empresa que exige una sinceridad casi sobrehumana. Es evidente, en primer término, que me está vedado pedir. Pedir que no anochezcan mis ojos sería una locura; sé de millares de personas que ven y que no son particularmente felices, justas o sabias. El proceso del tiempo es una trama de efectos y de causas, de suerte que pedir cualquier merced, por ínfima que sea, es pedir que se rompa un eslabón de esa trama de hierro, es pedir que ya se haya roto. Nadie merece tal milagro. No puedo suplicar que mis errores me sean perdonados; el perdón es un acto ajeno y sólo yo puedo salvarme. El perdón purifica al ofendido, no al ofensor, a quien casi no le concierne. La libertad de mi albedrío es tal vez ilusoria, pero puedo dar o soñar que doy. Puedo dar el coraje, que no tengo; puedo dar la esperanza, que no está en mí; puedo enseñar la voluntad de aprender lo que sé apenas o entreveo. Quiero ser recordado menos como poeta que como amigo; que alguien repita una cadencia de Dunbar o de Frost o del hombre que vio en la medianoche el árbol que sangra, la Cruz, y piense que por primera vez la oyó de mis labios. Lo demás no me importa;

espero que el olvido no se demore. Desconocemos los designios del universo, pero sabemos que razonar con lucidez y obrar con justicia es ayudar a esos designios, que no nos serán revelados.

Quiero morir del todo; quiero morir con este compañero, mi cuerpo.

A. COMPRENSIÓN

1. ¿Por qué no quería hacer Borges una oración heredada?
2. ¿Por qué no quería pedir el autor que sus ojos no anochecieran?
3. ¿Cuál es el milagro que no merece nadie según Borges?
4. ¿Por qué no pedía Borges perdón por sus errores?
5. ¿Cómo puede una persona dar algo que no tiene?
6. ¿Qué quiere el autor en cuanto a su fama como poeta?
7. ¿Cómo puede uno ayudar a los designios del universo?

B. TRADUCIR AL INGLÉS

1. Se trata de una empresa que exige una sinceridad ...
2. Puedo dar o soñar que doy.
3. Puedo enseñar la voluntad de aprender lo que sé apenas o entreveo.
4. Lo demás no me importa.
5. Quiero morir del todo.

C. ESCRIBIR LAS PALABRAS QUE FALTAN

1. Pero sólo en parte lo _____.
2. Quiero _____ una oración personal.
3. Sé de _____ de personas que ven.
4. La libertad de mi albedrío es tal vez _____.
5. Quiero ser recordado menos como _____ que como _____.
6. Espero que el _____ no se demore.

D. COMENTARIO CRÍTICO

1. ¿Cuál es el ambiente que crea el autor?
2. ¿Qué impresión deja Borges en cuanto a su propia filosofía y su personalidad?
3. Dice Borges que quiere morir del todo. ¿No tendrá deseos de ver el más allá?

UNIT 21

Lectura

Episodio del enemigo

JORGE LUIS BORGES

    Tantos años huyendo y esperando y ahora el enemigo estaba en mi casa. Desde la ventana lo vi subir penosamente por el áspero camino del cerro. Se ayudaba con un bastón, con un torpe bastón que en sus viejas manos no podía ser un arma sino un báculo. Me costó percibir lo que esperaba: el débil golpe contra la puerta. Miré, no sin nostalgia, mis manuscritos, el borrador a medio concluir y el tratado de Artemidoro sobre los sueños, libro un tanto anómalo ahí, ya que no sé griego. Otro día perdido, pensé. Tuve que forcejear con la llave. Temí que el hombre se desplomara, pero dio unos pasos inciertos, soltó el bastón, que no volví a ver, y cayó en mi cama, rendido. Mi ansiedad lo había imaginado muchas veces, pero sólo entonces noté que se parecía, de un modo casi fraternal, al último retrato de Lincoln. Serían las cuatro de la tarde.
    Me incliné sobre él para que me oyera.
    — Uno cree que los años pasan para uno — le dije — pero pasan también para los demás. Aquí nos encontramos al fin y lo que antes ocurrió no tiene sentido.
    Mientras yo hablaba, se había desabrochado el sobretodo. La mano derecha estaba en el bolsillo del saco. Algo me señalaba y yo sentí que era un revólver.
    Me dijo entonces con voz firme:
    — Para entrar en su casa, he recurrido a la compasión. Lo tengo ahora a mi merced y no soy misericordioso.
    Ensayé unas palabras. No soy un hombre fuerte y sólo las palabras podían salvarme. Atiné a decir:
    — Es verdad que hace tiempo maltraté a un niño, pero usted ya no es aquel

niño ni yo aquel insensato. Además, la venganza no es menos vanidosa y ridícula que el perdón.

— Precisamente porque ya no soy aquel niño — me replicó — tengo que matarlo. No se trata de una venganza sino de un acto de justicia. Sus argumentos, Borges, son meras estratagemas de su terror para que no lo mate. Usted ya no puede hacer nada.

— Puedo hacer una cosa — le contesté.
— ¿Cuál? — me preguntó.
— Despertarme.

Y así lo hice.

A. COMPRENSIÓN

1. ¿Por qué creía Borges que el bastón no era un arma cuando vio llegar al enemigo?
2. ¿Cómo aprende el lector la edad del autor?
3. ¿Cómo engañó el enemigo a Borges?
4. ¿Qué motivo tenía el enemigo para matarlo a Borges?
5. ¿Cuál es la diferencia entre la venganza y la justicia?
6. ¿Era o no era el enemigo aquel niño maltratado?
7. ¿Cómo lo venció Borges al enemigo?

B. TRADUCIR AL INGLÉS

1. Me costó percibir lo que esperaba: el débil golpe contra la puerta.
2. Temí que el hombre se desplomara.
3. Serían las cuatro de la tarde.
4. La mano derecha estaba en el bolsillo del saco.
5. Usted ya no es aquel niño ni yo aquel insensato.

C. ESCRIBIR LAS PALABRAS QUE FALTAN

1. Desde la ventana lo vi _____ penosamente.
2. El bastón no podía ser un arma sino un _____.
3. Tuve que _____ con la llave.
4. Mi ansiedad lo había _____ muchas veces.
5. Para entrar en su casa, he recurrido a la _____.

D. COMENTARIO CRÍTICO

1. ¿Cuál es el medio literario que empleó Borges para producir una sorpresa en el desenlace?
2. ¿Cómo nos prepara el autor para aceptar la idea que todo el cuento es un sueño?
3. ¿Cuál es el punto cumbre y cuando ocurre?
4. ¿Cuáles son las características personales del enemigo?
5. ¿Qué emociones evoca el cuento?

UNIT 22

Lectura

Vuelva usted mañana

MARIANO JOSÉ DE LARRA

Mariano José de Larra (1809–1837), a professional journalist, the highest-paid newspaper man of his day, was one of Spain's best critics. He wrote perceptive and enjoyable satirical articles about the contemporary scene. His caustic wit is usually penetrating. His prose style is superb. "Vuelva Ud. Mañana" is a classic regarding a national foible.

    La pereza es un pecado mortal, que impedirá la entrada al cielo a más de un cristiano.
    Hace unos días se presentó en mi casa un extranjero, provisto de competentes cartas de recomendación para mi persona. Venía a España por asuntos de familia, y tenía pensado· invertir sus cuantiosos caudales en algunas especulaciones industriales.
    Acostumbrado a la actividad de su país, me aseguró formalmente que pensaba permanecer aquí muy poco tiempo, sobre todo si no encontraba pronto algo seguro en qué invertir su capital.
    — Mire — le dije — monsieur Sans-délai — que así se llamaba — usted viene decidido a resolver todos sus asuntos en quince días.
    — Ciertamente — me contestó —. Quince días y es mucho. Mañana por la mañana buscamos un genealogista para mis asuntos de familia; por la tarde revuelve sus libros, busca mis ascendientes, y por la noche ya sé quién soy. Al cuarto día presentaré mis proposiciones en cuanto a la inversión de mis caudales, que serán desechadas o admitidas en el acto. Durante tres días me dedico a ver lo que hay que ver en Madrid, descanso un día, y luego, si no me conviene estar más aquí, me vuelvo a mi casa; aún me sobran, de los quince, cinco días.
    Le aseguré que en los quince días no habría podido hablar siquiera a una

persona cuya cooperación necesitaba, y lo invité a comer para el día en que llevara 15 meses de estancia en Madrid.

Pero el señor de Sans-délai no lo creyó y yo decidí callar, pues ya lo convencerían los hechos.

Al día siguiente fuimos a buscar un genealogista. Lo encontramos por fin, y nos dijo que necesitaba tiempo, y que volviéramos dentro de unos días. Sonreí y nos marchamos. Pasaron tres días. Fuimos.

— Vuelva Ud. mañana — nos respondió la criada —, porque el señor no se ha levantado todavía.

— Vuelva Ud. mañana — nos respondió al otro día —, porque el amo está durmiendo la siesta.

— Vuelva Ud. mañana — nos respondió el lunes siguiente —, porque hoy ha ido a los toros.

¿Qué día, a qué hora se ve a un español? Vímosle por fin. — Vuelva Ud. mañana — nos dijo — porque se me ha olvidado. Vuelva Ud. mañana, porque no está en limpio.

A los quince días ya estuvo; pero mi amigo le había pedido noticias del apellido Diez, y él había entendido Díaz, y la noticia no servía. Esperando nuevas pruebas, mi amigo ya había perdido casi la esperanza de dar con sus abuelos.

Para las proposiciones en cuanto a la inversión de sus caudales, que pensaba utilizar en empresas utilísimas, tuvimos que buscar un traductor, que también nos llevó de mañana en mañana hasta el fin de mes. Lo mismo sucedió con el escribiente, quien además llenó las copias de mentiras.

No paró aquí; un sastre tardó veinte días en hacerle un frac, el zapatero le obligó con su tardanza a comprar botas hechas, y el combrerero le tuvo dos días con la cabeza al aire y sin salir de casa.

Sus conocidos no asistían a una sola cita, ni avisaban cuando faltaban, ni respondían a sus esquelas. ¡Qué formalidad y qué exactitud!

¿Para esto he hecho yo viaje tan largo? Todo lo que consigo es que todo el mundo me diga diariamente: Vuelva Ud. mañana. Y cuando llega ese mañana me dicen redondamente que no. ¿Y vengo a darles dinero? ¿Y vengo a hacerles favor? ¡La intriga más enredada se ha fraguado para oponerse a nuestros proyectos!

— ¿Intriga, monsieur Sans-délai? No hay hombre capaz de seguir dos horas una intriga. La pereza es la verdadera intriga. Le juro que no hay otra cosa.

— Me marcho, señor, — me dijo —, en este país no hay tiempo para hacer nada. Sólo me limitaré a ver lo que haya en la capital de más notable.

— Pues la mayoría de nuestras cosas no se ve. ¡Váyase Ud. en paz y no acabe con su paciencia!

Pero otra vez lo convencieron los hechos.

— Vuelva Ud. mañana — nos decía en todas partes — porque hoy no se ve. Tienen que pedir un permiso especial.

Mi amigo decía entonces: «soy un extranjero». ¡Buena recomendación entre los amables compatriotas míos! Finalmente, después de medio año largo, si es que hay un medio año más largo que otro, volvió monsieur Sans-délai a su patria, maldiciendo de esta tierra.

¿Tendrá razón, perezoso lector, tendrá razón el buen monsieur Sans-délai en hablar mal de nosotros y de nuestra pereza? ¿Te parece que volverá el día de mañana con gusto a visitar nuestros hogares? Dejemos esta cuestión para mañana, porque ya estarás cansado de leer hoy. Si mañana y otro día no tienes, como sueles, pereza de volver a la librería, y pereza de abrir los ojos para leer lo poco que tengo que darte, te contaré cómo yo mismo he perdido muchas veces una oportunidad por pereza. Te confesaré que no hay negocio que pueda hacer hoy que no deje para mañana; que me levanto a las once y duermo siesta, que muchas noches no ceno de pereza, y de pereza no me acuesto; en fin, lector de mi alma, te declararé que tantas veces como estuve en esta vida desesperado, ninguna me ahorqué y siempre fue de pereza. Y concluyo por hoy confesándote que hace más de tres meses que tengo el título de este artículo que llamé: Vuelva Ud. mañana; que todas las noches he querido escribir algo, y que siempre apagaba mi luz diciéndome con la más pueril credulidad en mis propias resoluciones: «¡Mañana lo escribiré!» Da gracias a que llegó por fin este mañana, que no es del todo malo; pero ¡ay de aquel mañana que no ha de llegar jamás!

A. COMPRENSIÓN

1. ¿Cuál es el pecado que impedirá a muchos la entrada al cielo?
2. ¿Con qué objeto fue el extranjero a España?
3. ¿Cuánto tiempo pensaba quedarse en España?
4. ¿Cuáles eran los planes de M. Sans-délai?
5. ¿Qué le respondió el autor?
6. ¿Por qué no servía la noticia que les dio por fin el genealogista?
7. ¿Cómo se portaban sus conocidos?
8. ¿Cuál es en verdad la gran causa oculta, según su amigo?
9. ¿Cuáles son las cosas que no hace el autor por pereza?
10. ¿Cuál es el «mañana» verdaderamente malo?

B. TRADUCIR AL INGLÉS

1. Tenía pensado invertir sus cuantiosos caudales.
2. Me dedico a ver lo que hay que ver en Madrid.
3. Aún me sobran, de los quince, cinco días.
4. ¿Qué día, a qué hora se ve a un español?

5. Nos llevó de mañana en mañana hasta el fin de mes.
6. Le tuvo dos días con la cabeza al aire.
7. Volvió a su patria maldiciendo de esta tierra.
8. No me ahorqué y siempre fue de pereza.

C. ESCRIBIR LAS PALABRAS QUE FALTAN

1. Se presentó en mi casa _____ de competentes cartas de recomendación.
2. Pensaba _____ aquí muy poco tiempo.
3. Si no me _____ estar más aquí me vuelvo a mi casa.
4. En los quince días no _____ _____ hablar siquiera a una persona.
5. Pues ya lo convencieron los _____.

D. COMENTARIO CRÍTICO

1. ¿Cuáles son las características del personaje principal?
2. ¿Cuáles son las características de los españoles que describe el autor?
3. Hágase una lista de las excusas que dan las personas que le piden que vuelva mañana.

UNIT 23

Lectura

El evangelio según Marcos

JORGE LUIS BORGES

PART ONE

El hecho sucedió en la estancia La Colorada, en el partido de Junín, hacia el sur, en los últimos días del mes de marzo de 1928. Su protagonista fue un estudiante de medicina, Baltasar Espinosa. Podemos definirlo por ahora como uno de tantos muchachos porteños, sin otros rasgos dignos de nota que esa facultad oratoria que le había hecho merecer más de un premio en el colegio inglés de Ramos Mejía y que una casi ilimitada bondad. No le gustaba discutir; prefería que el interlocutor tuviera razón y no él. Aunque los azares del juego le interesaban, era un mal jugador, porque le desagradaba ganar. Su abierta inteligencia era perezosa; a los treinta y tres años le faltaba rendir una materia para graduarse, la que más lo atraía. Su padre, que era librepensador, como todos los señores de su época, lo había instruido en la doctrina de Herbert Spencer, pero su madre, antes de un viaje a Montevideo, le pidió que todas las noches rezara el Padrenuestro e hiciera la señal de la cruz. A lo largo de los años no había quebrado nunca esa promesa. No carecía de coraje; una mañana había cambiado, con más indiferencia que ira, dos o tres puñetazos con un grupo de compañeros que querían forzarlo a participar en una huelga universitaria. Abundaba, por espíritu de aquiescencia, en opiniones o hábitos discutibles: el país le importaba menos que el riesgo de que en otras partes creyeran que usamos plumas; veneraba a Francia pero menospreciaba a los franceses; tenía en poco a los americanos, pero aprobaba el hecho de que hubiera rascacielos en Buenos Aires; creía que los gauchos de la llanura son mejores jinetes que los de las cuchillas o los cerros. Cuando Daniel, su primo, le propuso veranear en La Colorada, dijo inmediatamente que sí, no porque le gustara el campo sino por natural complacencia y porque no buscó razones válidas para decir que no.

El casco de la estancia era grande y un poco abandonado; las dependencias del capataz, que se llamaba Gutre, estaban muy cerca. Los Gutres eran tres: el padre, el hijo, que era singularmente tosco, y una muchacha de incierta paternidad. Eran altos, fuertes, huesudos, de pelo que tiraba a rojizo y de caras aindiadas. Casi no hablaban. La mujer del capataz había muerto hace años.

Espinosa, en el campo, fue aprendiendo cosas que no sabía y que no sospechaba. Por ejemplo, que no hay que galopar cuando uno se está acercando a las casas y que nadie sale a andar a caballo sino para cumplir con una tarea. Con el tiempo llegaría a distinguir los pájaros por el grito.

A los pocos días, Daniel tuvo que ausentarse a la capital para cerrar una operación de animales. A lo sumo, el negocio le tomaría una semana. Espinosa, que ya estaba un poco harto de las *bonnes fortunes* de su primo y de su infatigable interés por las variaciones de la sastrería, prefirió quedarse en la estancia, con sus libros de texto. El calor apretaba y ni siquiera la noche traía un alivio. En el alba, los truenos lo despertaron. El viento zamarreaba las casuarinas. Espinosa oyó las primeras gotas y dio gracias a Dios. El aire frío vino de golpe. Esa tarde, el Salado se desbordó.

Al otro día, Baltasar Espinosa, mirando desde la galería los campos anegados, pensó que la metáfora que equipara la pampa con el mar no era, por lo menos esa mañana, del todo falsa, aunque Hudson había dejado escrito que el mar nos parece más grande, porque lo vemos desde la cubierta del barco y no desde el caballo o desde nuestra altura. La lluvia no cejaba; los Gutres, ayudados o incomodados por el pueblero, salvaron buena parte de la hacienda, aunque hubo muchos animales ahogados. Los caminos para llegar a La Colorada eran cuatro: a todos los cubrieron las aguas. Al tercer día, una gotera amenazó la casa del capataz; Espinosa les dio una habitación que quedaba en el fondo, al lado del galpón de las herramientas. La mudanza los fue acercando; comían juntos en el gran comedor. El diálogo resultaba difícil; los Gutres, que sabían tantas cosas en materia de campo, no sabían explicarlas. Una noche, Espinosa les preguntó si la gente guardaba algún recuerdo de los malones, cuando la comandancia estaba en Junín. Le dijeron que sí, pero lo mismo hubieran contestado a una pregunta sobre la ejecución de Carlos Primero. Espinosa recordó que su padre solía decir que casi todos los casos de longevidad que se dan en el campo son casos de mala memoria o de un concepto vago de las fechas. Los gauchos suelen ignorar por igual el año en que nacieron y el nombre de quien los engendró.

En toda la casa no había otros libros que una serie de la revista *La Chacra*, un manual de veterinaria, un ejemplar de lujo del Tabaré, una *Historia del Shorthorn en la Argentina*, unos cuantos relatos eróticos o policiales y una novela reciente: *Don Segundo Sombra*. Espinosa, para distraer de algún modo la sobremesa inevitable, leyó un par de capítulos a los Gutres, que eran analfabetos. Desgraciadamente, el capataz había sido tropero y no le podían importar las andanzas de otro. Dijo que ese trabajo era liviano, que llevaban siempre un carguero con todo lo que se precisa y que, de no haber sido tropero, no habría llegado nunca hasta la Laguna de Gómez, hasta el Bragado y hasta los campos de los Núñez, en Chacabuco. En la cocina había una guitarra; los peones, antes de los hechos que narro, se sentaban en rueda; alguien la templaba y no llegaba nunca a tocar. Esto se llamaba una guitarreada.

Espinosa, que se había dejado crecer la barba, solía demorarse ante el espejo para mirar su cara cambiada y sonreía al pensar que en Buenos Aires aburriría a los muchachos con el relato de la inundación del Salado. Curiosamente, extrañaba lugares a los que no iba nunca y no iría: una esquina de la calle Cabrera en la que hay un buzón, unos leones de mampostería en un portón de la calle Jujuy, a unas cuadras del Once, un almacén con piso de baldosa que no sabía muy bien donde estaba. En cuanto a sus hermanos y a su padre, ya sabrían por Daniel que estaba aislado — la palabra, etimológicamente, era justa — por la creciente.

A. COMPRENSIÓN

1. ¿Cuáles eran las paradojas en la actitud de Baltasar hacia su patria, Francia, y los Estados Unidos?
2. ¿Cuáles son las costumbres interesantes que Espinosa fue aprendiendo en el campo?
3. ¿Quién y cómo es Daniel y por qué se ausentó de la hacienda?
4. ¿Por qué era tan bienvenida la lluvia en la Colorada?
5. ¿Cómo es la pampa y a qué se la compara?
6. ¿Por qué tuvo que mudarse el capataz?
7. ¿Cómo son el capataz y las otras personas que viven en la pampa?
8. ¿Cuáles eran los libros que había en la Colorada?
9. ¿Por qué no le gustaba al capataz *Don Segundo Sombra*?
10. ¿En qué sentido estaba aislado Baltasar?

B. TRADUCIR AL INGLÉS

1. A los treinta y tres años le faltaba rendir una materia para graduarse.
2. No carecía de coraje.
3. Eran altos, fuertes, huesudos de pelo que tiraba a rojizo.
4. Espinosa fue aprendiendo cosas que no sabía.
5. Los gauchos suelen ignorar por igual el año en que nacieron y el nombre de quien los engendró.

C. ESCRIBIR LAS PALABRAS QUE FALTAN

1. Podemos definirlo como uno de tantos muchachos _____.
2. Su madre le pidió que todas las noches rezara el _____.
3. La mujer del capataz había _____ hace años.
4. Los Gutres salvaron buena parte de la _____.
5. Espinosa solía demorarse ante el _____ para mirar su cara cambiada.

D. COMENTARIO CRÍTICO

1. ¿Cuándo y dónde ocurren los hechos del cuento?
2. ¿Cuáles son los rasgos del ambiente en donde sucede la acción?
3. Cuente la vida y las circunstancias del protagonista al comienzo del cuento.
4. ¿Cuáles son los rasgos del carácter y de la personalidad del protagonista?

Jorge Luis Borges.

UNIT 24

Lectura

El evangelio según Marcos

Jorge Luis Borges

PART TWO

Explorando la casa, siempre cercada por las aguas, dio con una Biblia en inglés. En las páginas finales los Guthrie — tal era su nombre genuino — habían dejado escrita su historia. Eran oriundos de Inverness, habían arribado a este continente, sin duda como peones, a principios del siglo diecinueve, y se habían cruzado con indios. La crónica cesaba hacia mil ochocientos setenta y tantos; ya no sabían escribir. Al cabo de unas pocas generaciones habían olvidado el inglés; el castellano, cuando Espinosa los conoció, les daba trabajo. Carecían de fe, pero en su sangre perduraban, como rastros oscuros, el duro fanatismo del calvinista y las supersticiones del pampa. Espinosa les habló de su hallazgo y casi no escucharon.

Hojeó el volumen y sus dedos lo abrieron en el comienzo del Evangelio según Marcos. Para ejercitarse en la traducción y acaso para ver si entendían algo, decidió leerles ese texto después de la comida. Le sorprendió que lo escucharan con atención y luego con callado interés. Acaso la presencia de las letras de oro en la tapa le diera más autoridad. Lo llevan en la sangre, pensó. También se le ocurrió que los hombres, a lo largo del tiempo, han repetido siempre dos historias: la de un bajel perdido que busca por los mares mediterráneos una isla querida, y la de un dios que se hace crucificar en el Gólgota. Recordó las clases de elocución en Ramos Mejía y se ponía de pie para predicar las parábolas.

Los Gutres despachaban la carne asada y las sardinas para no demorar el Evangelio.

Una corderita que la muchacha mimaba y adornaba con una cintita celeste se lastimó con un alambrado de púa. Para parar la sangre, querían ponerle una telaraña; Espinosa la curó con unas pastillas. La gratitud que esa curación despertó no dejó de asombrarlo. Al principio, había desconfiado de los Gutres y había escondido en uno de sus libros los doscientos cuarenta pesos que llevaba consigo; ahora, ausente el patrón, él había tomado su lugar y daba órdenes tímidas, que eran inmediatamente acatadas. Los Gutres lo seguían por las piezas y por el corredor, como si anduvieran perdidos. Mientras leía, notó que le retiraban las migas que él había dejado sobre la mesa. Una tarde los sorprendió hablando de él con respeto y pocas palabras. Concluido el Evangelio según Marcos, quiso leer otro de los tres que faltaban; el padre le pidió que repitiera el que ya había leído, para entenderlo bien. Espinosa sintió que eran como niños, a quienes la repetición les agrada más que la variación o la novedad. Una noche soñó con el Diluvio, lo cual no es de extrañar; los martillazos de la fabricación del arca lo despertaron y pensó que acaso eran truenos. En efecto, la lluvia, que había amainado, volvió a recrudecer. El frío era intenso. Le dijeron que el temporal había roto el techo del galpón de las herramientas y que iban a mostrárselo cuando estuvieran arregladas las vigas. Ya no era un forastero y todos lo trataban con atención y casi lo mimaban. A ninguno le gustaba el café, pero había siempre una tacita para él, que colmaban de azúcar.

El temporal ocurrió un martes. El jueves a la noche lo recordó un golpecito suave en la puerta que, por las dudas, él siempre cerraba con llave. Se levantó y abrió: era la muchacha. En la oscuridad no la vio, pero por los pasos notó que estaba descalza y después, en el lecho, que había venido desde el fondo, desnuda. No lo abrazó, no dijo una sola palabra; se tendió junto a él y estaba temblando. Era la primera vez que conocía a un hombre. Cuando se fue, no le dio un beso; Espinosa pensó que ni siquiera sabía cómo se llamaba. Urgido por una íntima razón que no trató de averiguar, juró que en Buenos Aires no le contaría a nadie esa historia.

El día siguiente comenzó como los anteriores, salvo que el padre habló con Espinosa y le preguntó si Cristo se dejó matar para salvar a todos los hombres. Espinosa, que era librepensador pero que se vio obligado a justificar lo que les había leído, le contestó:

— Sí. Para salvar a todos del infierno.

Gutre le dijo entonces:

— ¿Qué es el infierno?

— Un lugar bajo tierra donde las ánimas arderán y arderán.

— ¿Y también se salvaron los que le clavaron los clavos?

— Sí — replicó Espinosa, cuya teología era incierta.

Había temido que el capataz le exigiera cuentas de lo ocurrido anoche con su hija. Después del almuerzo, le pidieron que releyera los últimos capítulos.

Espinosa durmió una siesta larga, un leve sueño interrumpido por persistentes martillos y por vagas premoniciones. Hacia el atardecer se levantó y

salió al corredor. Dijo como si pensara en voz alta:
— Las aguas están bajas. Ya falta poco.
— Ya falta poco — repitió Gutre, como un eco.
Los tres lo habían seguido. Hincados en el piso de piedra le pidieron la bendición. Después lo maldijeron, lo escupieron y lo empujaron hasta el fondo. La muchacha lloraba. Espinosa entendió lo que le esperaba del otro lado de le puerta. Cuando la abrieron, vio el firmamento. Un pájaro gritó; pensó: Es un jilguero. El galpón estaba sin techo; habían atrancado las vigas para construir la Cruz.

A. COMPRENSIÓN

1. ¿Cuál era la orientación religiosa de los Gutre?
2. ¿Cuáles eran las posibles razones que los Gutre escucharan con atención y callado interés la lectura de la Biblia?
3. ¿Cuál era el motivo del nuevo respeto que le tenían a Espinosa los Gutre?
4. ¿Se mostró agresivo Espinosa con la hija del capataz?
5. ¿Por qué preguntaba el capataz si se salvaron los que crucificaron a Cristo?
6. ¿Le exigió cuentas de lo ocurrido la noche anterior con su hija?
7. ¿Quiénes eran «los tres» que lo habían seguido?
8. ¿Cómo se explica la reacción violenta de los Gutres a los procedimientos de Espinosa?

B. TRADUCIR AL INGLÉS

1. La gratitud que esa curación despertó no dejó de asombrarlo.
2. En efecto, la lluvia que había amainado, volvió a recrudecer.
3. Ya no era un forastero y todos lo trataban con atención y casi lo mimaban.
4. Un lugar bajo tierra donde las ánimas arderán.
5. Después lo maldijeron, lo escupieron y lo empujaron hasta el fondo.

C. ESCRIBIR LAS PALABRAS QUE FALTAN

1. Espinosa se ponía de pie para predicar las _____.
2. Una _____ que la muchacha mimaba se lastimó con un alambrado de púa.
3. Espinosa la curó con unas _____.
4. Preguntó si Cristo se dejó _____ para salvar a todos los hombres.
5. Habían arrancado las vigas para construir _____ _____.

D. COMENTARIO CRÍTICO

1. ¿Qué había en el carácter y la personalidad de los Gutres que nos prepara el desenlace?
2. ¿Qué hay de simbólico en la curación de la corderita?
3. ¿Cómo hace aumentar el suspenso y el interés la frase «Ya falta poco?»
4. ¿Cómo pudo Espinosa entender lo que le esperaba del otro lado de la puerta?

APPENDICES

VOCABULARY

INDEX

APPENDIX A

Common Salutations and Closes for Letters

BUSINESS SALUTATIONS

De mi más distinguida consideración:
Distinguido señor:
Muy señor mío:
De mi más alta consideración y estima:

SOCIAL SALUTATIONS

Estimado señor y amigo:
Distinguido amigo:
Estimado amigo:
Apreciada señora:

SALUTATIONS TO CLOSE FRIENDS OR RELATIVES

Querido Juan:
Mi queridísima amiga:
Estimado Alberto:
Querida tía:
Recordada amiga:

TO CLOSE BUSINESS LETTERS*

Me reitero de Ud. S.S.S. (su seguro servidor), . . .
Suyo afectísimo, . . .
Cordialmente, . . .

TO CLOSE LETTERS TO FRIENDS OR RELATIVES

Con el cariño de siempre, . . .
Con todo cariño, . . .
Un abrazo de, . . .
Te abraza, . . .

---

* These can also be used for closing social letters.

Paella Valenciana

1 1-lb. chicken, cut in eight pieces	1/8 lb. of fresh eel, cut in fine slices
1/2 lb. filet of pork without fat, cut in small cubes	1/8 lb. of string beans
	2 artichoke hearts
1/4 lb. of veal cut in small cubes	3/4 lb. rice
1/8 lb. of white fish (firm meat, like angler)	1/2 cup olive oil
	1 tablespoon tomato sauce
8 clams, well washed	1 garlic clove
8 white snails	2 cups chicken broth or water

Season the meat pieces with salt. Heat the olive oil in the "paellera" (or in a large frying pan). Once the oil is hot, add the meat and fry in until it takes on a golden color.

Add the fish and fry a little. Then add garlic and tomato. Add broth or water and the vegetables and cook for two minutes. Then add rice. Salt again and add the saffron, stirring with a spoon to allow the saffron to spread the color throughout the rice. Cook over a high flame for five minutes. Reduce flame and cook until rice is dry and the grains are separated.

Serve in the same "paellera" with a lemon cut in quarters. Serves 4.

APPENDIX B

Regular Verbs

SIMPLE TENSES FIRST CONJUGATION

INFINITIVE	PRESENT PARTICIPLE	PAST PARTICIPLE
hablar *to speak*	hablando *speaking*	hablado *spoken*

PRESENT INDICATIVE

I speak, do speak, am speaking

hablo	hablamos
hablas	habláis
habla	hablan

CONDITIONAL

I would speak, should speak

hablaría	hablaríamos
hablarías	hablaríais
hablaría	hablarían

IMPERFECT INDICATIVE

I was speaking, used to speak

hablaba	hablábamos
hablabas	hablabais
hablaba	hablaban

PRESENT SUBJUNCTIVE

(that) I may speak

hable	hablemos
hables	habléis
hable	hablen

PRETERIT INDICATIVE

I spoke, did speak

hablé	hablamos
hablaste	hablasteis
habló	hablaron

IMPERFECT SUBJUNCTIVE (1)

(that) I might speak

hablara	habláramos
hablaras	hablarais
hablara	hablaran

FUTURE INDICATIVE

I will speak, shall speak

hablaré	hablaremos
hablarás	hablaréis
hablará	hablarán

IMPERFECT SUBJUNCTIVE (2)

(that) I might speak

hablase	hablásemos
hablases	hablaseis
hablase	hablasen

IMPERATIVE

speak

habla   hablad

SIMPLE TENSES—SECOND CONJUGATION

INFINITIVE **PRESENT PARTICIPLE** **PAST PARTICIPLE**

aprender *to learn* aprendiendo *learning* aprendido *learned*

PRESENT INDICATIVE

I learn, do learn, am learning

aprendo	aprendemos
aprendes	aprendéis
aprende	aprenden

CONDITIONAL

I would learn, should learn

aprendería	aprenderíamos
aprenderías	aprenderíais
aprendería	aprenderían

IMPERFECT INDICATIVE

I was learning, used to learn

aprendía	aprendíamos
aprendías	aperndíais
aprendía	aprendían

PRESENT SUBJUNCTIVE

(that) I may learn

aprenda	aprendamos
aprendas	aprendáis
aprenda	aprendan

PRETERIT INDICATIVE

I learned, did learn

aprendí	aprendimos
aprendiste	aprendisteis
aprendió	aprendieron

IMPERFECT SUBJUNCTIVE (1)

(that) I might learn

aprendiera	aprendiéramos
aprendieras	aprendierais
aprendiera	aprendieran

FUTURE INDICATIVE

I will learn, shall learn

aprenderé	aprenderemos
aprenderás	aprenderéis
aprenderá	aprenderán

IMPERFECT SUBJUNCTIVE (2)

(that) I might learn

aprendiese	aprendiésemos
aprendieses	aprendieseis
aprendiese	aprendiesen

IMPERATIVE

learn

aprende aprended

SIMPLE TENSES—THIRD CONJUGATION

INFINITIVE **PRESENT PARTICIPLE** **PAST PARTICIPLE**

vivir *to live* viviendo *living* vivido *lived*

PRESENT INDICATIVE

I live, do live, am living

vivo	vivimos
vives	vivís
vive	viven

CONDITIONAL

I would live, should live

viviría	viviríamos
vivirías	viviríais
viviría	vivirían

Regular Verbs

IMPERFECT INDICATIVE

I was living, used to live

vivía	vivíamos
vivías	vivíais
vivía	vivían

PRETERIT INDICATIVE

I lived, did live

viví	vivimos
viviste	vivisteis
vivió	vivieron

FUTURE INDICATIVE

I will live, shall live

viviré	viviremos
vivirás	viviréis
vivirá	vivirán

PRESENT SUBJUNCTIVE

(that) I may live

viva	vivamos
vivas	viváis
viva	vivan

IMPERFECT SUBJUNCTIVE (1)

(that) I might live

viviera	viviéramos
vivieras	vivierais
viviera	vivieran

IMPERFECT SUBJUNCTIVE (2)

(that) I might live

viviese	viviésemos
vivieses	vivieseis
viviese	viviesen

IMPERATIVE

live

viva   vivid

COMPOUND TENSES—ALL CONJUGATIONS

PERFECT INFINITIVE

haber hablado   *to have spoken*
haber aprendido   *to have learned*
haber vivido   *to have lived*

PERFECT PARTICIPLE

habiendo hablado   *having spoken*
habiendo aprendido   *having learned*
habiendo vivido   *having lived*

PRESENT PERFECT INDICATIVE

I have spoken

he hablado	hemos hablado
has hablado	habéis hablado
ha hablado	han hablado

CONDITIONAL PERFECT

I would have spoken, should have spoken

habría hablado	habríamos hablado
habrías hablado	habríais hablado
habría hablado	habrían hablado

PLUPERFECT INDICATIVE

I had spoken

había hablado	habíamos hablado
habías hablado	habíais hablado
había hablado	habían hablado

PRESENT PERFECT SUBJUNCTIVE

(that) I may have spoken

haya hablado	hayamos hablado
hayas hablado	hayáis hablado
haya hablado	hayan hablado

Appendix B

Future Perfect Indicative

I shall have spoken, will have spoken

habré hablado	habremos hablado
habrás hablado	habréis hablado
habrá hablado	habrán hablado

Pluperfect Subjunctive

(that) I might have spoken

hubiera(-se) hablado	hubiéramos (-se) hablado
hubieras hablado	hubierais hablado
hubiera hablado	hubieran hablado

APPENDIX C

Irregular Verbs

1. **INFINITIVE**   **PRESENT PARTICIPLE**   **PAST PARTICIPLE**
   andar *to walk*   andando *walking*   andado *walked*

PRESENT INDICATIVE

ando	andamos
andas	andáis
anda	andan

CONDITIONAL

andaría	andaríamos
andarías	andaríais
andaría	andarían

IMPERFECT INDICATIVE

andaba	andábamos
andabas	andabais
andaba	andaban

PRESENT SUBJUNCTIVE

ande	andemos
andes	andéis
ande	anden

PRETERIT INDICATIVE

anduve	anduvimos
anduviste	anduvisteis
anduvo	anduvieron

IMPERFECT SUBJUNCTIVE (1)

anduviera	anduviéramos
anduvieras	anduvierais
anduviera	anduvieran

FUTURE INDICATIVE

andaré	andaremos
andarás	andaréis
andará	andarán

IMPERFECT SUBJUNCTIVE (2)

anduviese	anduviésemos
anduvieses	anduvieseis
anduviese	anduviesen

IMPERATIVE

anda   andad

2. **INFINITIVE**   **PRESENT PARTICIPLE**   **PAST PARTICIPLE**
   caber *to fit into*   cabiendo *fitting into*   cabido *fitted into*

PRESENT INDICATIVE

quepo	cabemos
cabes	cabéis
cabe	caben

CONDITIONAL

cabría	cabríamos
cabrías	cabríais
cabría	cabrían

Imperfect Indicative

cabía	cabíamos
cabías	cabíais
cabía	cabían

Present Subjunctive

quepa	quepamos
quepas	quepáis
quepa	quepan

Preterit Indicative

cupe	cupimos
cupiste	cupisteis
cupo	cupieron

Imperfect Subjunctive (1)

cupiera	cupiéramos
cupieras	cupierais
cupiera	cupieran

Future Indicative

cabré	cabremos
cabrás	cabréis
cabrá	cabrán

Imperfect Subjunctive (2)

cupiese	cupiésemos
cupieses	cupieseis
cupiese	cupiesen

Imperative

cabe   cabed

---

3. **Infinitive**   **Present Participle**   **Past Participle**

   caer *to fall*   cayendo *falling*   caído *fallen*

Present Indicative

caigo	caemos
caes	caéis
cae	caen

Conditional

caería	caeríamos
caerías	caeríais
caería	caerían

Imperfect Indicative

caía	caíamos
caías	caíais
caía	caían

Present Subjunctive

caiga	caigamos
caigas	caigáis
caiga	caigan

Preterit Indicative

caí	caímos
caíste	caísteis
cayó	cayeron

Imperfect Subjunctive (1)

cayera	cayéramos
cayeras	cayerais
cayera	cayeran

Future Indicative

caeré	caeremos
caerás	caeréis
caerá	caerán

Imperfect Subjunctive (2)

cayese	cayésemos
cayeses	cayeseis
cayese	cayesen

IMPERATIVE

cae   caed

4. **INFINITIVE** **PRESENT PARTICIPLE** **PAST PARTICIPLE**

conducir *to lead,*   conduciendo *leading*   conducido *led*
conduct

PRESENT INDICATIVE   **CONDITIONAL**

conduzco	conducimos		conduciría	conduciríamos
conduces	conducís		conducirías	conduciríais
conduce	conducen		conduciría	conducirían

IMPERFECT INDICATIVE   **PRESENT SUBJUNCTIVE**

conducía	conducíamos		conduzca	conduzcamos
conducías	conducíais		conduzcas	conduzcáis
conducía	conducían		conduzca	conduzcan

PRETERIT INDICATIVE   **IMPERFECT SUBJUNCTIVE (1)**

conduje	condujimos		condujera	condujéramos
condujiste	condujisteis		condujeras	condujerais
condujo	condujeron		condujera	condujeran

FUTURE INDICATIVE   **IMPERFECT SUBJUNCTIVE (2)**

conduciré	conduciremos		condujese	condujésemos
conducirás	conduciréis		condujeses	condujeseis
conducirá	conducirán		condujese	condujesen

IMPERATIVE

conduce   conducid

5. **INFINITIVE** **PRESENT PARTICIPLE** **PAST PARTICIPLE**

dar *to give*   dando *giving*   dado *given*

PRESENT INDICATIVE   **CONDITIONAL**

doy	damos		daría	daríamos
das	dais		darías	daríais
da	dan		daría	darían

IMPERFECT INDICATIVE   **PRESENT SUBJUNCTIVE**

daba	dábamos		dé	demos
dabas	dabais		des	deis
daba	daban		dé	den

Preterit Indicative

di	dimos
diste	disteis
dio	dieron

Future Indicative

daré	daremos
darás	daréis
dará	darán

Imperfect Subjunctive (1)

diera	diéramos
dieras	dierais
diera	dieran

Imperfect Subjunctive (2)

diese	diésemos
dieses	dieseis
diese	diesen

Imperative

da   dad

6. **Infinitive**   **Present Participle**   **Past Participle**

decir *to say, tell*   diciendo *saying*   dicho *said*

Present Indicative

digo	decimos
dices	decís
dice	dicen

Conditional

diría	diríamos
dirías	diríais
diría	dirían

Imperfect Indicative

decía	decíamos
decías	decíais
decía	decían

Present Subjunctive

diga	digamos
digas	digáis
diga	digan

Preterit Indicative

dije	dijimos
dijiste	dijisteis
dijo	dijeron

Imperfect Subjunctive (1)

dijera	dijéramos
dijeras	dijerais
dijera	dijeran

Future Indicative

diré	diremos
dirás	diréis
dirá	dirán

Imperfect Subjunctive (2)

dijese	dijésemos
dijeses	dijeseis
dijese	dijesen

Imperative

di   decid

7.

INFINITIVE	PRESENT PARTICIPLE	PAST PARTICIPLE
errar *to err, mistake*	errando *erring*	errado *erred*

PRESENT INDICATIVE

yerro	erramos
yerras	erráis
yerra	yerran

CONDITIONAL

erraría	erraríamos
errarías	erraríais
erraría	errarían

IMPERFECT INDICATIVE

erraba	errábamos
errabas	errabais
erraba	erraban

PRESENT SUBJUNCTIVE

yerre	erremos
yerres	erréis
yerre	yerren

PRETERIT INDICATIVE

erré	erramos
erraste	errasteis
erró	erraron

IMPERFECT SUBJUNCTIVE (1)

errara	erráramos
erraras	errarais
errara	erraran

FUTURE INDICATIVE

erraré	erraremos
errarás	erraréis
errará	errarán

IMPERFECT SUBJUNCTIVE (2)

errase	errásemos
errases	erraseis
errase	errasen

IMPERATIVE

yerra   errad

8.

INFINITIVE	PRESENT PARTICIPLE	PAST PARTICIPLE
estar *to be*	estando *being*	estado *been*

PRESENT INDICATIVE

estoy	estamos
estás	estáis
está	están

CONDITIONAL

estaría	estaríamos
estarías	estaríais
estaría	estarían

IMPERFECT INDICATIVE

estaba	estábamos
estabas	estabais
estaba	estaban

PRESENT SUBJUNCTIVE

esté	estemos
estés	estéis
esté	estén

Preterit Indicative

estuve	estuvimos
estuviste	estuvisteis
estuvo	estuvieron

Future Indicative

estaré	estaremos
estarás	estaréis
estará	estarán

Imperfect Subjunctive (1)

estuviera	estuviéramos
estuvieras	estuvierais
estuviera	estuvieran

Imperfect Subjunctive (2)

estuviese	estuviésemos
estuvieses	estuvieseis
estuviese	estuviesen

Imperative

está   estad

9. Infinitive — Present Participle — Past Participle

haber *to have*   habiendo *having*   habido *had*

Present Indicative

he	hemos
has	habéis
ha	han

Imperfect Indicative

había	habíamos
habías	habíais
había	habían

Preterit Indicative

hube	hubimos
hubiste	hubisteis
hubo	hubieron

Future Indicative

habré	habremos
habrás	habréis
habrá	habrán

Conditional

habría	habríamos
habrías	habríais
habría	habrían

Present Subjunctive

haya	hayamos
hayas	hayáis
haya	hayan

Imperfect Subjunctive (1)

hubiera	hubiéramos
hubieras	hubierais
hubiera	hubieran

Imperfect Subjunctive (2)

hubiese	hubiésemos
hubieses	hubieseis
hubiese	hubiesen

Imperative

he   habed

10.

INFINITIVE	PRESENT PARTICIPLE	PAST PARTICIPLE
hacer *to do, make*	haciendo *doing*	hecho *done*

PRESENT INDICATIVE

hago	hacemos
haces	hacéis
hace	hacen

CONDITIONAL

haría	haríamos
harías	haríais
haría	harían

IMPERFECT INDICATIVE

hacía	hacíamos
hacías	hacíais
hacía	hacían

PRESENT SUBJUNCTIVE

haga	hagamos
hagas	hagáis
haga	hagan

PRETERIT INDICATIVE

hice	hicimos
hiciste	hicisteis
hizo	hicieron

IMPERFECT SUBJUNCTIVE (1)

hiciera	hiciéramos
hicieras	hicierais
hiciera	hicieran

FUTURE INDICATIVE

haré	haremos
harás	haréis
hará	harán

IMPERFECT SUBJUNCTIVE (2)

hiciese	hiciésemos
hicieses	hicieseis
hiciese	hiciesen

IMPERATIVE

haz   haced

11.

INFINITIVE	PRESENT PARTICIPLE	PAST PARTICIPLE
ir *to go*	yendo *going*	ido *gone*

PRESENT INDICATIVE

voy	vamos
vas	vais
va	van

CONDITIONAL

iría	iríamos
irías	iríais
iría	irían

IMPERFECT INDICATIVE

iba	íbamos
ibas	ibais
iba	iban

PRESENT SUBJUNCTIVE

vaya	vayamos
vayas	vayáis
vaya	vayan

Preterit Indicative

fui	fuimos
fuiste	fuisteis
fue	fueron

Imperfect Subjunctive (1)

fuera	fuéramos
fueras	fuerais
fuera	fueran

Future Indicative

iré	iremos
irás	iréis
irá	irán

Imperfect Subjunctive (2)

fuese	fuésemos
fueses	fueseis
fuese	fuesen

Imperative

ve   id

---

12. **Infinitive**   **Present Participle**   **Past Participle**

oír *to hear*   oyendo *hearing*   oído *heard*

Present Indicative

oigo	oímos
oyes	oís
oye	oyen

Conditional

oiría	oiríamos
oirías	oiríais
oiría	oirían

Imperfect Indicative

oía	oíamos
oías	oíais
oía	oían

Present Subjunctive

oiga	oigamos
oigas	oigáis
oiga	oigan

Preterit Indicative

oí	oímos
oíste	oísteis
oyó	oyeron

Imperfect Subjunctive (1)

oyera	oyéramos
oyeras	oyerais
oyera	oyeran

Future Indicative

oiré	oiremos
oirás	oiréis
oirá	oirán

Imperfect Subjunctive (2)

oyese	oyésemos
oyeses	oyeseis
oyese	oyesen

Imperative

oye   oíd

13.

Infinitive	Present Participle	Past Participle
oler *to smell*	oliendo *smelling*	olido *smelled*

Present Indicative

huelo	olemos
hueles	oléis
huele	huelen

Conditional

olería	oleríamos
olerías	oleríais
olería	olerían

Imperfect Indicative

olía	olíamos
olías	olíais
olía	olían

Present Subjunctive

huela	olamos
huelas	oláis
huela	huelan

Preterit Indicative

olí	olimos
oliste	olisteis
olió	olieron

Imperfect Subjunctive (1)

oliera	oliéramos
olieras	olierais
oliera	olieran

Future Indicative

oleré	oleremos
olerás	oleréis
olerá	olerán

Imperfect Subjunctive (2)

oliese	oliésemos
olieses	olieseis
oliese	oliesen

Imperative

huele   oled

14.

Infinitive	Present Participle	Past Participle
poder *to be able, can*	pudiendo *being able*	podido *been able*

Present Indicative

puedo	podemos
puedes	podéis
puede	pueden

Conditional

podría	podríamos
podrías	podríais
podría	podrían

Imperfect Indicative

podía	podíamos
podías	podíais
podía	podían

Present Subjunctive

pueda	podamos
puedas	podáis
pueda	puedan

Preterit Indicative		Imperfect Subjunctive (1)	
pude	pudimos	pudiera	pudiéramos
pudiste	pudisteis	pudieras	pudierais
pudo	pudieron	pudiera	pudieran

Future Indicative		Imperfect Subjunctive (2)	
podré	podremos	pudiese	pudiésemos
podrás	podréis	pudieses	pudieseis
podrá	podrán	pudiese	pudiesen

15. Infinitive   Present Participle   Past Participle
    poner *to put*   poniendo *putting*   puesto *put*

Present Indicative		Conditional	
pongo	ponemos	pondría	pondríamos
pones	ponéis	pondrías	pondríais
pone	ponen	pondría	pondrían

Imperfect Indicative		Present Subjunctive	
ponía	poníamos	ponga	pongamos
ponías	poníais	pongas	pongáis
ponía	ponían	ponga	pongan

Preterit Indicative		Imperfect Subjunctive (1)	
puse	pusimos	pusiera	pusiéramos
pusiste	pusisteis	pusieras	pusierais
puso	pusieron	pusiera	pusieran

Future Indicative		Imperfect Subjunctive (2)	
pondré	pondremos	pusiese	pusiésemos
pondrás	pondréis	pusieses	pusieseis
pondrá	pondrán	pusiese	pusiesen

Imperative
pon   poned

16. Infinitive   Present Participle   Past Participle
    querer *to want, love*   queriendo *wanting*   querido *wanted*

Present Indicative		Conditional	
quiero	queremos	querría	querríamos
quieres	queréis	querrías	querríais
quiere	quieren	querría	querrían

Imperfect Indicative

quería	queríamos
querías	queríais
quería	querían

Present Subjunctive

quiera	queramos
quieras	queráis
quiera	quieran

Preterit Indicative

quise	quisimos
quisiste	quisisteis
quiso	quisieron

Imperfect Subjunctive (1)

quisiera	quisiéramos
quisieras	quisierais
quisiera	quisieran

Future Indicative

querré	querremos
querrás	querréis
querrá	querrán

Imperfect Subjunctive (2)

quisiese	quisiésemos
quisieses	quisieseis
quisiese	quisiesen

Imperative

quiere   quered

17. **Infinitive**   **Present Participle**   **Past Participle**

saber *to know*   sabiendo *knowing*   sabido *known*

Present Indicative

sé	sabemos
sabes	sabéis
sabe	saben

Conditional

sabría	sabríamos
sabrías	sabríais
sabría	sabrían

Imperfect Indicative

sabía	sabíamos
sabías	sabíais
sabía	sabían

Present Subjunctive

sepa	sepamos
sepas	sepáis
sepa	sepan

Preterit Indicative

supe	supimos
supiste	supisteis
supo	supieron

Imperfect Subjunctive (1)

supiera	supiéramos
supieras	supierais
supiera	supieran

Future Indicative

sabré	sabremos
sabrás	sabréis
sabrá	sabrán

Imperfect Subjunctive (2)

supiese	supiésemos
supieses	supieseis
supiese	supiesen

Imperative

sabe   sabed

18. **Infinitive** **Present Participle** **Past Participle**
    salir *to go out, leave*   saliendo *leaving*   salido *left*

Present Indicative

salgo	salimos
sales	salís
sale	salen

Conditional

saldría	saldríamos
saldrías	saldríais
saldría	saldrían

Imperfect Indicative

salía	salíamos
salías	salíais
salía	salían

Present Subjunctive

salga	salgamos
salgas	salgáis
salga	salgan

Preterit Indicative

salí	salimos
saliste	salisteis
salió	salieron

Imperfect Subjunctive (1)

saliera	saliéramos
salieras	salierais
saliera	salieran

Future Indicative

saldré	saldremos
saldrás	saldréis
saldrá	saldrán

Imperfect Subjunctive (2)

saliese	saliésemos
salieses	salieseis
saliese	saliesen

Imperative

sal salid

19. **Infinitive** **Present Participle** **Past Participle**
    ser *to be*   siendo *being*   sido *been*

Present Indicative

soy	somos
eres	sois
es	son

Conditional

sería	seríamos
serías	seríais
sería	serían

Imperfect Indicative

era	éramos
eras	erais
era	eran

Present Subjunctive

sea	seamos
seas	seáis
sea	sean

Preterit Indicative

fui	fuimos
fuiste	fuisteis
fue	fueron

Imperfect Subjunctive (1)

fuera	fuéramos
fueras	fuerais
fuera	fueran

FUTURE INDICATIVE		IMPERFECT SUBJUNCTIVE (2)	
seré	seremos	fuese	fuésemos
serás	seréis	fueses	fueseis
será	serán	fuese	fuesen

IMPERATIVE

sé   sed

20. **INFINITIVE**   **PRESENT PARTICIPLE**   **PAST PARTICIPLE**

tener *to have*   teniendo *having*   tenido *had*

PRESENT INDICATIVE		CONDITIONAL	
tengo	tenemos	tendría	tendríamos
tienes	tenéis	tendrías	tendríais
tiene	tienen	tendría	tendrían

IMPERFECT INDICATIVE		PRESENT SUBJUNCTIVE	
tenía	teníamos	tenga	tengamos
tenías	teníais	tengas	tengáis
tenía	tenían	tenga	tengan

PRETERIT INDICATIVE		IMPERFECT SUBJUNCTIVE (1)	
tuve	tuvimos	tuviera	tuviéramos
tuviste	tuvisteis	tuvieras	tuvierais
tuvo	tuvieron	tuviera	tuvieran

FUTURE INDICATIVE		IMPERFECT SUBJUNCTIVE (2)	
tendré	tendremos	tuviese	tuviésemos
tendrás	tendréis	tuvieses	tuvieseis
tendrá	tendrán	tuviese	tuviesen

IMPERATIVE

ten   tened

21. **INFINITIVE**   **PRESENT PARTICIPLE**   **PAST PARTICIPLE**

traer *to bring*   trayendo *bringing*   traído *brought*

PRESENT INDICATIVE		CONDITIONAL	
traigo	traemos	traería	traeríamos
traes	traéis	traerías	traeríais
trae	traen	traería	traerían

Imperfect Indicative

traía	traíamos
traías	traíais
traía	traían

Preterit Indicative

traje	trajimos
trajiste	trajisteis
trajo	trajeron

Future Indicative

traeré	traeremos
traerás	traeréis
traerá	traerán

Present Subjunctive

traiga	traigamos
traigas	traigáis
traiga	traigan

Imperfect Subjunctive (1)

trajera	trajéramos
trajeras	trajerais
trajera	trajeran

Imperfect Subjunctive (2)

trajese	trajésemos
trajeses	trajeseis
trajese	trajesen

Imperative

trae   traed

22. **Infinitive** **Present Participle** **Past Participle**

valer *to be worth*   valiendo *being worth*   valido *been worth*

Present Indicative

valgo	valemos
vales	valéis
vale	valen

Imperfect Indicative

valía	valíamos
valías	valíais
valía	valían

Preterit Indicative

valí	valimos
valiste	valisteis
valió	valieron

Future Indicative

valdré	valdremos
valdrás	valdréis
valdrá	valdrán

Conditional

valdría	valdríamos
valdrías	valdríais
valdría	valdrían

Present Subjunctive

valga	valgamos
valgas	valgáis
valga	valgan

Imperfect Subjunctive (1)

valiera	valiéramos
valieras	valierais
valiera	valieran

Imperfect Subjunctive (2)

valiese	valiésemos
valieses	valieseis
valiese	valiesen

Imperative

val (vale)   valed

23.

INFINITIVE	PRESENT PARTICIPLE	PAST PARTICIPLE
venir *to come*	viniendo *coming*	venido *come*

PRESENT INDICATIVE

vengo	venimos
vienes	venís
viene	vienen

CONDITIONAL

vendría	vendríamos
vendrías	vendríais
vendría	vendrían

IMPERFECT INDICATIVE

venía	veníamos
venías	veníais
venía	venían

PRESENT SUBJUNCTIVE

venga	vengamos
vengas	vengáis
venga	vengan

PRETERIT INDICATIVE

vine	vinimos
viniste	vinisteis
vino	vinieron

IMPERFECT SUBJUNCTIVE (1)

viniera	viniéramos
vinieras	vinierais
viniera	vinieran

FUTURE INDICATIVE

vendré	vendremos
vendrás	vendréis
vendrá	vendrán

IMPERFECT SUBJUNCTIVE (2)

viniese	viniésemos
vinieses	vinieseis
viniese	viniesen

IMPERATIVE

ven   venid

24.

INFINITIVE	PRESENT PARTICIPLE	PAST PARTICIPLE
ver *to see*	viendo *seeing*	visto *seen*

PRESENT INDICATIVE

veo	vemos
ves	veis
ve	ven

CONDITIONAL

vería	veríamos
verías	veríais
vería	verían

IMPERFECT INDICATIVE

veía	veíamos
veías	veíais
veía	veían

PRESENT SUBJUNCTIVE

vea	veamos
veas	veáis
vea	vean

PRETERIT INDICATIVE

vi	vimos
viste	visteis
vio	vieron

IMPERFECT SUBJUNCTIVE (1)

viera	viéramos
vieras	vierais
viera	vieran

Future Indicative

veré	veremos
verás	veréis
verá	verán

Imperfect Subjunctive (2)

viese	viésemos
vieses	vieseis
viese	viesen

Imperative

ve   ved

APPENDIX D

Class I Radical Changing Verbs

Certain verbs ending in **-ar** and **-er** change the stem vowel **e** to **ie** or **o** to **ue** in all persons of the singular and in the third person plural of the present indicative and the present subjunctive. The same changes occur in the singular imperative. All other tenses are regular.

cerrar *to close* (regular in all except the following tenses)

PRESENT INDICATIVE

cierro	cerramos
cierras	cerráis
cierra	cierran

PRESENT SUBJUNCTIVE

cierre	cerremos
cierres	cerréis
cierre	cierren

IMPERATIVE

cierra   cerrad

volver *to return* (regular in all except the following tenses)

PRESENT INDICATIVES

vuelvo	volvemos
vuelves	volvéis
vuelve	vuelven

PRESENT SUBJUNCTIVE

vuelva	volvamos
vuelvas	volváis
vuelva	vuelvan

IMPERATIVE

vuelve   volved

Other common Class I radical changing verbs:

acordarse	despertar	jugar	pensar
acostarse	empezar	llover	perder
almorzar	encender	mostrar	recordar
comenzar	encontrar	mover	rogar
contar	entender	negar	sentarse
costar	errar (yerro)	oler (huelo)	

Class II Radical Changing Verbs

Certain verbs ending in **-ir** show the same changes as in Class I plus a change of **e** to **i** or **o** to **u** in the present participle, the first and second persons plural of the present subjunctive, both third persons of the preterit, and all persons of the imperfect subjunctive.

dormir   *to sleep*

PRESENT INDICATIVE

duermo	dormimos
duermes	dormís
duerme	duermen

PRESENT SUBJUNCTIVE

duerma	durmamos
duermas	durmáis
duerma	duerman

PRETERIT INDICATIVE

dormí	dormimos
dormiste	dormisteis
durmió	durmieron

IMPERFECT SUBJUNCTIVE (1)

durmiera	durmiéramos
durmieras	durmierais
durmiera	durmieran

IMPERATIVE

duerme   dormid

IMPERFECT SUBJUNCTIVE (2)

durmiese	durmiésemos
durmieses	durmieseis
durmiese	durmiesen

PRESENT PARTICIPLE

durmiendo

sentir   *to feel*

PRESENT INDICATIVE

siento	sentimos
sientes	sentís
siente	sienten

PRESENT SUBJUNCTIVE

sienta	sintamos
sientas	sintáis
sienta	sientan

PRETERIT INDICATIVE

sentí	sentimos
sentiste	sentisteis
sintió	sintieron

IMPERFECT SUBJUNCTIVE (1)

sintiera	sintiéramos
sintieras	sintierais
sintiera	sintieran

IMPERATIVE

siente   sentid

IMPERFECT SUBJUNCTIVE (2)

sintiese	sintiésemos
sintieses	sintieseis
sintiese	sintiesen

PRESENT PARTICIPLE

sintiendo

Other common Class II radical changing verbs:

advertir	divertirse	morir	referir
consentir	mentir	preferir	sugerir

Class III Radical Changing Verbs

Certain other verbs ending in **-ir** change **e** to **i** in all the persons and tenses affected in Classes I and II.

pedir *to ask for*

PRESENT INDICATIVE

pido	pedimos
pides	pedís
pide	piden

PRESENT SUBJUNCTIVE

pida	pidamos
pidas	pidáis
pida	pidan

PRETERIT INDICATIVE

pedí	pedimos
pediste	pedisteis
pidió	pidieron

IMPERFECT SUBJUNCTIVE (1)

pidiera	pidiéramos
pidieras	pidierais
pidiera	pidieran

IMPERATIVE

pide   pedid

IMPERFECT SUBJUNCTIVE (2)

pidiese	pidiésemos
pidieses	pidieseis
pidiese	pidiesen

PRESENT PARTICIPLE

pidiendo

Other common Class III radical changing verbs:

conseguir	impedir	reñir	servir
despedir	perseguir	repetir	vestirse
elegir	reír	seguir	

VOCABULARY

abrazo embrace
abrigo overcoat
abuela grandmother
abuelo grandfather; *pl.* grandparents
aburrir to bore
acabar to finish, end
acaso perhaps, maybe
acatado obeyed
acordarse to remember
acto act; **en el** ~ immediately
acuerdo accord, agreement; **de** ~ in accord
advertir to warn
afán anxiety, eagerness
aficionado fan
afligirse to grieve, to be anguished
afuera outside
agarrarse to have a good hold, grapple
agradar to please
agradecer to thank
aguinaldo Christmas gift or tip for services
ahorcarse to hang oneself
aindiado with a trace of Indian blood
aislado isolated
ajeno another's, foreign
alambrado wire fence
alba dawn
albedrío free will
alemán German
Alemania Germany
algarabía chatter
alguacil constable; ~ **de corrida** part of the performers in bullfighting
alivio help, comfort, relief
almacén store, warehouse
almendra almond
almorzar to have lunch
alquilar to rent
alternar to trade dances
amable kind
amainar to let up
amanecer to dawn
ambiente atmosphere, environment
amenazar to threaten
amistad friendship
amo master of the house
analfabeto illiterate
andanzas doings, travels
anegado flooded
anhelosamente anxiously, vigorously
ánima soul
anómalo out of place
ansiedad anxiety
ansioso anxious
apagar to turn off
apellido surname
apenas scarcely, hardly
apoyarse to support oneself
apretado crowded
apretar to be unbearable, oppressive
aprobar to approve
aprovechar to take advantage
apuesta bet
apurarse to hurry
árbol tree
arder to burn
ardorosa fiery, ardorous
arma weapon
arrancar to pull down
arreglar to arrange
arribar to reach, arrive

303

VOCABULARY

arte art; **bellas artes** fine arts
asado barbecued
ascendiente influence; ancestor
asiento seat
áspero steep, harsh
asunto matter, business, affair
atar to tie
átinar to manage, to succeed in
atraer to attract
atreverse a to dare
ausencia absence
ausentarse to leave, absent oneself
aversión dislike, aversion
avisar to advise, counsel
azar chance, fate

báculo cane, staff (of old man)
bajar to go down, get off
bajel ship
baldosa tile
bandera flag
barbaridad outrage, nonsense; ¡**qué** ~ ! how unbelievable!
barullo noise
bastar to be sufficient
bastón staff, cane
bautizarse to get baptized
bello beautiful; **bellas artes** fine arts
bicho animal or bug
bocina horn (auto)
boina beret
boletos tickets
bolsillo pocket
borracho drunk
borrador draft
botella bottle
buzón mailbox

caber to fit into
cabo corporal
cabrero goatherd
cajón cash register, box
callar to be silent
campanada stroke of a bell
cansado tired
cansar to tire
capataz foreman

captar to attract, win
carecer to lack
carguero packhorse
cariñoso endearing, affectionate
carne flesh; **en** ~ **viva** in raw flesh
carrera horse race
carretera highway
cartera wallet
casco *Arg.* main house of the **estancia**
caso case; **hacer** ~ to pay attention to
casuarina Australian pine
caudal wealth, abundance
caudillo chief, military leader, head of state
catedrático professor
caza hunting
cejar hold back
celo zeal, ardor; **tener celos** to be jealous
celoso jealous
cerro mountain
cesar to cease, stop
cintita small ribbon
cita date, appointment
citarse to make a date
claro clear, bright; ¡ ~ ! of course!
clavar to nail
clavel carnation
clavo nail
coche automobile
cocina kitchen
cochinillo suckling pig
cofradía fraternity
coger to catch
cola line; tail
colina hill, knoll
colmar to heap
colocarse to get placed, find a job
comandancia frontier command
comisaría police station
¿cómo? how?; why?; what?; ¡ ~ ! of course!
cómodo comfortable
competente competent, adequate
complacerse en to be pleased to
condena condemnation
conducir to drive, conduct

conductor driver
congraciarse to get in the good graces of
conjunto group, orchestra, band
consejo counsel
consultorio office
contar to tell, recount
contertulios participants in a **tertulia**
convenir to suit one's interest
coraje courage
corderita pet lamb
cornamenta horns
corredor gallery
corrida bullfight
criar to raise, bring up
cuaderno notebook
cuadra block
cuadro painting
cuantioso large, substantial
cubierta deck, cover
cubrir to cover
cuchilla hill, mountain ridge
cuenta account, bill; **darse** ~ to realize
cueva cave
culpa blame
cumpleaños birthday
cumplido compliment; **de** ~ formal
cumplir fulfill
curandero quack
chaqueta jacket
chisme gossip
chiste joke, funny story, witty saying
choque wreck
chuparse to lick

daño harm
dañoso damaging
dar to give; ~ **con** to come upon, find; **no** ~ **pie con bola** to err continuously
deber duty, task
decaído decayed; (*coll.*) discouraged
delicias delights, satisfactions
demás other, rest of the; **los** ~ the other, the rest
demasiado too much

demorar to delay, linger
dependencias quarters
deporte sport
deportista sportsman
derecho right
desabrochar to unbutton
desaforadamente outrageously, disorderly
desafortunado unfortunate
desagradar to displease
desahogarse to relax, unburden oneself
desarrollar to develop
desbordarse to overflow
descalzo barefoot
descansar to rest
desechado cast aside, thrown out
desengañarse not to be deceived
desfile parade
desgañitarse to scream oneself hoarse
desgarrarse to withdraw, retire
deshacer to undo
designio design
despachar to bolt, hurry
despedida farewell
desplomarse to collapse
desprecio scorn, lack of respect
desprenderse to extricate oneself from, get away from
destemplado irregular, out of tune
deuda debt
devolver to return
dicho saying, witticism
dichoso happy
digno worthy
dineral large amount of money
discoteca public dance hall; record shop
disfrutar de to enjoy
disimular to pretend not to see or feel something
divertido entertaining
divertirse to have a good time
dolor grief, sorrow
duelo duel
dueño owner

echar to throw, throw away

egoísta egoistic, selfish
ejecución execution
ejemplar a copy
ejercicio exercise
elogiar to praise
embajada embassy
embajador ambassador
embargo indigestion, embargo; **sin ~** nevertheless
emborrachar to intoxicate, become inebriated
embriagado drunken, entranced
embrujo enchantment, charm
empatado tied
empeñarse en to persist; insist on
empresa undertaking
empujar to shove
encanto charm
encargarse de to be in charge of, take charge
enchufe connection; an "in," "pull"
encontrarse con to meet
energúmeno crazy, wild person
engendrar to beget
enloquecerse to become vexed, annoyed
enlutado in mourning
enojado angry
enojarse to become angry
enredado complicated
ensayar to try, practice
ensuciarse to become dirty
entrada ticket; entrance
ensueño illusion, fantasy
entonar to sing
entrever to half know, guess
envejecer to become old
equiparar to compare
equipo team
escribiente clerk, office clerk
escudero squire, shield bearer
escupir to spit on
eslabón link
espada sword
espalda back
espejo mirror
esperanza hope
esquela written communication, note

esquina corner
estadounidense from the United States
estancia ranch; stay, sojourn
estanque pond
estorbar to hinder, obstruct
estrafalario extravagant
entreacto intermission
exigir to require, to demand
éxito success
extranjero foreigner

faja sash
fama reputation, fame
fantasma phantom, ghost
feliz happy; **felices pascuas** Merry Christmas
feo ugly
feria fair
ferroviarios railroad workers
festejar to celebrate
fiebre fever
fiera fierce, untamed animal
fingir to feign, pretend
fondo other end, rear; depth, bottom
forastero stranger
forcejear to fumble
frac full-dress coat
fraguar to scheme, brew, invent
frasco bottle, jar
frente front; **en ~** in front, opposite
fuegos artificiales firecrackers
fuerte strong, hard; heavily
fútbol soccer

galopar to gallop
galpón shed
gamba shrimp
gana desire; **darle a uno la (real) ~** to feel like
garbo elegance
garganta throat, vocal chord
gentileza kindness
gerente manager
gitano gypsy
goloso glutton, sweet-toothed
gotera leak
gozar de to enjoy

grano grain; **ir al** ~ to get to the point
griego Greek
grosero coarse, vulgar
guante glove
guapo handsome
guitarreado guitarfest

hacer to do, make; ~ **caso** to pay attention to
hallazgo find, finding
harto fed up, quite; enough
hazaña deed
hebreo Hebrew
hecho event
helado ice cream
heredado handed down, inherited
herramientas tools
hierro iron
hincado kneeling
hincha *coll.* fan
hispanófilo lover of things Spanish
historia story
hogar home
hojear to leaf through
holgazán loafer, idler
hombre man; ¡ ~ ! good grief! man alive!
hombría manliness
hondo deep
huelga strike
huesudo bony
huir to flee, be on the run

idioma language
ilimitado unlimited
ilusión illusion, fascination
ilusorio illusory, deceptive
impedir to prevent
incomodado hindered
infatigable tireless
ínfimo small, least, humblest
insensato callous brute
intendente mayor
intentar to attempt
interlocutor listener
inundación flood

inversión investment
invertir to invest
invitado guest
ir to go; ~ **al grano** to get to the point

jaleador one who claps rhythm
jefe boss, leader
jilguero goldfinch
jinete horseman, rider
jubilación retirement
jubilarse to retire
juego game
jugador gambler
joya jewel

ladrillo brick
lanza lance, pike
lanzar to hurl, throw
laringe larynx
lecho bed
ley law
leyenda legend
ligero light, little
limpio clean; **en** ~ clear copy
liviano light, easy
lobo wolf
lucidez clarity
lujo luxury; **de** ~ deluxe
lujoso costly, lavish
luna moon; ~ **de miel** honeymoon

llanura plain
llover to rain

madera wood, lumber
madrina godmother, patroness
madurar to ripen
madrugada dawn
majada fold of sheep
maldecir to curse
malón Indian raid
mampostería cement
mantilla shawl
manzanas apples
maquinista engineer
marcharse to leave, go away

marido husband
matar to kill
martillazo hammer blow
matrimonio married couple
medida measurement, measure
medio half; middle; average
medir to measure
menor minor
menospreciar to despise, scorn
mensaje message
mentira lie
mentiroso liar
merecer to be worthy, merit
merced gift, favor
metro subway
miel honey; **luna de** ~ honeymoon
miga crumb
milagro miracle
milagroso miraculous
mimar to spoil, be fond of
mirada look, glance
mitad half
mondadiente toothpick
moreno brown, dark
morir to die
mozo young man
mudanza change, moving
muerto dead
multar to fine, penalize

nacer to be born
nacimiento nativity scene
naufragio shipwreck, failure
Navidad Christmas
negar to deny
nieto grandchild
nieve snow
Nochebuena Christmas Eve

odiar to hate, loath
odio hatred
¡ojo! be careful!
olé bravo, well done
orgulloso proud
oriundo native of

Padrenuestro Lord's Prayer
padrino godfather, sponsor
pagar to pay
pájaro bird
paliducho pale, pale-faced
palmada slap
parábola parable
parar to stop
parda flat, drab, brown
parecer opinion, view
partido game; township
pasatiempo pastime
pase a movement of the bullfighter to allow the bull to pass by after certain maneuvers have been executed
pastillas tablets, lozenges
patinar to skate
pavo turkey
pecado sin
pedante pedant
pegar to hit
peineta ornamental shell comb
penosamente with difficulty, labor
percibir to perceive, distinguish
perdurar to survive, remain
pereza laziness
perezoso loafer, idler; undirected
periodista journalist
pesar sorrow, regret; **a** ~ **de** in spite of
pesca fishing
pescado fish
peseta Spanish monetary unit
pieza room
pintar to paint
pintura painting
piropo compliment
piropeador one who pays compliments
pisar to step on
piso floor
pista slope
placer pleasure
planchar to iron
platicar to converse
policial policeman
pollo chicken
polvorones crumbly rich cakes

portarse to behave
porteño from Buenos Aires
portero doorman
portón gateway
postigo shutter
postre dessert
pozo well
precisarse to be needed, necessary
predicar to preach
premio prize
prender to light
preocuparse to worry
prima female cousin; ~ **hermana** first cousin
prisa hurry, haste
probar to taste, try
propietario owner
propina tip
propósito purpose; a ~ by the way
provechoso advantageous
provisto de provided with
prueba proof, justification
púa barbed wire
pueblero town dweller
pueril childish
pundonor point of honor, dignity
puñetazo punch

quejarse to complain
quemarse to burn
queso cheese
quite a movement to distract the bull

rabadán head shepherd
rabo tail
rascacielo skyscraper
rasgo feature
receta recipe
rechazar to reject
recluta recruit
recoger to pick up, gather
recordar to remember
recrudecer to break out again
redondamente clearly, decidedly
regalo gift
regatear to bargain
regla rule

regresar to return
reír to laugh
reloj watch, clock
rendido worn out
rendir to hand in, subdue
repartir to distribute
replicar to reply
reposo rest
reserva reservation
retrato portrait
restregarse to rub
retirar to take, steal
revelado revealed
revisar inspect
revolver to search, stir, wrap up
reunión meeting
rezar to pray, say
riesgo risk, fear
risa laughter
rojizo reddish
roto broken
romper to break
ronquera hoarseness
rotundo rotund, full, plain
rubio blonde, light
rueda wheel; en ~ in a circle

saco suit coat
salero *coll.* gracefulness, winsomeness
saltar to jump
salvo except
sangrar to bleed
sastre tailor
sastrería men's fashions shop
seco dry
seguir to follow, pursue; continue
señal sign
sentirse to feel
seso brain
ser to be; **dejar de** ~ to stop, discontinue being
sin without; ~ **embargo** nevertheless
siquiera even though, at least
sobrar to be left, remain
sobrehumano superhuman
sobremesa after-dinner chat
sobretodo overcoat

sobrino nephew
solariega manorial
soler to be accustomed to, wont to
solamente only, solely
soliviantar to rouse, incite, stir up
son sound, background rhythm
soñar con to dream about
soportar to put up with, stand for
sorbo sip, drink
sordo deaf
sospechar to suspect
suceder to take place
sucio dirty
sucursal branch office
suelto loose
suerte luck
suponer to suppose
susto fright, surprise

tablao from **tablado**; a school of flamenco songs and dances
tacita small cup
taconeo tapping with the heels
tapa cover
taparse to close, to cover
tardar en to delay, take time
tarea task, assignment, job
telaraña cobweb
televisor TV set
templar to tune
temporada season, period
temporal storm
tener celos to be jealous
tertulia social gathering, party
tinta ink
tío uncle
tirar to throw
tocar to play (instrument); knock
torpe clumsy
tosco uncouth
trabajadora industrious

traductor translator
traer to bring
traje suit; ~ **de luces** bullfighter's costume
trama network
trasladar to transfer
tratado treatise
tropero cattle drover
trueno thunder
tumbado arched, bent over
turrón nougat candy

único unique, singular, peculiar
urgido to be pressed for, urged
útil useful
uva grape

valentía courage
valer to be worth
vanidoso vain, proud
vaso glass
vecino neighbor
vedado forbidden, hindered
vejez old age
vela candle
venerar to worship
venganza revenge
ventaja advantage
veras *pl.* truth, reality; **de** ~ in truth, in earnest
verdadero real, true
vergüenza shame
viga beam
vigilar to watch over, guard
visera visor
vivo alive, lively
volver to return

zamarrear to ill-treat
zarparse to set sail
zorro fox

INDEX

a, personal, 212; as relator between two verbs, 214; vs. **de**, 216; with verbs of motion, 214
adjective clause, subjunctive in, 107; imperfect subjunctive in, 178
adjectives, irregular comparatives, 248; placement of 173; possessive 80
adverbial clause, imperfect subjunctive in, 164; subjunctive in, 118; subjunctive vs. indicative in, 120
al plus the infinitive, 217
"all," **todo, todas** as equivalents of, 148, 150.
aquél and **éste** as "the former" and "the latter," 87
aquello de, neuter demonstrative, 88

command forms, irregular **tú**, 79; **tú** vs. **Ud.**, 77; for verbs irregular in first person, 77
common verbs of perception, 194
comparatives, irregular, adjectives, 248
comparison of identity, 247
comparisons, with definite article, 249; of equality, 243; of inequality, 244; of inequality with **que** and **de**, 250; neuter **lo** in, 246; with nouns, 245; with possessives, 247; with possessive construction, 245
con, verbs with, 218
conjunctions **pero** and **sino,** 229
¿**cuál**? vs. ¿**qué**? 160

de, comparisons of inequality with **que**, 250; verbs that combine with, 218
definite article, comparisons with, 249; not used with titles in direct address, 147; with all of a "set" or a "whole," 148; use of, 82, 146; with titles, 147
demonstrative adjectives, 85

demonstratives, nominalization of, 86; neuter, 87; neuter, **esto de, eso de,** and **aquello de,** 88
descriptive adjective, position of, 173
diminutive and intensifying suffixes, 176
direct command forms with **tú**, 76
direct and indirect object pronouns used together, 52
direct object pronouns, 44; position of, 44

el, with feminine nouns, 173
en, verbs with, 218
English nouns modifying other nouns, Spanish equivalents of, 175
equality, comparisons of, 243
eso de and **aquello de,** neuter demonstratives, 88
estar, special use of, 36; use of, 32; and **ser** in combination with **de**, 186; and **ser** in dealing with change, 191; vs. **ser**, 32; vs. **ser** in combinations with a locative preposition or adverb, 187
éste and **aquél** as "the latter" and "the former," 87
esto de, neuter demonstrative, 88
"every," **todo** as equivalent, 148
exclamations, word order in, 161
expressions with **tener**, 69

familiar vs. polite forms, 3
future meaning with the present, 5

gustar, use of indirect object with, 51

haber used as a main verb, 67
hace and a time expression with the present tense, 6; time expression with the preterite, 21

identity, comparison of, 247
idiomatic expressions with **tener**, 70
"if" clause, subjunctive in, 137
imperfect indicative, 15
imperfect and the preterite used together, 19
imperfect subjunctive, 131; in adjective clauses, 178; in adverbial clauses, 164; in the noun clause, 133
imperfect tense vs. the preterite, 20
indefinite article, use of, 153
indefinite **se** used as subject, 64, 205
indicative in the noun clause, 96; vs. subjunctive in adverbial clause, 120
indirect command, subjunctive in, 99
indirect object pronouns, 47; position of, 47; and direct object pronouns used together, 52
indirect object, special use of, 55; with **gustar**, 51; used with **parecer**, 48
inequality, comparisons of, 244; comparisons of with **que** and **de**, 250
infinitive after prepositions, 123; plus **al**, 217
intensifying and diminutive suffixes, 177
irregular comparatives, adjectives, 248
irregular **tú** command forms, 79
-ísimo, superlative ending, 245

"let's," present subjunctive for, 98
lo, neuter article, 151; in comparisons, 246; used with possessive pronouns, 85
lo, la, los, or **las**, use of **se** before, 53

neuter article **lo**, 152
neuter demonstratives, 85; **esto de, eso de,** and **aquello de**, 88
neuter **lo** in comparisons, 246; nominalization with prepositional phrases, 152; with possessive pronouns, 85
noun clause, indicative in, 96; imperfect subjunctive in, 133; subjunctive in, 94

o, conjunction, 228
object pronouns, position of, 98

para, summary of uses of, 233; vs. **por**, 234
parecer, use of indirect object with, 48
partitiveness, 173
passive voice, to place responsibility, 203
perception, common verbs of, 194

pero, conjunction, 229
personal **a**, 212
pluperfect subjunctive, 136
pluperfect tense, 30
polite vs. familiar forms, 3
por, summary of uses of, 232; vs. **para**, 234
position of descriptive adjective, 173
possessive adjective, 80
possessive pronouns, neuter **lo** used with, 85
possessives, 83; comparisons with, 247
prepositions, infinitive after, 123
present indicative, irregular forms, 3
present perfect subjunctive, 135
present perfect tense, 27
present progressive construction, 8
present subjunctive, 93; for "let's," 98; in the noun clause, 94
present tense, 3; **hace** and time expressions with, 6
present vs. imperfect subjunctive in the "if" clause, 137
preterite, and the imperfect used together, 19; vs. the imperfect, 20
preterite indicative, irregular forms, 17
preterite tense, 16; **hace** and a time expression with, 21
pronouns, direct and indirect object
pronouns, demonstrative, 86; direct object, 44; direct and indirect object used together, 52; indirect object, forms of, 47; object, position of, 98; possessive, 83; relating, **que, quien,** 226

que, comparisons of inequality, with **de**, 250
que, quien, relating pronouns, 226
¿**qué**? vs. ¿**cuál**? 160

reciprocal action, use of reflexive for, 200
reflexive constructions, formation of, 61
reflexive, for reciprocal action, 200; to indicate subject acts on itself, 199; to indicate self-induced action, 202; to deny responsibility, 201; to indicate psychological and physical change, 204; when no agent is involved, 204
relating pronouns, **que, quien,** 226

se, use of before **lo, la, los,** or **las**, 53
se, indefinite, used as subject, 64, 205

INDEX

ser, uses of, 32; vs. estar 32; and estar in combinations with de, 186; and estar in dealing with change, 191; or estar in combinations with a locative preposition or adverb, 187; in combination with nouns and predicate nouns, 187
sino, conjunction, 229
Spanish equivalents of English nouns modifying other nouns, 175
special uses of estar, 36
subjunctive, in adjective clause, 107; in adverbial clause, 118; in "if" clause, 137; in the indirect command, 99; in subordinate clauses, 231; pluperfect, 136; present perfect, 135; vs. indicative in the adverbial clause, 120;
subjunctive, imperfect, 131; in adjective clause, 178; in adverbial clause, 164; in noun clause, 133
suffixes, diminutive and intensifying, 176
summary of uses of para, 233; uses of por, 232
superlative ending -ísimo, 245

tener, expressions with, 69
tense substitution, 8
third person plural, 66
titles, definite article with, 147
titles in direct address, definite article is not used, 147
"to become," 66
todo, as the equivalent of "every" and "all," 148
todos as equivalent of "all of us, you, them," 150
totality, 173
tú vs. Ud. command forms, 77

uno used as subject, 65

verbs commonly used with the reflexive, 62; commonly used with or without reflexive, 63; that combine with de, 218; that combine with con, 218; with en, 218

word order in exclamations, 161

y, conjunction, 228

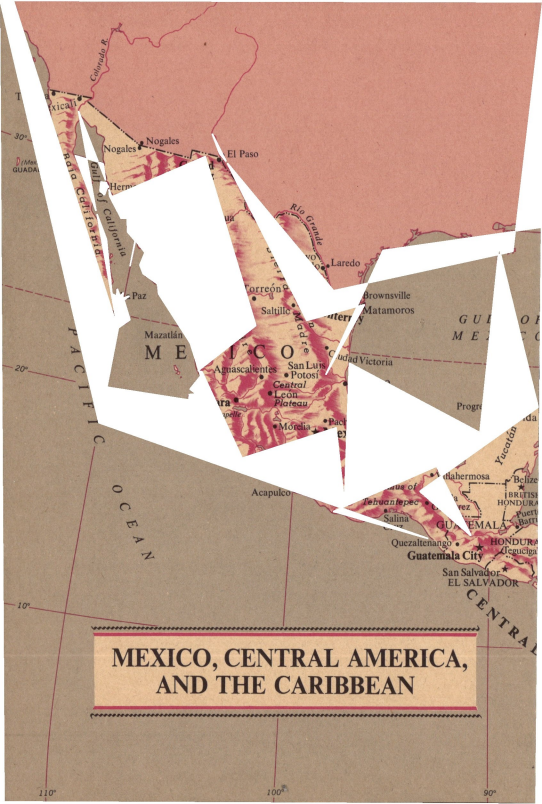